Über dieses Buch

Reimut Reiches Schrift über »Sexualität und Klassenkampf« gehört zu den wichtigsten Dokumenten der antiautoritären Protestbewegung, die ihren Höhepunkt gegen Ende der sechziger Jahre hatte. Die Resultate stehen heute innerhalb der Linken unter neuen Vorzeichen zur Diskussion: Wieweit und unter welchem Vorzeichen lassen sich die von der kritischen Theorie und der Psychoanalyse erarbeiteten Erkenntnisse mit den Kategorien des historischen Materialismus verbinden?
»Sexualität und Klassenkampf« ist daher als Vorstudie zu einer historisch-materialistischen Psychologie zu verstehen, wie sie Karl Marx angedeutet hat: »Man sieht, wie die Geschichte der *Industrie* und das gewordene *gegenständliche* Dasein der Industrie das *aufgeschlagene* Buch der *menschlichen Wesenskräfte*, die sinnlich vorliegende menschliche *Psychologie* ist . . .«

Der Autor

Reimut Reiche, geboren 1941 in Eßlingen/Neckar, studierte Soziologie in Berlin und Frankfurt am Main; 1969 Diplomsoziologe; von 1966–1967 SDS-Bundesvorsitzender.

Reimut Reiche

Sexualität und Klassenkampf

Zur Abwehr repressiver Entsublimierung

Fischer Bücherei

In der Fischer Bücherei
April 1971
Vom Autor durchgesehene Taschenbuchausgabe

Umschlagentwurf: W. Reniem

Fischer Bücherei GmbH, Frankfurt am Main und Hamburg
Lizenzausgabe mit freundlicher Genehmigung
des Verlages Neue Kritik, Frankfurt am Main

Gesamtherstellung: Hanseatische Druckanstalt GmbH, Hamburg
Printed in Germany
ISBN 3 436 01365 x

Inhalt

Angeleitet, dieses Buch zu schreiben, wurde ich von dem Arbeitskreis »Sexualität und Herrschaft« des Argument-Klubs in Westberlin 1963 und 1964, von Arbeitskreisen des Sozialistischen Deutschen Studentenbundes (SDS) zu diesem Thema und auf vielen Veranstaltungen, Versammlungen und Seminaren von Gruppen des Aktionszentrums unabhängiger und sozialistischer Schüler (AUSS). Allen Genossen aus diesen Gruppen danke ich dafür, daß sie mich zu dieser Auseinandersetzung gezwungen haben.
Bei der Arbeit an diesem Buch hat mir Heide Berndt sehr geholfen, besonders bei der Darstellung der psychoanalytischen Zusammenhänge; Martin Dannecker hat das Buch stilistisch korrigiert. Dafür möchte ich ihnen danken.

Vorwort für die Taschenbuchausgabe

Dieses Buch wurde im Winter 1967/68 geschrieben, in dem politischen Klima zwischen dem Mord an Benno Ohnesorg und dem Mordanschlag auf Rudi Dutschke. Die antiautoritäre sozialistische Schülerbewegung war ein halbes Jahr vorher entstanden. Überall in der Bundesrepublik und in Westberlin bildeten sich Schülergruppen und die ersten politischen Kampfformen an den Schulen heraus. Die Studentenbewegung ging dem Höhepunkt ihrer ebenso schillernden wie kurzen Erfolge entgegen. Als dieses Buch im Herbst 1968 erschien, waren die ersten Anzeichen der Niederlage der antiautoritären Bewegung als isolierter Studenten- und Schülerbewegung bereits sichtbar. Diese Bewegung hat aber für »Sexualität und Klassenkampf« den Stoff geliefert; aus ihr habe ich die Phantasie geschöpft, das Buch schreiben zu können. In den theoretischen und politischen Irrtümern dieser Bewegung bleibt es auch befangen.

Ich habe nicht die Absicht, meine eigenen theoretischen Unzulänglichkeiten, die Begrenztheit des Blicks und die Schlampereien in der Form der Darstellung des Stoffes hinter dieser Bewegung zu verstecken und mit ihr zu entschuldigen. Es soll nur dem Leser dieser Ausgabe deutlich werden, daß ich das Buch gerade dort, wo es auf unzureichenden oder schiefen theoretischen Ableitungen aufbaut, oder wo es zu politischen Schlüssen kommt, die sich mittlerweile als falsch erwiesen haben, nicht einfach umschreiben kann. Nähme man ihm »vorn« die unzulänglichen theoretischen Voraussetzungen und schnitte »hinten« die falschen oder unpräzisen politischen Schlüsse ab und fügte statt dessen theoretisch richtigere Versatzstücke und ausgewiesenere politische Schlußfolgerungen ein, würde das Buch im Ganzen nicht richtiger und besser, sondern nur uneinheitlicher und verwirrender.

»Sexualität und Klassenkampf« ist in der Entwicklung seines Gegenstandes weitgehend der kritischen Theorie verpflichtet. Diese repräsentiert eine spezifische, schiefe Anwendung des historischen Materialismus; sie verdankt ihren Begriff von falschem Bewußtsein – inklusive der psychischen Seite dieses Begriffs – weniger einer Analyse der jeweiligen Produktionsverhältnisse und der entsprechenden Formen der Subsumtion der Arbeit unter das Kapital, als einer fast ausschließlich theoriegeschichtlichen Reflexion auf Interpretationen über das Verhältnis von Sein und Bewußtsein. Wenn sich dieser Form der Reflexion, wie in der kritischen Theorie, alle realgeschichtlichen Probleme nur durch den Filter ihrer theoriegeschichtlichen Wi-

derspiegelung stellen, dann entfernt sich diese Kritik mit der Zeit notwendigerweise von ihrem Gegenstand, der Realität, und wird zur Kritik von Kritik von Kritik. Dabei wird sie schließlich selber zu Ideologie. Weil die fragwürdige Verarbeitung des historischen Materialismus durch die kritische Theorie in »Sexualität und Klassenkampf« unerkannt bleibt und ihrer Methode naiv gefolgt wird, bleiben auch die einzelnen Schritte des Buches vage. Ich will dafür nur zwei typische Beispiele nennen: die Einengung der Analyse auf die sogenannte Konsumsphäre und Verwendung des Begriffs der repressiven Entsublimierung.
In diesem Buch werden fast alle Momente der aktuellen Formen von Triebmodellierung aus den Erscheinungsweisen der sogenannten Konsumsphäre abgeleitet. Das muß nicht falsch sein, wenn man den Schein und seine Wirkung auf Bewußtsein und Triebverfassung nicht mit dem Verhältnis verwechselt, das diesen Schein produziert. In diesem Buch entsteht aber der Eindruck, daß solche psychosexuellen Charaktermasken wie die der »Scheinbefriedigung« und der »endlosen Pubertät« und ihre entsprechenden Verankerungen in kollektiven Trieb-, Bedürfnis- und Charakterformationen von den aktuellen Ausdrucksformen der Zirkulation nicht nur ihre täglich neue Lebendigkeit beziehen, sondern daß sie wirklich in der Zirkulation »entstehen«. Dieser Eindruck ist falsch. Er hat fatale theoretische und politische Folgen gezeitigt. Die kollektiven Formen des Umgangs mit den Trieben und der Entwicklung von Bewußtsein und Bedürfnis haben dann nur noch von ferne etwas mit dem Produktionsprozeß als Arbeitsprozeß und als Verwertungsprozeß des Kapitals zu tun. Es verschwindet dann immer mehr die Rückbeziehung von kollektiven »Triebschicksalen« auf die Klassenlage, also auf die Weise, wie ein »Kollektiv« sein materielles Leben zu reproduzieren gezwungen ist. Eine politische Konsequenz dieser theoretischen Verkürzung ist bereits historisch – für die Geschichte der antiautoritären Bewegung – benennbar: eine theoretisch falsch ausgewiesene Fixierung auf »Aktionen in der Konsumsphäre« am Ende dieser Bewegung. Nicht diese Aktionen an sich sind falsch, wohl aber bleiben sie bedeutungslos, wenn sie nicht zurückbezogen werden auf den Ort der materiellen Produktion, auf den Ort, in dem letztlich über das falsche Bewußtsein der Produzenten von sich als Konsumenten entschieden wird.
Der Begriff der repressiven Entsublimierung wird in diesem Buch auf eine Weise verwendet, die mehr verdunkelt als erhellt. Der Begriff taugt wohl nur zur Analyse eines klassenspezifischen Vorganges innerhalb des kulturellen Überbaus und innerhalb der kollektiven Form der geschichtlichen Triebmodellierung des Bürgertums. Er stammt von Marcuse; ihm liegen die Gedanken Horkheimers über die »Auflösung des Individuums« und den »Verfall des Ichs« zugrunde. »Das Ich schrumpft zusammen«,

sagt Horkheimer in seinem Aufsatz über »Vernunft und Selbsterhaltung«; er meint dabei eine gesamtgesellschaftliche Tendenz im gegenwärtigen Kapitalismus zu treffen und kann doch nur die psychische Seite in der realen Auflösung des Bürgertums meinen. Selbst ein nur flüchtiger Blick auf die Sozialgeschichte proletarischer und kleinbürgerlicher Lebensweise stößt diesen Begriff um. Es ist unsinnig oder elitär, diejenigen als »repressiv entsublimiert« zu bezeichnen, die gegenwärtig ihren sexuellen Bedürfnissen in Schlafzimmern von Neckermann oder im Opel Kadett nachkommen, wenn man bedenkt, daß sie noch vor 60 Jahren ihre Frauen in der Fabrikhalle hinter der Maschine »gebürstelt« haben. Wenn schon, dann ist die entsprechende Entwicklung in der Triebstruktur noch am ehesten als repressive Sublimierung zu bezeichnen. Der Begriff der repressiven Entsublimierung hat seine verborgene Wurzel in der Trauer um die Zerstörung des bürgerlichen Charakter*ideals*. Der ganze Begriff lebt nur davon, daß frühere bürgerliche Formen der Triebmodellierung (oder korrekter: deren literarische Stilisierungen) zum Vergleichsmaßstab gegenwärtiger proletarischer Formen der Triebmodellierung gemacht werden. Man kann aber nicht den bürgerlichen Salon von vorgestern mit dem Neckermann-Schlafzimmer von heute vergleichen und dann von repressiver Entsublimierung sprechen. Denn, wer heute ein Neckermann-Schlafzimmer hat, der hatte vor 60 Jahren nicht etwa einen Salon, sondern gar kein Schlafzimmer.
Überdies wird in »Sexualität und Klassenkampf« der gewöhnlichste Fehler der kritischen Theorie im Umgang mit der Psychoanalyse wiederholt. Wer die Erkenntnisse der Psychoanalyse auf die Geschichtsbetrachtung anwenden will, muß sich über den Funktionswechsel der metapsychologischen Begriffe der Psychoanalyse im klaren sein, der auf dem Übergang von der klinischen Disziplin zur historisch-materialistischen Anwendung der Begriffe erfolgen muß. Wie die metapsychologischen Begriffe der Psychoanalyse eine historische Dimension haben, so haben die Begriffe des historischen Materialismus eine psychische Dimension. Wäre dem nicht so, könnte falsches Bewußtsein niemals unter dem Blickpunkt historischer Formen von Bedürfnisentwicklung und Bedürfnisblockierung analysiert werden. In der kritischen Theorie sind aber im allgemeinen die metapsychologischen Begriffe der Psychoanalyse nur durch ein assoziatives Band mit den zu Versatzstücken erstarrten Begriffen des historischen Materialismus verknüpft. Das läßt sich gerade an den Passagen aus Marcuses Arbeiten zeigen, die in »Sexualität und Klassenkampf« emphatisch zitiert werden. Das wird sich auch nicht ändern, bevor nicht beide Begriffsformen auf ihr gewissermaßen kleinstes gemeinsames Vielfaches bezogen werden: auf die Warenanalyse und die Formen, in denen Marx die historischen Entwicklungs-

schritte in der Wirkweise von Kapitalmystifikation, Geldschleier und Fetischcharakter der Ware auf das Bewußtsein der Produzenten umreißt. Erst wenn dies geschieht, können Begriffe wie Sublimierung, Triebmodifikation, Charakter, Ich usw. für den historischen Materialismus heimgeholt werden. Erst dann lassen sich mit diesen Begriffen auch sogenannte sozialpsychologische Phänomene analysieren, die mit Namen wie Anpassung, Integration, Manipulation und Konsumzwang eher verdeckt als benannt werden.

Einsichtig, daß allein von diesen beiden Momenten der Analyse, die neben anderen für »Sexualität und Klassenkampf« bestimmend sind, eine ganze Kette schiefer Schlußfolgerungen ausgehen müssen. Ich will nur die wichtigsten unter ihnen nennen: eine Projektion der sexuellen Verhaltensformen und seelischen Leiden der sogenannten jugendlichen Mittelschichten auf alle Schichten und Klassen des gegenwärtigen westdeutschen Kapitalismus; eine unkritische Verteidigung des Primates der Genitalität, wie er als charakterologischer und psychosexueller Idealtypus von Freud formuliert wurde; eine ideologisch verzerrte Verteidigung von »Liebe und Treue«, — ideologisch, weil sie als taktische Manöver zur Abwehr »repressiver Entsublimierung« eingesetzt wurden; eine Verschwommenheit in der Analyse klassenspezifischer »Triebschicksale« — also der psychischen Beziehung von Bedürfnisstrukturen und Klassenlage; eine theoretische Unfähigkeit, den psychischen Knotenpunkt in der Beziehung von Klassenlage und Klassenbewußtsein (bzw. seinen empirischen Erscheinungsformen und Mangelerscheinungen) begrifflich festzuhalten.

Vielleicht wird es jetzt verständlicher, warum ich nicht einzelne Ableitungen oder Ergebnisse des Buches korrigieren kann. Das wäre mir als theoretischer und politischer Opportunismus erschienen. Das innere Band der Untersuchung und der Darstellung hätte sich dadurch nicht geändert; es wäre nur an vielen Stellen äußerlich zerrissen worden. Nun gibt es aber keinen einzigen Versuch, in dem zusammenhängend das Verhältnis von Verwertungsbedingungen des Kapitals, aktuellen Formen der Triebmodellierung und dem Transparentwerden beider im entstehenden Klassenbewußtsein dargestellt wird. Selbst in der Diskussion über »Marxismus und Psychoanalyse« wird dieses Verhältnis selbst kaum zum Problem, geschweige denn wirklich behandelt. Aus diesen Gründen halte ich eine unveränderte Ausgabe von »Sexualität und Klassenkampf« für vertretbar.

In den »Ökonomisch-philosophischen Manuskripten« deutet Marx beiläufig das Programm einer historisch-materialistischen Psychologie an: »Man sieht, wie die Geschichte der *Industrie* und das gewordene *gegenständliche* Dasein der Industrie das *aufgeschlagene* Buch der *menschlichen Wesenskräfte*, die sinnlich vorliegende menschliche *Psychologie* ist . . . Eine *Psychologie*, für welche dies Buch, also gerade der sinnlich gegenwärtigste, zugänglichste Teil der Geschichte, zugeschlagen ist, kann nicht zur wirklichen inhaltvollen und *reellen* Wissenschaft werden.« Dies Buch ist noch immer kaum geöffnet.

November 1970 — Reimut Reiche

1. Was hat Klassenkampf mit Sexualität zu tun?

In die sozialistische und die übrige radikal oppositionelle Bewegung sind nach dem Ende des Faschismus in Deutschland politische Forderungen, die das Gebiet der Sexualität berührt hätten, kaum aufgenommen worden. Die Emanzipation der Frau ist von den Gewerkschaften und von der SPD, wie von den übrigen pluralistischen Institutionen nur als rechtliche und soziale Angleichung an den status quo des Mannes — oft genug als sehr kompromißbereite Angleichung — verstanden worden. Politische Forderungen, wie die nach der Abschaffung der Abtreibungs- und Homosexualitätsparagraphen, ihrem Wesen nach bürgerlich-egalitäre Forderungen, die in der ersten Republik zu breiten demokratischen Ein-Punkt-Bewegungen den Anstoß gegeben hatten, blieben in der zweiten Republik auf humanistische Zirkel beschränkt und führten bestenfalls zu kurzfristigen Aktionen oder zu Petitionen an die Parlamente. Eine der »Sexpol« der vorfaschistischen Zeit ähnliche Bewegung innerhalb oder am Rande der proletarischen Gruppierungen hat es nach dem Ende des Faschismus nicht gegeben. Das liegt einmal an den schwerwiegenden Änderungen, die von der Arbeiterbewegung und der gesamten sozialistischen Bewegung nach ihrer Zerschlagung im Faschismus und ihrer zweiten Zerschlagung in der Restaurationsperiode des Kapitalismus in der Bundesrepublik vollzogen wurden, zum anderen ist dafür der tiefgreifende Funktionswandel verantwortlich, dem die Sexualität in den nachfaschistischen kapitalistischen Herrschaftssystemen unterworfen wurde.

Dieses Buch ist zwar ein aktuelles Resultat der jüngsten theoretischen Diskussionen und der praktisch-politischen Auseinandersetzungen, die im Zusammenhang von Sexualität, politischem Kampf und gesellschaftlicher Befreiung in der Bundesrepublik wirklich geführt werden; und doch beschäftigt es sich fast ausschließlich mit dem letztgenannten Funktionswandel, dem der Sexualität unter der Kulturhoheit des Spätkapitalismus. Die Gründe dafür liegen nicht in einer akademischen Selbstbescheidung. Das System der Menschenbeherrschung im gegenwärtigen Kapitalismus hat derart raffinierte Anleihen bei der »sexuellen Revolution« aufgenommen, daß ein naives Vertrauen auf die sich selbsttätig befreiende Kraft der Sexualität in diesen Systemen nicht mehr leicht möglich ist. In der BRD hat es im radikalen, systemoppositionellen Lager eigentlich erst zwei Bewegungen gegeben, die offen Probleme der

Sexualität thematisierten und ihre sozial-emanzipatorischen Forderungen mit aktuellen Forderungen zur Revolutionierung der Sexualität verbanden: die Kommune I in Westberlin und das Aktionszentrum unabhängiger und sozialistischer Schüler (AUSS). Beide sind in ihren praktischen Bestrebungen, die sexuelle Haltung der Gesellschaft und die Sexualität ihrer Mitglieder zu revolutionieren, beziehungsweise die Notwendigkeit dieser Revolutionierung zum Gegenstand ihrer politischen Aufklärung zu machen, vorerst gescheitert. Die Ursachen dafür liegen einerseits in dem schwer auflösbaren Widerspruch des ›fertigen‹ Sexualcharakters ihrer Mitglieder und andererseits in der selbst widersprüchlichen theoretischen Konzeption der Sexualität im antiautoritären und antikapitalistischen Kampf. Vor allem deshalb werden in dieser Schrift die anstehenden *politischen* Fragen vornehmlich von der einen Seite her behandelt: sexuelle Unterdrückung im Spätkapitalismus und die ökonomischen und psychischen Voraussetzungen für eine Abwehr dieser Unterdrückung. Die andere Seite, die die Fragen der Selbstorganisation und der praktischen Anleitungen im Zusammenhang mit der sexuellen Befreiung betrifft, bleibt dabei vielfach lückenhaft oder ganz offen.
Wilhelm Reich hatte in den letzten Jahren vor dem Faschismus erkannt, daß dieser mit den parteipolitischen und agitatorischen Konzeptionen der SPD und der KPD nicht aufgehalten werden kann. Beide verloren immer mehr die kämpferische Verbindung zu ihren Mitgliedern und erst recht zu den »Massen«; sie konnten deren Interessen nicht vertreten, weil sie sie gar nicht begriffen. SPD und KPD reproduzierten sich als immer stärker werdende und immer autoritärer sich gebärdende Apparate[1]. Reich hat daraus eine teilweise richtige Konsequenz gezogen. Er baute eine Bewegung für »Sexualökonomie und Politik« auf, genannt Sexpol, die sich als Gruppe innerhalb der kommunistischen Arbeiterbewegung verstand. Ihr gehörten eine Reihe von Jugendgruppen, medizinischen Beratungsstellen, Lehrer- und Ärztegruppen an; sie führte Arbeitskreise, Schulungsabende, Aufklärungsveranstaltungen etc. durch. Diese Gruppe wurde vor 1933 als mit der KPD unvereinbar erklärt; Reich wurde zu dieser Zeit sowohl aus der Kommunistischen Partei als auch aus der Internationalen Psychoanalytischen Gesellschaft ausgeschlossen. In den Veranstaltungen und politischen Schriften, in denen sich die Sexpol direkt an die Arbeiter wandte, wurden vor allem zwei Punkte des proletarischen Elends immer wieder angesprochen und zum Ausgangspunkt der Bildung von Klassenbewußtsein gemacht: die Wohnungsfrage und die Frage der Verhütungsmittel.

1 Diese Erfahrungen hat Wilhelm Reich unter dem Pseudonym *Ernst Parell* analysiert in: Was ist Klassenbewußtsein?, Verlag für Sexualpolitik, Kopenhagen 1934.

So schrieb Reich etwa in seiner Broschüre für proletarische Jugendliche »Der sexuelle Kampf der Jugend«: »Man sollte das Condom nicht in der Westentasche tragen, weil es in der Wärme schadhaft wird. Reißt einmal ein Gummi und bemerkt man es erst nach dem Verkehr, so muß sich das Mädel die Scheide sofort mit einer Lösung von einem Eßlöffel Essig in einem Liter Wasser ausspülen. Proletarische Jugendliche werden hier mit Recht sagen, daß die Umstände, unter denen sie den Geschlechtsverkehr ausüben, eine solche Ausspülung nicht gestatten. Darauf kann man nur antworten, daß das ein Grund mehr sein muß, daß man sich nicht nur um die Möglichkeiten des Geschlechtsverkehrs kümmert, sondern auch die Gesellschaftsordnung verstehen lernt, die der Jugend solche Schwierigkeiten macht«[2].

Solche direkten Formen der politischen Aufklärung sind heute generell erschwert und vielfach unmöglich geworden, weil die Spitze des subjektiv erfahrbaren Konflikts von der Entwicklung der Scheinbefriedigung abgebrochen und von den herrschenden Verhältnissen vereinnahmt worden ist. Von den billigen Präservativen nicht zu sprechen und von den Autos, in denen die Jugendlichen Petting und Geschlechtsverkehr praktizieren, — auch die Exklusivität, in der die oralen Antikonzeptiva (sog. Anti-Baby-Pille) heute noch in *einigen* spätkapitalistischen Ländern gehalten werden, reicht für eine klassenkämpferische Argumentation nicht mehr weit hin. Die untersten sozialen Schichten in den gegenwärtigen kapitalistischen Ländern haben vor allem darum weniger Zugang zu den oralen Antikonzeptiva, weil sie sozialmedizinisch ganz allgemein in vorurteilhaften und unaufgeklärten Meinungen gelassen und bestärkt werden. Diese wiederum beziehen ihre Resistenz vornehmlich aus der feudal-bürokratischen Weise, in der die gesamten medizinischen Einrichtungen in diesen Gesellschaften gehalten werden. Dieses Verhältnis spiegelt sich dann in der real begründeten und in der neurotisch verstärkten Angst wider, mit der die Unterklasse jeder medizinischen Behandlung gegenübertritt; diese Angst kann aber nur durch sozialmedizinische Kampagnen mit demokratischer (und nicht völkisch-hygienischer) Zielsetzung abgebaut werden. Sie kann nicht durch primär-sexuelle Aufklärung überwunden werden, da diese unter den gegebenen Verhältnissen ihr regelmäßiges Ende an den seelischen Abwehrhaltungen gegen freie Sexualität findet. In den fortgeschrittensten kapitalistischen Staaten werden die oralen Antikonzeptiva frei gehandelt, in den USA z. B. in Drugstores. Es wäre reaktionär, dagegen anzukämpfen; aber mit dieser Neuerung ist die Forderung nach sexueller Befreiung ihres un-

2 *Wilhelm Reich*, Der sexuelle Kampf der Jugend, Verlag für Sexualpolitik, Berlin 1932, S. 22.

mittelbar revolutionären politischen Anspruchs zunächst um ein wesentliches Stück beraubt: nämlich der Forderung nach Optimierung der technischen und sozialen Bedingungen zur Ausübung der Sexualität. Diese Forderung ist an diesem speziellen Punkt vom System der partiellen sexuellen Befriedigung eingemeindet. An diesem Beispiel wird klar, wie beschränkt die Forderungen nach größerer sexueller Freiheit auf dieser — der politischen Agitation zunächst allein zugänglichen — Ebene mittlerweile sind und auf welch ambivalentem Boden sie erhoben werden. In den Mittelschichten fällt es keinem Jugendlichen schwer, einen Arzt zu finden, der diese Mittel verschreibt, machen doch die großen Agenten der Massen- und Sexualanpassung, aus denen er seine sexuellen Normen bezieht, z. B. *twen*, bereits direkte Reklame dafür, wie man sich diese Mittel am geschicktesten verschaffen kann.

Verharren wir einen weiteren Moment bei diesem Beispiel des Fortschritts von den für proletarische Jugendliche teuren und in der Qualität schlechten Präservativen zur Anti-Baby-Pille, die im Prinzip für jeden erschwinglich, erhältlich und absolut verläßlich ist und gerade noch in einigen »kulturell« zurückgebliebenen Ländern ein soziales Exklusivrecht symbolisiert. Das AUSS hat in der ersten Phase seiner Gründung und des Aufbaus von lokalen Gruppen einen guten Teil seiner politischen Publizität an den Schulen und in der Gesellschaft aus der Forderung nach freiem Zugang zur Anti-Baby-Pille für alle geschlechtsreifen Jugendlichen bezogen. Dabei stellte sich mit Notwendigkeit folgender doppelter Mechanismus her: 1. Die kaum bestehenden Ansätze einer für Oberschüler und Lehrlinge (Berufsschüler) gemeinsamen politischen und organisatorischen Plattform wurden alsbald verschüttet. Die Oberschüler vertraten ihre Forderungen in Formeln, die den Berufsschülern ihre soziale Distanz diesen gegenüber rasch deutlich machten, was durch den latent sowieso vorhandenen Sexualneid der jungen Arbeiter gegenüber den privilegierten Oberschülern noch verstärkt wurde. Die Oberschüler selbst sind 2. als Altersgruppe sexuell direkter kontrolliert durch die sozialen Institutionen, die über sie herrschen, als irgendeine ihnen vergleichbare Altersgruppe; gleichzeitig repräsentieren sie aber eine Subkultur, die aufgrund ihrer intellektuellen Ausbildung, ihrer besonderen emotionalen Voraussetzungen und ihrer faktischen Distanz zu den Zwängen der materiellen Produktion noch am ehesten zur Einsicht ihrer eigenen sexuellen Unterdrückung fähig sein dürfte. Diese Gruppe der Oberschüler hat sich trotzdem von den politisch intendierten lokalen Sexual-Aufklärungskampagnen des AUSS an ihren Schulen und in ihren Städten jeweils nur einige Wochen lang beeindrucken und politisch ergreifen lassen. Mag das auf den Verdrängungszusammenhang hinweisen, dem auch die Sexualität der Oberschüler unterworfen ist, so weist es noch nachdrücklicher darauf hin, daß die Sexualmoral der Gesellschaft und die Sexualpraxis eines Menschen nur dann zum Gegenstand seiner eigenen politischen Aufklärung und zum Anlaß des weitertreibenden, schließlich klassenkämpferischen Engagements werden können, wenn diese Aufklärung zusammen mit politischer Aufklärung, Reflexion und Aktion auf anderen gesellschaftlichen Gebieten betrieben wird. Die ersten Rückschläge des AUSS nach den regelmäßig überfüllten »Sexual«-Veranstaltungen an den einzelnen Schulen sind auf die Überschätzung der politisch weitertreibenden Kraft der sexualpolitischen Initialzündungen – an deren Funktion als solcher wiederum prinzipiell festzuhalten ist – zurückzuführen.

Wilhelm Reich konnte jede einzelne Forderung zur Befreiung der Sexualität aus ihrem Unterdrückungszusammenhang im Kapitalismus mit einer politischen Forderung verknüpfen, die explizit und klassenkämpferisch die ökonomische Wurzel des Systems angriff. Denn objektiv wurde in dieser Epoche jede sexuelle Regung offen unterdrückt oder durch konkret angebbare Umstände (Wohnungsnot, teure Verhütungsmittel) an ihrer Äußerung gehindert. Die ökonomische, physiologische *und* utopische Funktion, die Reich der Sexualität auf dem Wege zur Befreiung des Menschen zugewiesen hat, mag an vielen Stellen unerträglich mechanistisch und in einigen Ableitungen schlichtweg falsch sein; jenseits dieser Kritik ist vorab zu konstatieren, daß die Verknüpfung quantitativ größerer sexueller Freiheit mit radikal systemoppositionellen (klassenkämpferischen) Forderungen heute schwer fällt und vielfach historisch nicht mehr möglich ist. Dadurch wird es aber auch ungleich schwerer, die *qualitative* Differenz zwischen quantitativ erhöhtem sexuellem Freiheitsspielraum und wirklicher sexueller Freiheit klarzumachen.

In der Analyse der Klassenkonflikte vor dem Faschismus konnten unproblematisch drei soziale Klassen unterschieden werden: Proletariat, Kleinbürgertum und herrschende Klasse. Dabei konnte die zweite Klasse mit fortschreitendem Monopolisierungsprozeß des Kapitals objektiv immer mehr und schließlich in ihrer überwiegenden Anzahl auch ökonomisch zum Proletariat gerechnet werden. Objektiv übernahm ein großer Teil des Kleinbürgertums ideologisch aber trotzdem eine Funktionärs-Rolle für die herrschende Klasse; er fühlte wie sie, oder versuchte es zumindest und handelte in ihrem Interesse, entweder faktisch-ökonomisch als »Meister« zwischen herrschender und beherrschter Klasse, oder ideologisch als Agent von sozio-ökonomischen Herrschaftsinteressen: als Kleinhändler, Lehrer, Beamter, Angestellter. Entsprechend

agierten die Organisationen der Arbeiterbewegung in der politischen Schwerpunktbildung des Klassenkampfes. Sie konzentrierten sich auf das »eigentliche« Proletariat, vornehmlich auf dessen Kern in der Industriearbeiterschaft und sprachen in der politischen Agitation und Aufklärung vornehmlich den *antagonistischen* Widerspruch zwischen herrschender Klasse und Proletariat an. Dabei ging ihnen unter der Hand der »ungleichzeitige« Teil der beherrschten Klasse, das Kleinbürgertum, verloren, in der Theorie wie in den praktischen Kämpfen. In jener vernachlässigten sie es oder rechneten es unbewußt zur herrschenden Klasse, eben weil das Kleinbürgertum wie die herrschende Klasse wählte, dachte, sprach; in diesen vernachlässigten sie es oder rationalisierten das Kleinbürgertum zum »zweiten Schritt« der Agitation, der womöglich erst dann getan werden sollte, wenn »das Proletariat« die Revolution gemacht hätte.
Das deutsche Kleinbürgertum bildete das zentrale psychologische und politische Reservoir für die Massenbewegung des Faschismus. Das lag mindestens zum Teil an der Unfähigkeit der Arbeiterbewegung, die antikapitalistischen Momente des Kleinbürgertums aufzugreifen und ihnen eine revolutionäre Richtung zu geben. 1930 schrieb Ernst Bloch in »Erbschaft dieser Zeit«: »Die Vulgärmarxisten halten in Primitive und Utopie keine Wacht, die Nationalisten haben ihre Verfügung daran, sie wird nicht die letzte sein«. Er warf den Kommunisten vor, sie hätten das Kleinbürgertum »kampflos der Reaktion überlassen«. Nach dem Faschismus erstand die alte Verwirrung der Arbeiterbewegung wieder; wer denn wirklich zum Kleinbürgertum zähle; was an ihm Proletariat sei; ob das Kleinbürgertum bekämpft werden müsse wie die herrschende Klasse, weil es objektiv deren Interessen vertrete, etc. Diese Verwirrung wurde in der Restaurationsperiode des deutschen Kapitalismus, mit der Entstehung der BRD, von der herrschenden Klasse stellvertretend für alle anderen Klassen und Gruppen so gelöst: daß es gar keine Klassen mehr gebe, schon gar nicht die Unterscheidung zwischen Kleinbürgertum und Proletariat und daß an deren Stelle die breite Mittelschicht getreten sei. Diesem ideologischen Dekret entsprechen pluralistische Verarbeitungsprozesse und Gesellschaftsbegriffe: In der politischen und soziologischen Theorie die formal zu bestimmenden sozialen Schichten, in der Regierungsideologie das Volk im freien Teil Deutschlands, bei den Gewerkschaften und der SPD die Arbeitgeber und Arbeitnehmer, bei der KPD das a priori der antimonopolistischen und friedliebenden Werktätigen gegenüber den Herren in Bonn nebst Abs und Flick. Diese Verarbeitungsprozesse haben eine objektive Basis in der Verschiebung der Klassen und in einer Verschleierung der

Klassengegensätze. Bei formaler Betrachtungsweise ist es ziemlich gleichgültig, ob man einen Expansionsprozeß der »Mittelschichten« annimmt (z. B. Helms[3]) oder ob man, wie die Mehrzahl der kritischen Sozialisten, von »neuer Arbeiterklasse« spricht und dabei jeden »manuell, intellektuell oder im Weißkittel Arbeitenden« meint, der »von seinem Produkt abgeschnitten und dazu verdammt ist, seine Arbeit zu verkaufen« (A. Gorz[4]) oder ob man, wie die neuen Dogmatiker der DDR, die Arbeiter und Angestellten aufgrund des »ihnen gemeinsamen Produktionsverhältnisses« zur Arbeiterklasse zählt (H. Steiner[5]), und diesen Begriff ansonsten so widerspruchsvoll beläßt, wie er historisch ist. Zu inhaltlichen Aussagen werden die verschiedenen Unterscheidungen und Zuordnungen des Klassenbegriffs erst da, wo sie das erklären sollen, wozu sie eigentlich geprägt wurden, worunter diese beherrschte Klasse leidet, was sie schafft und begreift und was sie nicht begreift; ob und *gegen wen* sie kämpft, um ihre Leiden abzuschaffen, ihre eigenen Produkte zu besitzen und um zu begreifen, was sie nicht begreifen soll. Erst die Antworten darauf ergeben einen inhaltlichen Klassenbegriff. So ist zwar richtig, was Kurt Steinhaus in seiner Einführung zur »Theorie des internationalen Klassenkampfes« schreibt: »Die Existenz des gemeinsamen Klassengegners stellt die Interessenidentität her und diese besteht unabhängig davon, ob sie allgemein erkannt wird oder nicht«[6]. Aber diese Begründung bleibt eine einsame und abstrakte Wahrheit, wenn die objektive Identität nicht von einer ebenso objektiven Solidarität der Subjekte begleitet wird. Diese aber wird nur hergestellt im Klassenkampf.
Die letzte Generation der Arbeiterbewegung konnte im Klassenkampf täglich neu die Losung formulieren: Expropriiert die Expropriateure (Enteignet die Ausbeuter)! Nicht zufällig gibt es keine Klasse in den spätkapitalistischen Ländern und keine sozial relevante Gruppe innerhalb der lohn- und gehaltsabhängigen Bevölkerung der BRD, die diese Forderung heute ausspräche. Auch in Italien, dem Land, das für das (Über-) Leben der alten Arbeiterbewegung so gern genannt wird, protestieren gegen den Krieg in Vietnam vornehmlich Intellektuelle und Jugendliche, die ihrer sozialen Herkunft nach nicht unter den Begriff der traditionellen Arbeiterklasse zu subsumieren sind. Die Intellektuellen, Studenten und Jugendlichen in allen spätkapitalistischen Ländern, die heute ein Stück weit *stell-*

3 *H. G. Helms*, Die Ideologie der anonymen Gesellschaft, Köln 1966, S. 53 f.
4. *André Gorz*, Zur Strategie der Arbeiterbewegung im Neokapitalismus, Frankfurt 1967, S. 92.
5 *Helmut Steiner*, Soziale Strukturveränderungen im modernen Kapitalismus, Berlin 1967, S. 239.
6 *Kurt Steinhaus*, Zur Theorie des internationalen Klassenkampfes, Probleme sozialistischer Politik, Band 5, Frankfurt 1967, S. 8.

vertretend für die praktisch nicht hergestellte Klassenidentität der gesamten beherrschten Klasse handeln, können in ihrer notwendigen Beschränktheit die Forderung: Enteignet die Ausbeuter! entweder nur in einer reflexiven Distanz aussprechen, die zum Beispiel der Forderung »Enteignet Springer!« innewohnt. Oder sie müssen diese Forderung, wie in der Resolution des SDS, allgemein formulieren als: Brecht die Macht der Manipulateure[7]!

In der Tat drückt diese Wendung vom Kampf gegen unmittelbare wirtschaftliche Ausbeutung zum Kampf gegen Meinungsmanipulation einen objektiven Wandel in der Struktur kapitalistischer Herrschaft aus. Nicht, daß die Manipulation an die Stelle von Ausbeutung getreten wäre. Aber die Manipulation von Bedürfnissen wie von Zuständen scheinbarer Befriedigung im Konsum, in der Kommunikation, in der Sexualität zeigt an, daß die Ausbeutung nicht mehr als physische Ausplünderung unmittelbar und allein funktioniert, sondern daß sie eines gewaltigen Apparates von manipulierbaren und immer neu manipulierten Bedürfnissen bedarf, damit die Menschen sich sinnlosen gesellschaftlichen Zielen unterordnen. Der Zusammenhang in der Ausbeutungsstruktur selbst hat sich gewandelt. Der klassische Zusammenhang lautete: Minimisierung der primären Bedürfnisse (Nahrung, Kleidung, Sexualität) und der sekundären Bedürfnisse (Freizeit, Sport etc.) und *gegen sie* Maximierung der Ausbeutung (niedriger Lohn, lange Arbeitszeit, gesteigertes Arbeitstempo, Frauen- und Kinderarbeit, keine oder geringe Sozialleistungen). Der aktuelle Zusammenhang heißt: Manipulative Optimierung der systemkongruenten Bedürfnisse, Abschaffung des Unterschieds zwischen primären und sekundären Bedürfnissen und *dadurch* Maximierung der Ausbeutung[8].

Wenn das Proletariat (hauptsächlich: die Industriearbeiterschaft) vor dem Faschismus aufgrund seiner Stellung im Produktionsprozeß dafür prädestiniert schien, die Ausbeutung in der kapitalistischen Gesellschaft stellvertretend für die gesamte Gesellschaft subjektiv zu erkennen, im Klassenkampf objektiv bewußt zu machen und in der Revolution stellvertretend für die gesamte Gesellschaft aufzuheben, so muß in diesen Prozeß heute, entsprechend der Verfeinerung der Ausbeutung und der Verschleierung der Klassenfronten, ein weiteres Glied einge-

7 Resolution der 22. o. Delegiertenkonferenz des Sozialistischen Deutschen Studentenbundes, Frankfurt, September 1967; abgedruckt in *neue kritik*, Nr. 44, S. 34.

8 Dazu *A. Gorz*, a. a. O., S. 91: »Genau wie Marx es vorhergesagt hatte, stand das Monopolkapital vor dem Problem, die Subjekte nach den zu verkaufenden Objekten zu formen . . . Es hat dieses Problem gelöst, indem es die Individuen den Bedingungen, die von der rentabelsten Produktion erzwungen werden, unterwarf – und das nicht nur in ihren individuellen Bedürfnissen, sondern auch in ihrer Wahrnehmung der Welt (in der Auffassung vom Staat, der Gesellschaft, der Zivilisation, der Koexistenz mit anderen Gesellschaften und Zivilisationen etc.).«

schaltet werden. Mit diesem Glied soll die Frage beantwortet werden: Welche Klasse kämpft? Die Antwort darauf wird notwendigerweise auch von denen, die sich sonst rühmen, am Begriff der Arbeiterklasse festzuhalten, eher ausweichend als konkretisierend gegeben. Steinhaus beantwortet in der Zusammenfassung seiner »Theorie des internationalen Klassenkampfes« diese Frage folgendermaßen: »In allen kapitalistischen Ländern findet zum gegenwärtigen Zeitpunkt eine Politisierung von vorwiegend intellektuellen und jugendlichen Sozialschichten statt — eine Politisierung, die überwiegend aus der mehr oder minder direkten Anschauung der Barbarei der kolonialen Konterrevolution resultiert«[9]. Diese Einschätzung ist gewiß richtig; aber die so Politisierten sind doch keine Klasse. Nicht, daß zu fordern wäre, die kämpfende Klasse müsse ihr Zentrum immer im Kern des Industrieproletariats haben. Diese Forderung wäre nicht nur dogmatisch und abstrakt, sondern nach den Erfahrungen der chinesischen und kubanischen Revolution und angesichts der vietnamesischen Revolution in ihrer Allgemeinheit sogar falsch. Die oppositionellen Jugendlichen und Intellektuellen sind heute objektiv die Avantgarde der beherrschten Klasse, insofern sie *stellvertretend* für die gesamte Klasse handeln. Aber gleichzeitig tritt diese Avantgarde der gesamten beherrschten (und manipulativ integrierten) Klasse *gegenüber*. Sie muß aktuell *gegen* das falsche Bewußtsein, d. h. die psychologische und intellektuelle Zurückgebliebenheit der gesamten Klasse kämpfen.

Nach der Avantgarde-Theorie von Lenin sind Avantgarde und Masse zusammengehalten durch ihr gemeinsames Klasseninteresse und *relativ* unterschieden nach der Art und Weise, wie sie dieses Interesse wahrnehmen. Durch die Wandlung in der Ausbeutungsstruktur wird diese relative Unterscheidung gegenwärtig zu einer tendenziell absoluten. Der historische Fortschritt von der unmittelbaren Ausbeutung zur manipulativen Ausbeutung beinhaltet, daß die Herrschaft (des »Ausbeuters«) nicht länger direkt und personal anschaubar und in dem Sinn zu verstehen ist, den Herrschaft von der Feudalzeit her hat. Herrschaft konkretisiert sich heute ganz unpersönlich in der Barbarei der Verhältnisse, die es erlauben, vom Flugzeug aus, ohne persönliche Beziehung zum Feind, wahllos und im Massenmaßstab zu töten. Sie konkretisiert sich genauso unpersönlich in den wahnhaften, den scheinbaren und den realen Befriedigungen, die den Beherrschten gewährt werden. Die — vornehmlich intellektuellen — Gruppen, die heute gegen die aktuelle Form von Ausbeutung protestieren, protestieren darum stets auch gegen ein System von scheinhaften Befriedigungen und Freiheiten, welche der gesamten beherrschten Klasse ge-

9 *Steinhaus*, a. a. O., S. 101

währt und von ihr als scheinhafte nicht erkannt werden. Die beherrschte Klasse reagiert auf diese Proteste zunächst mit einer Abwehrhaltung gegen die politisch-oppositionelle Bewegung, auch und gerade dann, wenn sie wirklich beginnt, ökonomische Konflikte zum Gegenstand des politischen Kampfes zu machen[10].

Die Isolierung von der gesamten beherrschten Klasse ist gegenwärtig ein konstitutives Moment aller radikal system-oppositionellen Protestbewegungen. Dadurch erhalten alle ihre Erfolge einen zutiefst ambivalenten Charakter. Mag man diese Isolierung als Schwäche des politischen Programms der »Avantgarde« bezeichnen; keinesfalls ist sie nur eine Sache taktischer Fehler. Diese Fehler bestehen wirklich im Überfluß; sie werden gewöhnlich aufgezählt im Zusammenhang mit der unverständlichen Sprache, der provozierenden Lebensweise, Kleidung und Gestik der Protestierenden. Aber alle diese Äußerungen sind gleichzeitig eine notwendige Bedingung dafür, daß die »Avantgarde«, die Gruppen des antiautoritären Lagers sich überhaupt bilden und artikulieren können. Denn in dieser »unverständlichen« Sprache, »abstoßenden« Kleidung und mit ihrem »unordentlichen« Leben protestieren sie zunächst gegen Manipulation und werden dadurch erst fähig, Ausbeutung zu erkennen und gegen Ausbeutungsverhältnisse zu kämpfen.

Dabei können die jugendlichen und intellektuellen Sozialschichten ihre Herkunft aus den vornehmlich kleinbürgerlichen Mittelschichten nicht verleugnen. Zwar verfällt der traditionelle ideologische Kitt, der aus der sogenannten Mittelschicht erst das Kleinbürgertum macht, in den letzten Jahren immer vollständiger und kann sich nur mehr in unzusammenhängenden Resten erhalten. Aber diese unzusammenhängenden Reste sind darum um nichts weniger mächtig. Sie fließen ein in die Weise, *wie* die Proteste dieser Gruppen sich äußern und sie können erkannt werden als Bestände aus dem Unterdrückungszusammenhang, der doch zerschlagen werden soll. Zu diesen Beständen gehören vornehmlich die kleinbürgerlichen »Anti«-Manifestationen, das heißt Negationen kleinbürgerlicher Verhaltensweisen, Lebensäußerungen, Kulturprodukte, die so abstrakt sind, daß ihre befreiende Intention nur verschüttet erkennbar wird. Die Form der totalen, aber abstrakten Negation

10 Auf dem Höhepunkt der Streikauseinandersetzungen in der hessischen Gummiindustrie im Spätherbst 1967 beriefen die Einzelgewerkschaften Chemie und Metall eine Protestkundgebung auf den Frankfurter Römer ein. Die von der Gewerkschaftsbürokratie für diese Kundgebung angefertigten (und an der Schablonenschrift kenntlichen) Transparente beschränkten sich auf tarifliche Forderungen. Eines der wenigen spontan von Arbeitern angefertigten Transparente hatte die Aufschrift: »Wir sind gesittet, keine Bande – Arbeitskampf ist keine Schande«. Es bezog sich wohl auf die studentischen Unruhen zu dieser Zeit im Rahmen hochschulpolitischer Auseinandersetzungen und aktuell auf die Bemühungen der Frankfurter Studenten (AStA, GAG, SDS), sich mit den streikenden Arbeitern zu solidarisieren.

ist besonders vielen Äußerungen der Sexualpraxis eigen, die ihrem Anspruch nach revolutionär sind, in Wirklichkeit aber das, was sie zerstören wollen, nur theoretisch — und dazu schlecht — zerstören. Sie taucht auf etwa in der Forderung nach der Aufhebung des Inzestverbotes und der Einführung des Gruppeninzest in der früheren Münchner »Anschlag«-Gruppe (»Unverbindliche Richtlinien«) oder in der zwangsweise vorgenommenen und in der Praxis gescheiterten »Abschaffung« von bürgerlicher Treue und Liebe in der »Kommune I«. Wenn die vor allem aus dem Proletariat stammenden Teile der beherrschten Klasse diese Formen der subjektiven Überwindung von Manipulation und Klassenherrschaft idio-synkratisch ablehnen — indem sie auf den »Schmutz«, die »Unordnung«, die langen Haare und vermeintlichen sexuellen Praktiken der »linken Randalierer« hinweisen — so ist in dieser Ablehnung, wiewohl bis zur Unkenntlichkeit verstümmelt, auch ein Rest von Auflehnung der Unterklasse gegen die Allüren der »Herrensöhne« enthalten. P. Brückner hat dieses Moment herausgearbeitet: »So wenig die sexuelle Repression vor den Toren der Universität halt macht, und so deutlich sich in der objektiven Lage der Assistenten und Dozenten — etwa in der Trennung von ihren Produktionsmitteln, über die Institutsdirektoren autonom verfügen — Momente der Lage des Industriearbeiters reproduzieren, so unverkennbar führen Studierende und Assistenten doch andererseits partiell das Leben der Herrschaftssöhne. Selbst wenn es ihnen finanziell schlecht geht, haben sie an wichtigen Vorrechten teil«[11]. Dies Moment wirkt als weiterer, objektiv bestimmter und darum auch vorläufig unaufhebbarer Faktor der Isolation der protestierenden Gruppen. Gerade in ihrem Protest gegen jede Form irrationaler Herrschaft führen sie Herrschaftsvorrechte all denen vor Augen, für die sie und mit denen sie irrationale Herrschaft abschaffen wollen. In dem Satz von der »schwer arbeitenden Bevölkerung«, die den Studenten vorwirft, daß diese »Zeit zum Randalieren« haben, ist die ohnmächtige Wut der beherrschten Klasse zusammengefaßt, die sich gegen die falsche Gruppe — nämlich innerhalb der eigenen Klasse — richtet, anstatt gegen die Klasse, deretwegen die Bevölkerung so schwere und vor allem so sinnlose Arbeit verrichten muß.

Diese Isolation wird weder zu überwinden sein durch eine immer größere quantitative Ausweitung der Protestgruppen allein (etwa nach dem naiven Modell, immer mehr Jugendliche werden Hippies, schließlich so viel, daß sie das System ernsthaft schädigen, weil sie nicht mehr konsumieren) noch durch die aktuell stets legitime Forderung nach der Vereinigung von

11 *Peter Brückner* in Agnoli/Brückner, Die Transformation der Demokratie, Berlin 1967, S. 128.

Arbeiter- und Studentenprotesten und ähnlichem. Deren Trennung ist ja gerade *ein* Resultat der Manipulation als der aktuellen Form von Ausbeutung. Darum greifen auch gegenwärtig alle politischen Strategien zu kurz, die darauf ausgerichtet sind, die Studenten für die Probleme und die Lage der Arbeiter zu interessieren — das tut der politische Teil der Studenten seit Jahren — oder die Arbeiter für die Motive des studentischen Protestes zu interessieren und zu gewinnen — das tun dieselben Studenten seit einiger Zeit mit zweifelhaftem Erfolg. Beide Seiten dieser Forderung können heute eines abstrakten und moralisierenden Elements nicht entbehren. Dies Element ist tatsächlich konstitutiv für alle Agitationsformen, Aktionsprogramme und sogar für die Theorie der sogenannten Traditionalisten, egal, ob sie Kommunisten (KPD) oder Trotzkisten oder Linkssozialisten vom Typ der »Sozialistischen Opposition« sind[12].

Man kann die Chancen, die sich daraus für den Kampf der gesamten beherrschten Klasse ergeben, schematisch so zusammenfassen: Die Überlebenschancen des imperialistischen Weltsystems müssen sich — durch die von ihm ausgehenden Gewaltanwendungen und die daraus resultierenden manifesten ökonomischen Krisen — schneller verschlechtern, als diese Verschlechterung durch eine gleichzeitige Verbesserung der manipulativen Anpassung und Integration der Individuen in dies System kompensiert werden kann. Kurt Steinhaus hat versucht, »die sozioökonomischen Konsequenzen einer verstärkten internationalen Gewaltanwendung«, die auf das imperialistische Staatensystem zurückwirken, empirisch herauszuarbeiten. Diese sozioökonomischen Konsequenzen stellen sich auch ihm bis heute nur als »latente Krisenhaftigkeit des kapitalistischen Sozialsystem«[13] dar. Alle diese »Verschlechterungen« werden bis heute durch die »Verbesserungen« in der Manipulationsstruktur neutralisiert. In welcher Weise sich die sinnlich kaum vorstellbare Verschärfung der neokolonialen Barbarei in Form grauenhaftester Ausrottungskriege auf die sozialpsychologischen Verhältnisse im Innern der imperialistischen Nationen auswirken wird, kann noch nicht genau ermessen werden. Der allgemeinen Politisierung und Radikalisierung auf der Seite der Intellektuellen und Jugendlichen stehen gegenwärtig die immer größer werdenden Erfolge des Terrors gegenüber. Zweifellos wird der versteckte Terror, der heute in den Kaufbefehlen der Reklame steckt, offeneren Terrormethoden weichen. Aber diese werden zunächst um so weniger als Methoden des

12 Zu dieser Auseinandersetzung siehe die Diskussionen in der *neuen kritik:* Reimut Reiche und Peter Gäng in Nr. 41, »Sozialistische Politik?« in Nr. 42/43 und Heide Berndt in Nr. 45; und die *Informationen der Sozialistischen Opposition,* Frankfurt, Nr. 1, 2 und 3.

13 *Steinhaus,* a. a. O., S. 101 f.

Terrors erkannt werden, als sie eben durch die Reklame vorbereitet wurden.
Erst wenn das System der manipulativen Ausbeutung von ökonomischen Krisen faktisch überholt wird, ist das Fundament dafür gelegt, daß die heute notwendig isolierten Protestgruppen die Funktion der Avantgarde wirklich *in* der beherrschten Klasse erfüllen können und nicht mehr nur am Rande und stellvertretend für sie. Zu dieser Zeit würden auch die esoterischen und elitären Momente der gegenwärtigen Protestbewegungen ihre Existenzberechtigung verlieren, eben weil diese fortgeschrittenste antikapitalistische Bewegung von der gesamten beherrschten Klasse konkret kontrolliert würde, weil jene in dieser und mit ihr arbeiten würde und nicht, wie heute, gleichzeitig gegen sie.
Die systemkongruente Zurichtung der gesamten Sexualsphäre, die Reduzierung der Sexualität auf die Warenform und ihre Funktionalisierung zum Objekt des Konsums, die Enterotisierung des Körpers, die Scheinsexualisierung der menschlichen Beziehungen wie der Beziehungen der Menschen zu ihren Produkten, die Hemmung von Triebäußerungen und ihre gleichzeitige Umlenkung in kontrollierte Aggressivität – alle diese Formen der sexuellen Manipulation sind Formen, in denen sich ökonomische Ausbeutung gegenwärtig materialisiert. Sie sind in ihrem Zusammenhang nur *ein* Ausdruck der aktuellen Form von Ausbeutung. Dieser Ausbeutung ist darum auch keine beschränkte oder auch nur betonte »sexuelle Gegenstrategie« gewachsen. Diese hat ihren Ort nur innerhalb des gesamten Zusammenhangs der politischen Abwehrkämpfe und der antikapitalistischen Offensiven, auf die sie nicht aufgesetzt werden darf, sondern in denen sie aufzugehen hat.

2. Funktionswandel der sexuellen Unterdrückung im Kapitalismus

Es hat manchmal den Anschein, als wüßten wir dank der umfangreichen ethnologischen Studien mehr über die sexuelle Organisation primitiver Kulturen als über unsere eigene. Zwar sind eine Unzahl von Geschichten, Berichten und vor allem Histörchen über die Sexualität seit dem Merkantilismus oder dem Absolutismus überliefert. Doch entspricht es dem Stellenwert, den die Funktion der Sexualität im Kapitalismus erhalten hat, daß dies eine im Grunde nicht geschichtsfähige, nicht salonfähige Geschichte sei. Also mußte die Literatur darüber mit Notwendigkeit so schlüpfrig und undurchsichtig sein wie ihr Gegenstand gesehen wurde. Von der Fremdheit gegenüber dem Stoff, den sie zu behandeln haben, zeugen selbst die neueren Werke, die uns als historische Standardwerke angeboten werden. Den Geschichtsschreibern, die mit Ernst an ihr Geschäft gingen[14], blieb dann offenbar nichts anderes übrig, als sich selbst entweder im wahllosen und eklektizistischen Erzählen zu verlieren[15] oder nach ziemlich unbrauchbaren, aber wenigstens vorstandardisierten Interpretationsschemata zu greifen[16]. Die Klassiker des historischen Materialismus haben wenig auf diesem Gebiet hinterlassen außer der Methode und dem Werk über den »Ursprung des Privateigentums, der Familie und des Staates«. Ihre dogmatischen marxistisch-leninistischen Anwender haben bis heute wenig mehr anbieten wollen. Darüber hinaus haben sie peinlich darauf geachtet, daß alle »Neuerer« aus ihren Reihen ausgeschlossen wurden[17] und in ihrer Geschichtsschreibung keine Aufnahme fanden[18].

14 Damit sind also nicht die Hunderte von Sittengeschichten vom Schlage »Quelle der Erotik« gemeint, die als Verkaufsschlager für einen halb-tabuierten und darum so kauffreudigen Markt produziert werden.

15 so z. B. *Morus*, Eine Weltgeschichte der Sexualität, rororo 777-779, Reinbek 1966.

16 so z. B. *G. R. Taylor*, Wandlungen der Sexualität, Düsseldorf 1957; neu unter dem Titel: Im Garten der Lüste. Herrschaft und Wandlungen der Sexualität. Frankfurt am Main 1970. Dies Buch, wie das von Morus, ist dennoch als halbwegs brauchbarer geschichtlicher Überblick zu empfehlen. Beide berichten aber eigentlich nur über die Sexualität der jeweils in einer Epoche herrschenden Klasse und kennzeichnen die gesamte Epoche nach diesem Verhalten.

17 Wilhelm Reich wurde in etwa mit der Begründung aus der KPD ausgeschlossen: »Ihr geht von der Konsumption aus, wir aber von der Produktion; Ihr seid daher keine Marxisten«. Diese Ungeheuerlichkeit behauptete jedenfalls Pieck im Jahre 1932 in einer Aussprache mit Sex-Pol-Vertretern. Siehe *Reich*, »Was ist Klassenbewußtsein?«, S. 58 – Ein ähnliches Schicksal hatte der kommunistische Kinderpädagoge Otto Rühle schon Jahre vorher erlitten.

18 Die Sex-Pol-Bewegung wird z. B. in der achtbändigen »Geschichte der deutschen Arbeiterbewegung«, herausgegeben vom Institut für Marxismus-Leninismus beim ZK der SED, mit keinem Wort erwähnt, – ein Schicksal, das diese Bewegung durchaus nicht mit allen »Linksabweichlern« teilen muß.

Die individuelle charakterliche und seelische Zurichtung des Menschen durch die gesellschaftliche Organisationsform, der er unterliegt, wird bis heute am schärfsten herausgestellt von einer Wissenschaft, die diese Resultate sowohl aus der Beschaffenheit des menschlichen Körpers, den Fähigkeiten und Beschränkungen seines seelischen Apparates und aus der Analyse der kulturellen Einrichtungen, die dem Menschen gegenübertreten, entwickelt. Diese Wissenschaft ist die Psychoanalyse. Ihre Kategorien sind selbst gesellschaftliche Kategorien[19], aber sie sind zunächst an den Zusammenhang gebunden, aus dem sie entwickelt wurden. Dieser Zusammenhang ist bei Freud die *bürgerliche Kultur*; sie wird bei ihm weniger mit der kapitalistischen Organisationsform identifiziert, unter deren Herrschaft sie sich entfaltet hat, als daß sie an ihre Stelle tritt. Das heißt aber nicht, daß die Psychoanalyse dort ihr Ende fände, wo es gilt, die einer Kultur zugrundeliegende gesellschaftliche Weise der Produktion in ihrem Verhältnis zu den psychischen und sozialpsychologischen, individuellen und kollektiven Weisen des menschlichen Verhaltens zu bestimmen. Im Gegenteil gibt es einerseits eine Reihe von kulturellen Errungenschaften, die sehr wohl eine ökonomische Basis und eine aktuelle ökonomische Funktion haben mögen — wie z. B. das Inzesttabu, die Monogamie, die soziale Privilegierung des Mannes —, die aber gegenüber unterschiedlichen, ja sich widersprechenden Formen der sozialen und ökonomischen Organisation eine so hartnäckige Widerstandsfähigkeit bewahren, daß sie eben als *kulturelle* Errungenschaften angesehen werden, die dann ihrerseits die unterschiedlichen Formen der gesellschaftlichen Organisation ein gutes Stück weit bestimmen. Zweitens kann man innerhalb der kulturellen Errungenschaften einige benennen — z. B. die spät erworbene Fähigkeit zur Abstraktion, zu logischem Denken und reflexivem Handeln —, die als Voraussetzungen für *alle* höherwertigen Weisen der menschlichen Organisation und der Art angesehen werden können, wie die Menschen ökonomisch untereinander in Beziehung treten. Drittens sind unter den jüngsten kulturellen Errungenschaften, nämlich unter denen der bürgerlichen Kultur, einige zu nennen — z. B. Autonomie, Verantwortung, Liebe und Treue —, die in einer höheren gesellschaftlichen Organisation, zum Beispiel in einer sozialistischen Kultur, nicht generell abzuschaffen oder »überflüssig« wären, sondern die nur aus ihrer engen bürgerlichen Existenz zu befreien wären, zu befreien aus den ökonomischen Fesseln des kapitalistischen Prinzips, das sie nur für eine privilegierte Minderheit, und für diese mit ganz spezifischen Verkrüppelungen, zuließ.

19 siehe *Herbert Marcuse*, Das Veralten der Psychoanalyse, in: Kultur und Gesellschaft II, Frankfurt 1965, S. 85 f.

Die aktuelle Aufgabe der Psychoanalyse beginnt gerade dort, wo heute der größte Teil der bürgerlichen Psychoanalytiker und der marxistischen Politiker[20] gleichermaßen deren Erkenntnisschranke setzen: An der Bestimmung des Dreierverhältnisses von sozioökonomischer Organisationsform, kulturellem Ausdruck und kultureller Verfestigung dieser Organisationsform und der individuellen Weise, auf beide zu reagieren, sich in sie einzupassen oder sie zu verändern. In diesem Buch wird diesem Dreierverhältnis nur von *einer* Seite aus nachgegangen, von der Seite der individuellen und gesellschaftlichen Manifestationen des Sexualtriebs; welchen Beitrag die Sexualität in unserer Kultur zur Formung des Individuums leistet, wie die so geformten Individuen ihrerseits auf die gesellschaftliche Organisation reagieren, welche Impulse und Befriedigungsmöglichkeiten dabei verschüttet oder aufgegeben werden und wie diese Verzichte und Zurichtungen auf die gesellschaftliche Organisation zurückwirken.

Die Psychoanalyse hat festgestellt, daß der Sexualtrieb bereits in der allerfrühesten Kindheit vorhanden ist und einen bedeutenden Anteil an den primären Äußerungen des Kindes und an seinen frühesten Fähigkeiten hat, auf die allernächste Umwelt zu reagieren, seinen Körper zu beherrschen und die Vorstufe für das auszubilden, was im späteren Leben Bewußtsein oder Ich-Leistungen genannt werden wird. Diese Annahmen sind inzwischen empirisch belegt, wenn auch noch nicht in ihrer Gesamtheit klinisch und psychologisch erforscht. Die Äußerungen des Sexualtriebes werden in der frühesten Kindheitsperiode vom Kind weder beherrscht, noch von ihm als sexuelle Spannungen bzw. als sexuelle Lust empfunden. Sie bestehen so unabhängig vom Kind wie seine anderen körperlichen oder emotionalen Äußerungen auch. Die Fähigkeiten, den Sexualtrieb zu beherrschen, werden ähnlich erworben, wie die Sphinkter-Kontrolle (Fähigkeit zur Muskelkoordination, besonders zur Kontrolle der Ringmuskulatur): Ab einem bestimmten Alter wird das Kind *biologisch* überhaupt erst fähig, diese Kontrollen auszuüben (z. B. Arm- und Beinbewegungen), aber der kulturelle Überbau – in der Sozialisation –, durch den diese Fähigkeiten hervorgelockt und vermittelt werden, verarbeitet sie zugleich in einer kulturspezifischen Form. Zur Erläuterung möge die Fähigkeit zur Kontrolle der Ausschei-

20 Eine besonders typische und ignorante Kostprobe dafür liefert Robert Steigerwald in einer Auseinandersetzung mit Herbert Marcuse in *Marxistische Blätter*, Nr. 6/1967, S. 33 f.: »Wir wollen uns hier nicht mit ›Triebstruktur und Gesellschaft‹ auseinandersetzen. Aber soviel möge doch gesagt sein: Freuds Theorien, von denen Marcuse ausgeht, haben eine pseudohistorische Grundlage, die durch die frühgeschichtliche Forschung widerlegt worden ist. Diese Forschung bestätigte bisher zwar das Vorhandensein von Gesellschaftszuständen, wie sie Marx und Engels in ihren Schriften analysieren, aber nicht die pseudohistorischen Mythen Freuds.«

dungsfunktionen dienen. Das Kind wird ab einem bestimmten — individuell unterschiedlichen — Alter *biologisch* fähig, die anale Ringmuskulatur zu beherrschen. Entsprechend können die *kulturellen* Ordnungs-, Reinlichkeits- und Zeitgebote und die Ekelschranke sinnvollerweise erst ab diesem Alter eingeübt werden. Aber *welche* Gebote dabei besonders stark betont werden, welche ganz und gar vernachlässigt werden (z. B. Ekelschranke) und *wie* sie eingeübt werden — ob mit viel, mit wenig oder vielleicht sogar ohne Zwang — das hängt von dem allgemeinsten Selbstverständnis und den sozio-ökonomischen Voraussetzungen dieser Kultur ab. Dabei sind zunächst zwei Punkte im Auge zu behalten:

1. Sexuelle Triebausrichtung und Triebkontrolle ist nicht *irgendwie* oder in jede Richtung manipulierbar, sondern sie erfolgt immer auf einer biologischen Basis, zwar nach nicht-biologischen Gesetzen, aber doch nach Gesetzen, die diese Basis nicht ungestraft verletzen können. Wenn der Sexualtrieb wie der nach Nahrungsaufnahme ein ursprünglicher Trieb ist, so kann die Sexualität ebensowenig wie der Hunger gänzlich aufgehoben werden. Er kann, wie dieser, für bestimmte Zeit — nach seiner Sättigung — völlig verschwinden und er kann darüber hinaus, anders als der Hunger a) von seiner direkten Befriedigung unbestimmte Zeit abgehalten werden und b) in kulturspezifischen Weisen »befriedigt« werden, die als Triebbefriedigung äußerlich nicht erkennbar sind. Die diesem Vorgang zugrundeliegenden Prozesse der Ablenkung des Sexualtriebes von seinem ursprünglichen Ziel werden unterschieden als *Verdrängung* und *Sublimierung* (beide Prozesse werden auf Seite 47 erklärt).
2. Wegen dieser — biologisch vorgegebenen — Eigenschaft kann der Sexualtrieb zum Vehikel der Übernahme von sozialen Fähigkeiten und kulturellen Leistungen werden. Tatsächlich übernimmt er diese Funktion in allen menschlichen Gesellschaften. In der Erfüllung dieser Funktion wird er nachhaltig verändert.

Die Psychoanalyse hat entdeckt, daß das menschliche Individuum während seiner körperlichen Entwicklung in der Kindheit mehrere Stufen durchläuft, die unter der Herrschaft bestimmter erogener Zonen stehen und bestimmten Lust/Unlust-Funktionen gehorchen. Die Benennung »entdeckt« ist darum angebracht, weil diese Stufen nicht nur psychoanalytische Konstruktionen sind, die eventuell noch soziologisch zu verwenden wären — das sind sie auch —, sondern weil das Kind sie wirklich durchläuft. Diese Phasen sind nacheinander die orale, die anale und die phallische; die letztere wird in den sogenannten zivilisierten vaterrechtlichen Kulturen mit dem Ödipuskomplex abgeschlossen, dieser mündet bei richtiger Lösung in eine mehr oder minder lange dauernde und mehr oder minder vollkommen durchgehaltene Latenzperiode, in welcher die manifest sexuelle Haltung vorläufig zum Erliegen kommt; diese wird abgelöst von der — zweiten — Pubertät.

Die *orale* Phase ist dadurch gekennzeichnet, daß das Kind lustvolle Beziehungen zur ersten Person der Außenwelt herstellt, nämlich zur Mutter. Das spezifisch Lustvolle an dieser Beziehung sind die oral (durch die Mundpartien) hergestellten Empfindungen des Saugens an der Mutterbrust, oder ihren Surrogaten (Daumen, Schnuller). Während dieser Phase ist das Individuum noch eine völlig abhängige »Lusteinheit«; es hat noch kein *Ich* von der Außenwelt (Mutter) oder vom *Es* abgespalten; höchstwahrscheinlich begreift es die Mutterbrust als Teil seiner selbst (Ich/Es-Einheit). Die Überwindung dieser Phase wird markiert durch den Entzug der Mutterbrust, der das Kind zwingt, die Mutter von sich abzusondern, nämlich als eine von ihm getrennte Person der Außenwelt anzuerkennen. Diese Trennung wird immer, egal ob sie früh oder spät durchgeführt wird, als Triebverzicht erlebt, als etwas Schmerzhaftes, Unlustvolles; aber gleichzeitig damit wird die Fähigkeit erworben, die für alle weitere Entwicklung und für die Übernahme der erst später geforderten Kulturleistungen unerläßlich ist: Die Unterscheidung von Ich und Nicht-Ich, bzw. von Ich und Außenwelt.

In der folgenden *analen* Phase gehen die Lustempfindungen hauptsächlich von den Muskelpartien aus, die die Vorgänge der Darmentleerung regeln. Auf dieser Stufe werden Objekte der Außenwelt bereits derart libidinös (lustvoll) besetzt, daß man dem Subjekt, das diese Besetzungen ausschickt, schon ein hohes Maß an Ich-Bildung zuerkennen muß. Das Kind tut der Mutter etwas zu Gefallen (*regelmäßig* Exkremente *abgeben*). Diese Phase leitet in die *phallische* über, in der die Genitalien des Kindes schon soweit ausgebildet sind, und das Kind selbst bereits soviel an kontrollierter Aktivität beherrscht, daß mit ihnen manuell sexuelle und im Prinzip auch orgastische Sensationen herbeigeführt werden können. Auf dieser Stufe ist das Kind bereits soweit sozialisiert, daß es zu den nächsten Personen seiner Umgebung Objektbeziehungen aufnehmen kann, die den späteren Objektbeziehungen des Erwachsenen in vielen ihrer Qualitäten gleichen, zumal in der, der geliebten Person ein Kind zeugen zu wollen. Dieser Wunsch gilt ebenso für Mädchen wie für Jungen und er taucht regelmäßig auf, freilich nicht nach der Geschlechtertrennung der Erwachsenen; vielmehr wird die Mutter noch als mit dem Phallus behaftet phantasiert. Er ist in fast allen bekannten Kulturen unstatthaft, und wird in ihnen durch die Errichtung der Inzestschranke tabuiert. Dieses Tabu wird zwar nicht in allen primitiven Kulturen, wohl aber in den gesamten bürgerlichen und den als vorbürgerlich zu bezeichnenden Kulturen während der *Ödipussituation* durchgesetzt.

Ihr zufolge setzen die Eltern auf dem Höhepunkt der phallischen Phase das Verbot der Sexualbetätigung auf unbestimmte Zeit (Triebaufschub) und innerhalb der elterlichen Familie für immer (Inzest-Schranke) durch. Das geschieht in den Kulturen, von denen wir sagen, daß sie einen Ödipuskomplex kennen, nicht ohne Strafandrohung: die Kastrationsdrohung (beim Knaben). Diese allein wäre jedoch nicht mächtig genug, das erwünschte Verhalten hervorzubringen, wenn sie nicht durch eine Art Vorführung unterstrichen würde, die vom Kind (nunmehr auch vom Mädchen) zu der Einsicht verarbeitet wird, daß das Weib (Schwester, Mutter, Spielkameradin) tatsächlich kastriert (bestraft) ist. Der gesamte Komplex findet nach Freud bei dem — später als normal und realitätstüchtig zu bezeichnenden Individuum seinen natürlichen Untergang in der biologischen Unfähigkeit des Kindes, den Sexualakt auszuüben. Damit die Latenzperiode richtig eingeleitet werden kann, müssen aber neben dem Aufgeben der Eltern als direkte Sexualobjekte und der Verdrängung der auf das eigene Genitale gerichteten sexuellen Wünsche einige wichtige Leistungen hinzutreten, für die die Voraussetzungen bereits auf den sogenannten prägenitalen (oralen, anale und phallische) Stufen gelegt sein müssen. Diese Leistungen und die ihnen entsprechenden Fähigkeiten werden in den folgenden Kapiteln immer wieder zum Ausgangspunkt der Diskussion gemacht werden. Unter ihnen müssen vor allem die folgenden drei genannt werden:

1. Der Ödipuskomplex darf nicht bloß *verdrängt* werden. Verdrängt werden müssen an ihm nur die auf die Eltern gerichteten Strebungen; der gesamte Komplex muß mehr als verdrängt werden, er muß *zerstört, aufgehoben* werden (so die Formulierungen von Freud). Dieser Unterschied wird bei Freud allerdings nicht näher erläutert[21]; er ist aber von größter Wichtigkeit. Verdrängung würde heißen, daß der Komplex nicht weiter verarbeitet würde, sondern nur offiziell vergessen würde, nicht unterginge sondern ein unterirdisches Leben weiter führte, von dem das spätere Individuum, wie auch schon das Kind mit neurotischen Latenzzeit-Erscheinungen (Zwangsmasturbation oder ihre Ersatzbildungen: Kratzen, Nägelkauen, Bettnässen), in einer pathogenen (krankmachenden) Weise beherrscht würde. Zerstörung heißt, daß die typische infantile Konstellation der lust- und angstvollen Abhängigkeit von den Eltern aufgegeben, überwunden wird, so daß das Kind frei wird, höherwertigere, autonome Verhältnisse (sowohl was die

21 *Sigmund Freud*, Der Untergang der Ödipuskomplexes, Ges. Werke, Band XIII, S. 399.

Lust-Seite als auch was die Bewußtseins-Seite angeht) herzustellen.

2. Die elterlichen Objektbesetzungen aus den prägenitalen Phasen müssen aufgegeben werden; an ihre Stelle tritt die *Identifizierung* mit dem — im Normalfall — gleichgeschlechtlichen Elternteil. Diese Identifizierung ist eine zentrale Voraussetzung für die Übernahme der späteren Geschlechtsrolle und — in den bisherigen Gesellschaften — von den auf diese zugeschnittenen sozialen Rollen.

3. Die Identifizierung ist gleichzeitig die Voraussetzung dafür, daß der psychische Apparat eine mehr oder weniger selbständige psychische Instanz abspalten und als *Über-Ich* errichten kann. Identifizierung bedeutete ja zugleich: Errichtung der Elternautorität und der die Eltern vertretenden — moralischen, kulturellen, gesellschaftlichen — Institutionen *in* der Person. Damit es zu dieser mehr oder weniger selbständigen Kontrollinstanz kommen kann, müssen freilich die primären Ich-Funktionen so *ausgebildet* sein, daß der Aufbau des Über-Ich überhaupt möglich ist. Mit der Errichtung eines Über-Ich, das diesen Namen verdient, wird das Individuum aber nicht nur fähig, Triebwünsche zu verdrängen — das ist, wenn es die einzige Fähigkeit dieser Instanz bleibt, eine meist pathogene Eigenschaft eines schwachen und dann zugleich starren Über-Ich. Es wird darüber hinaus fähig, bedrängende Triebwünsche abzuwehren und von den direkten Strafe/Belohnungs-Systemen der infantilen Kontrollinstanzen (Eltern) *unabhängig* zu handeln. Diese Fähigkeit ist eine spezifisch kulturelle Erwerbung, die nicht deshalb als repressiv zu bezeichnen ist, weil sie im Durchschnitt nur in der speziellen Ausprägung vorkommt, in der das Über-Ich nur an die Stelle des Strafe/Belohnungs-Systems der Eltern getreten ist, anstatt ein eigenes System der Realitätskontrolle aufzubauen.

Die Leistungen zur Überwindung des Ödipuskomplexes haben folgende Bedeutung: Sie markieren in allen bekannten Kulturen mit differenzierterer ökonomischer und sozialer Organisation den Übergang von der infantilen Abhängigkeit zur — mehr oder weniger glückenden — Bildung des autonomen Individuums. Zu dieser Autonomie zählt vor allen Dingen die Fähigkeit, die mit der Pubertät endgültig einsetzende genitale Ausbildung richtig zu organisieren. Richtig heißt dabei in bezug auf die sexuelle Organisation, die unkoordinierten und sich der Kontrolle entziehenden Partialtriebe (so werden die Äußerungen des Sexualtriebes auf den prägenitalen Stufen vom Blickpunkt der Genitalität aus benannt) werden unter dem Primat der Genitalität zusammengefaßt. Keinesfalls werden sie verneint (dieser Ausgang nach der Pubertät deutet auf eine inadäquate Verdrängung der Partialtriebe auf oder vor der ödipalen Stufe und kann kaum ohne *neurotische* Begleiterscheinungen abgehen); sie dürfen aber auch nicht *für sich* herrschen (diese Form der nicht überwundenen infantilen Herrschaft der Partialtriebe wäre als *pervers* zu bezeichnen). Dieser Genitalität entsprechen kulturell und in gesellschaftlichen Spezifizierungen eine Reihe von Qualitäten, die aufs engste mit der genitalen Organisation zusammenhängen. Dazu werden insbesondere die sozialen Qualitäten der Treue, Liebe und Selbständigkeit gerechnet, dann deren logisch-kognitive Entsprechungen der Reflexion und »Willensfreiheit«, schließlich deren sozioökonomische Korrelate der Selbst-Disziplin, Kreativität und der Erkenntnis überindividueller gesellschaftlicher Zusammenhänge. Diese Fähigkeiten gehören wesentlich zum post-ödipalen genitalen *Charakter*; sie werden in dieser Schrift nicht systematisch aus ihren sexuellen und sozialen Entstehungszusammenhängen abgeleitet. Daß sie an bestimmte Entwicklungsniveaus der materiellen Produktion und Reproduktion gebunden sind, ohne die sie nicht entstehen können und für deren Aufrechterhaltung sie andererseits unerläßlich sind, soll an zwei Beispielen aus sogenannten primitiven Kulturen mit stationärer Wirtschaftsorganisation veranschaulicht werden:

1. Margaret Mead berichtet unter anderem von drei Stämmen auf Neu-Guinea[22], die in der Ausbildung einiger Charakterzüge sehr voneinander abweichen. Bei dem einen Stamm sind aggressive Züge überhaupt unbekannt; wenn sie bei einzelnen Angehörigen doch einmal vorkommen, werden sie vom Stamm völlig unaggressiv toleriert. Zwei andere Stämme sind in ihrem individuellen und Sozialverhalten außerordentlich aggressiv, unter anderem sind sie Kopfjäger. Alle drei Stämme (die in geographisch unterschiedlichen, doch benachbarten Regionen leben) sind ökonomisch subsumierbar unter der Kategorie »stationäre Wirtschaften«; sie kennen keine noch so primitiven Vorgänge der Sachgüter- oder gar Kapitalakkumulation, obwohl sie Tauschgeld (Muschelgeld) besitzen und sich also kulturell die kognitive Fähigkeit zur Abstraktion (Umrechnung) erworben haben, die sie zur Geldwirtschaft befähigen würde. Alle drei Stämme haben zwar unterschiedliche, jedoch jeweils außerordentlich komplizierte Gebote zur Durchsetzung der Inzest-Schranke. Aber sie kennen wohl keinen dem Ödipuskomplex vergleichbaren Vorgang, der die Grundlage zur späteren Zusammenfassung der genitalen Sexualität gewährleistete. Individuell scheint bei ihnen nur weniges von der Art vorzukommen, was in unseren Kulturen dem Übergang von der analen zur phallischen Stufe entspricht. Die Vorgänge während der analen Phase, besonders in der bürgerlichen Gesellschaft, ste-

22 *Margaret Mead*, Geschlecht und Temperament in primitiven Gesellschaften, rororo 96, Hamburg 1959.

hen in einem unmittelbaren Zusammenhang zu dem, was man beim späteren Individuum als dessen Fähigkeit nennt, *ordentlich* und *pünktlich* zu sein (seinen Darm zu entleeren) und dabei alles *Unanständige* und *Ekelerregende* (z. B. den Koitus während der Menstruation) von sich fern zu halten. Dieser Zusammenhang wird vornehmlich hergestellt über die Unterdrückung der Anal-Lust, die dann nicht anders als in den beschriebenen Formen der Ordentlichkeit etc. wiederkehrt, sich erhält und mächtige Vorbilder für die Regelung der materiellen Produktion und Reproduktion des menschlichen Lebens abgibt. — Es ist gewiß nicht daran zu zweifeln, daß auch die Individuen der beschriebenen Stämme in der Kindheitsentwicklung eine Stufe durchlaufen, auf der die sexuellen Sensationen vornehmlich aus der analen Zone bezogen werden. Aber diese Stufe bildet hier nicht den Anknüpfungspunkt für die unsere Gesellschaft kennzeichnenden kulturellen Verarbeitungen, die aus dieser Stufe erst eine so zu benennende anale Phase machen.

Aber auch die gesamten Kulturen selbst scheinen in gewisser Weise auf einem vor-analen Niveau, nämlich auf einem oralen, in den beiden letzteren Fällen mit kannibalischer Ausprägung, zu verharren: Sie essen sofort auf, was sie haben; sie sind unfähig zu den primitivsten Formen der *Anhäufung* von Sachgütern, unfähig zu jeder Form der primären Akkumulation. Diese Beobachtung könnte den Anlaß zu zwei — konträren — Schlußfolgerungen geben: Diese Kulturen müssen sich bis zu ihrem natürlichen oder durch den Kolonialismus erzwungenen Ende in einem stationären Wirtschaftskreislauf reproduzieren, weil sie niemals eine individuell sich durchsetzende anale Phase kulturell durchgesetzt haben und niemals die ihr anhaftenden lusteinschränkenden *und* lustveredelnden Funktionen ausgebildet haben. Oder: Sie konnten auf die Ausbildung eines repressiven Analcharakters verzichten, weil sie nur eine stationäre Wirtschaftsweise kannten. Beide Schlußfolgerungen sind falsch; die Entwicklungsweise der menschlichen Befriedigung wäre nach der einen wie der anderen Begründung ganz den übernatürlichen oder zufälligen Veränderungen anheimgegeben. — Auch wäre ein anderer naheliegender Schluß falsch, zu meinen, diese Kulturen lebten sexuell freizügig, *weil* die Einschränkungen auf den infantilen Stufen der Sexualorganisation in keiner Hinsicht mit denen der gegenwärtigen Kultur vergleichbar sind. Zwar werden eine Reihe sexueller Verhaltensweisen in diesen Kulturen geübt, die in den kapitalistischen Gesellschaften lange Zeit hochtabuiert waren und in den ihnen vorausgegangenen Gesellschaften mit mehr oder weniger scharfen Verbergungsritualen verbunden waren, zum Beispiel der voreheliche und außereheliche Geschlechtsverkehr. Aber dieses

Verhalten ist mit derart komplizierten Exogamievorschriften (Vorschriften zur Stabilisierung der Inzestschranke) verbunden und die Mitglieder der Stämme ergeben sich so vollständig diesen Vorschriften, daß man von sexuellen *Freiheiten* nicht sprechen kann und noch viel weniger von einer Autonomie in der Partnerwahl. Insgesamt könnte man sagen: Der genitale Verkehr wird zwar ausgeübt, aber er ist, von der Struktur des Ichs her gesehen, nicht eigentlich in einen genitalen Zusammenhang eingebettet, sondern folgt vornehmlich infantilen Vorbildern.

2. Das Wichtige am ersten Beispiel war, daß eine offensichtliche Beziehung besteht zwischen der ökonomischen Entwicklungsstufe einer Gesellschaft und den Techniken, wie die zu dieser ökonomischen Organisation gehörenden kulturellen Forderungen im individuellen und Sozialcharakter durchgesetzt werden. Dabei wurde *ein* Resultat hervorgehoben: daß die biologisch bestimmten Phasen der frühkindlichen Sexualentwicklung die Plattform für unterschiedliche, sogar konträre Weisen der Sozialisation abgeben können. Das widerspricht nicht der einleitenden Behauptung, daß die Sozialisation nicht irgendwie, sondern nur gesetzmäßig erfolgen kann; es unterstützt diese Behauptung vielmehr.

An den Dogon-Negern, einem westafrikanischen Stamm, ist ein anderes Resultat der Sozialisation *ohne* — dem unseren vergleichbaren — Ödipuskomplex hervorzuheben: Die erwachsenen Angehörigen dieses Stammes scheinen zunächst die Voraussetzungen zu so differenzierten Kulturfähigkeiten in ihrer Sozialisation zu erwerben, wie sie für das antike und bürgerliche Individuum unter der Kategorie der Sublimation zusammengefaßt werden (der Verarbeitung, im Gegensatz zur Verdrängung, von sexuellen Impulsen zu sozialen Tätigkeiten). Aber diese Fähigkeit, »sublimiert zu reagieren« — viel mehr ist es anscheinend noch nicht — wird geradezu unter Ausschluß all der Voraussetzungen eingeübt, die für das zivilisierte Individuum die Basis bilden, von der aus es sublimiert *und* von der aus es direkt libidinöse (genitale) Strebungen auf Objekte der Außenwelt ausschickt. Dem Dogon kann noch weniger als Angehörigen anderer primitiver Kulturen ein individuelles *Ich* zugesprochen werden. Woran liegt das? »Die Dogon sind nicht an eine einzelne Person gebunden, sondern verteilen ihre libidinösen Impulse auf eine Mehrzahl von Personen. Das Verhalten der Mutter ist die Ursache dieser Einstellung. Sie stillt das Kind bis zum vierten Lebensjahr, die unbedingte Wunschbefriedigung des Kindes steht im Vordergrund. Gewähren und Abweisen kennt das Kind nicht, so empfindet es keine Trennungsangst und die frühkindlichen Erfahrungen bleiben frei von Aggressionen. Wichtig ist der Unterschied im Erleben des

Ödipuskonfliktes. In unserer Kultur internalisieren wir starre Objekte, Einzelpersonen. Der junge Dogon vermeidet Beziehungen zu einer Einzelperson auf verschiedene Weise. Das Auftauchen isolierter Beziehungen wird ebenso gefürchtet wie in unserer Kultur die direkten Triebgefahren. Die Dogon haben die Tendenz, Identifizierungsneigungen zu hemmen, und statt dessen sublimiert zu reagieren. Ein auf solche Weise entstehendes Ich ist elastischer und lenkbarer. Es paßt sich verschiedenen Triebansprüchen leichter an, ist aber abhängig von der Haltung der Partner. Die zentrale Abwehrform ist die Bindungsunlust; das Ich der Dogon funktioniert wie ein Gruppen-Ich«[23]
Diese Beschreibung liest sich auf den ersten Blick wie eine kommunistische Utopie. Die Dogon sind aber nicht die Subjekte dieses »utopischen« Zustandes. Sie sind vorgeschichtlich an ihn ausgeliefert, in totaler Abhängigkeit von dem Reproduktionszusammenhang, in den sie hineingeboren sind. Sie sind von sich aus absolut unfähig, ihn auch nur im mindesten zu erkennen, ihm Widerstand entgegenzubringen oder ihn zu verändern. Die Sozialisation erfolgt zwar bis in ein hohes Alter hinein mit minimaler Triebeinschränkung. Infolgedessen sind die Dogon frei von Aggressivität. Aber sie sind auch unfähig, Beziehungen zu Einzelpersonen herzustellen. Das letztere könnte — bei oberflächlicher Betrachtung — als erstrebenswertes Ziel angesehen werden, nicht mehr zu einzelnen, sondern zu Gruppen in Kontakt zu treten. Aber die Dogon sind überhaupt unfähig, *stabile* Objektbeziehungen *selbständig* herzustellen. Das letztere ist eine notwendige Voraussetzung für jede freie Selbstorganisation von Menschen. Der Dogon ist abhängig von der Haltung der Partner; auch das ist kein unbedingt negatives Kriterium: Solidarität und Kommunikation entstehen immer auf der Basis von Abhängigkeit. Aber der Dogon ist gleichzeitig unfähig, die Abhängigkeit in Bindungen zu überwinden. Das wiederum ist eine weitere Voraussetzung für jede selbsttätige Organisierung von Menschen; sie ist heute geradezu eine Beschreibung von Solidarität im Klassenkampf.
Diese innere Verkopplung von — heute — wünschenswerten und abzulehnenden Resultaten des Sozialisationsprozesses würde bei systematischer Behandlung aller möglichen primitiven Gesellschaften ständig anzutreffen sein. Man begegnet dieser Verkopplung ebenso in jeder Untersuchung des Sozialisations-

23 Bericht über den 23. Internationalen Psychoanalytischen Kongreß, in *Kölner Zeitschrift für Soziologie und Soz. Ps.*, Nr. 4, 1963, S. 778, siehe auch: *Parin* und *Morgenthaler*, »Die Weißen denken zuviel — Psychoanalytische Untersuchungen bei den Dogon in Westafrika«, Zürich 1963. Diese Studie ist ein einzigartiges und fast das einzige Beispiel dafür, wie die psychoanalytische Theorie und Technik auf die Untersuchung nicht-europäischer Kulturen angewendet werden kann, ohne die inhaltlich-psychoanalytischen Implikationen der europäisch-amerikanischen psychischen Struktur (Ödipus-Komplex, Latenzzeit, Ich-Struktur, Über-Ich etc.) dem Untersuchungsmaterial aufzuzwingen.

prozesses des Kindes zum bürgerlichen Individuum. Seine Fähigkeit zur *Liebe* erscheint dann nur als die eine Seite des Resultates, dessen andere durch die Neigung zur neurotischen Verliebtheit gekennzeichnet ist; seine *Treue* wird ergänzt durch gehorsame und stumpfe Monogamie, die das Individuum nicht mehr befähigt, libidinöse Gruppenbeziehungen herzustellen; seine *Disziplin* tritt auf im Gewand analen Gehorsams; seine *Selbständigkeit* ist bestimmt durch den gesellschafts-spezifischen Konkurrenz-Egoismus, der seine Fähigkeit zur *Reflexion* bis hin zur Grenze der Sprachlosigkeit verstümmelt. Es ist die Frage, ob alle differenzierten Weisen der gesellschaftlichen Organisationen, die auf differenzierten und selbständigen individuellen Charakterstrukturen aufbauen, nicht auch wenigstens ein relatives Maß an Triebverarbeitungen aufweisen müssen, das von einer individuellen triebbejahenden Position her als schädlich zu bezeichnen ist.

Repressive Funktion der Sexualität im Früh- und Hochkapitalismus

Damit der Kapitalismus sich als gesellschaftliche Produktionsweise herausbilden konnte, genügte es nicht, daß an die Stelle von Handwebstühlen mechanische traten, an die Stelle von Handwerksbetrieben Gießereien, Hochöfen und Maschinenfabriken und daß die Menschen vom Land in die Stadt zogen, um dort ihren Tätigkeiten nachzugehen. Vielmehr mußten in langen Jahrhunderten die »Anstöße« erfolgen, die den Prozeß der technischen Verfügbarmachung der Welt einleiteten; gleichzeitig mußte dieser Prozeß ohne jeweils neue äußere Anstöße in Gang gehalten werden und gleichzeitig mußte ein Sozialcharakter ausgebildet werden, der diesen Prozeß leiten konnte und sich ihm zugleich bedingungslos unterordnete.
Im 16., 17. und 18. Jahrhundert setzte in den meisten europäischen Staaten der Prozeß der ursprünglichen kapitalistischen Akkumulation voll ein, d. h. ein Wirtschaftsprozeß, bei dem immer größere Anteile und Einheiten des Nettosozialprodukts, des gesellschaftlichen Reichtums, *nicht* für den unmittelbaren Verbrauch (zunächst egal ob für den Grundherren und adeligen Bergwerksbesitzer oder für den Pächter und Halbsklaven), sondern für die »erweiterte Reproduktion« verwendet wurden, also als Neu-Investitionen in den Wirtschaftsprozeß zurückflossen. Dieser Teil des Nettosozialproduktes konnte nicht verbraucht, nicht *konsumiert* werden. Die Einsicht in die Notwendigkeit des *Aufschiebens* für späteren Verbrauch war für die meisten Individuen von vornherein identisch mit dem *Verzicht* auf Verbrauch schlechthin. Er mußte um so mehr im Sozialcharak-

ter eines Volkes verankert werden, da zur Gewährleistung dieser Haltung weder überlieferte Gesetze zur Verfügung standen noch dieser Prozeß denen unmittelbar einsichtig sein konnte, die ganz unten im Produktionsprozeß standen und von jeher zu wenig zu verbrauchen hatten. Wir dürfen aber keinesfalls glauben, daß von diesem Prozeß und von dem ihm anhängenden Charakterzug nur die obere oder nur die untere Gesellschaftsschicht betroffen wurde.

Die ganze Vielfalt dessen, was nachträglich als technische Umwälzung gewaltigsten Ausmaßes erscheint, war nur unter dem Schutz eines Zwangs möglich, der den einzelnen Produzenten nicht primär in der Form von Ketten, Arbeitshäusern und Hunger gegenübertrat. Die Formen des äußerlichen Zwanges wären für den Prozeß der Kapitalbildung zu unsicher gewesen: sie hatte es stets gegeben. Wenn dieser Prozeß wirksam geschützt werden sollte, besonders auch gegen die zunächst immer häufiger auftretenden Rückschläge durch Wirtschaftskrisen, mußte an die Seite des äußeren Zwangs ein innerer Zwang treten, der so mächtig war, daß selbst die Erinnerungsspuren an frühere Zustände relativ größerer Befriedigung (nämlich der Identität von Produktion und Konsumtion in den stationären Wirtschaften) nachhaltig auslöschte. Nicht daß es in früheren Wirtschafts- und Geschichtsepochen keine Formen des inneren Zwangs gegeben hätte. Wir haben es hier mit einer historisch besonderen Form des inneren Zwangs zu tun. Dieser Zwang kann in seiner objektiven Wirkung so beschrieben werden, daß sämtliche menschliche Tätigkeiten und Qualitäten reduziert werden auf ihre Verwertbarkeit im Prozeß der Selbstverwertung des Kapitals, sie also allesamt auf ihre Tauschrelationen ›umgerechnet‹ werden konnten. Subjektiv muß diesem Zwang die Einsicht entsprechen, daß nichts auf der Welt selbstverständlich ist außer der Arbeit und der mit ihr verbundenen Anstrengung und Not — und der mit ihr verbundenen Entlöhnung. Alle anderen Tätigkeiten werden entweder auch zur Arbeit »gemacht« (wie Essen oder Verdauungsspaziergang oder Geschlechtsverkehr) oder doch zur Arbeit in eine unmittelbare Beziehung gesetzt, nämlich *als Belohnung für geleistete Arbeit und langjährige Treue zum Betrieb* durfte er schließlich die Tochter des Chefs heimführen etc. etc. oder *anstatt zu arbeiten* hat er sich mit einer Witwe im Bett herumgetrieben etc. etc.

Der individuelle Charakter, der diesen Zwang am stärksten verinnerlicht hat und am reinsten verkörpert, wird von der Psychoanalyse als *Analcharakter* beschrieben. Freud nennt ihn in einer kurzen Charakterologie libidinöser Typen auch den Zwangstypus und urteilt über ihn: »Er zeichnet sich durch die Vorherrschaft des Über-Ichs aus, das sich unter hoher Spannung vom Ich absondert. Er wird von der Gewissensangst beherrscht an Stelle der Angst vor dem Liebesverlust, zeigt eine sozusagen innere Abhängigkeit anstatt der äußeren, entfaltet ein hohes Maß von Selbständigkeit und wird sozial zum eigentlichen, vorwiegend konservativen Träger der Kultur«[24]. Erich Fromm hat diesen Charakter einige Jahre später in der Gestalt des zum Faschismus tendierenden Kleinbürgers verfolgt und gelangte dabei zur Formulierung des *autoritär-masochistischen Charakters*. Er hat hervorgehoben, daß dieser Charakter während der Zeit der ökonomischen Depression und des fortschreitenden Monopolisierungsprozesses, das ihn und vor allem das Bürgertum ursprünglich auszeichnende Moment der Selbständigkeit eingebüßt und dabei seine konservativen Tendenzen gegen faschistoide eingetauscht hat[25].

Mit dem Begriff des Analcharakters wird also ein individueller, jedoch im Kapitalismus kollektiv vorherrschender Sozialcharakter beschrieben. Ihm entspricht als offene Krankheitsform die Zwangsneurose, überhaupt Zwangssymptome (z. B. Zählzwang, Waschzwang, etc.), die natürlich nicht bei allen von diesem Charakter geprägten Individuen in manifester Form aufzutreten brauchen. Das Symptom verschwindet dann, wenn der Konflikt in den Charakter hineingenommen worden ist[26]. In der Analyse ihrer Entstehung verraten die Zwangsneurosen in der Regel, daß die entsprechenden Triebversagungen auf den prägenitalen Stufen, besonders in der analen Phase, nicht allmählich und liebevoll, gewissermaßen nicht organisch durchgesetzt wurden. Die Triebversagungen wurden vielmehr von den — selbst zwanghaften — Erziehungspersonen (Eltern) von Anfang an zwanghaft durchgedrückt. So blieb dem Kind mit später analem Charakter nur die Möglichkeit der totalen Verdrängung dieser Triebregungen, ohne daß es die notwendige Basis eines »Lust-Ich« überhaupt erworben hätte, von der aus es Verdrängungen gezielt hätte vornehmen können und von der aus es — was entscheidend ist — zwischen Verdrängung, Verurteilung und Aufschieben von Triebwünschen später hätte unterscheiden und lernen können, welche Triebregung es wie behandeln soll[27]. Der Analcharakter ist dadurch gekennzeichnet, daß die Ich-Fähigkeiten, die zusammen mit der Verarbeitung der Anal-Lust erweitert werden sollen, nämlich die verschiedenen Ordnungsfunktionen, die auf der geregelten Beherrschung der Darmtätigkeit aufbauen, auf besonders rigide, rücksichtslose und unnachgiebige Weise durchgesetzt werden. Nirgends spürten wohl die sauberen, gewissenhaften und sozial eingeschüchterten Eltern die Unsozialisiertheit und die Triebhaftigkeit ihres Kindes so stark wie an dessen analen Freuden, an der

24 *Freud*, Über libidinöse Typen, Band XIV, S. 510.
25 siehe Seite 120.
26 siehe *Wilhelm Reich*, Charakteranalyse, Wien 1933, S. 164 f.
27 siehe *Wilhelm Reich*, Der triebhafte Charakter, Wien 1925, S. 59.

Hartnäckigkeit, mit der es auf den Produkten dieser Körperzonen als geliebten Objekten beharrt. In der Weise, wie dem Kind diese Freuden ausgetrieben werden, werden auch seine Ich-Fähigkeiten auf eine bestimmte, nämlich verstümmelte Art ausgebildet. Diese erscheinen beim Analcharakter in seiner Pünktlichkeit, Gewissenhaftigkeit, in der verkümmerten Art, sexuellen Objekten zu begegnen und in der Starrheit, von der alle seine Handlungen regiert werden. — Der anale Charakter ist hier in einer idealtypischen Form dargestellt worden, wie er in Wirklichkeit kaum auftritt. Vor allem ist die Zuordnung von analer Phase und Zwangssymptom (oder Zwangscharakter) nicht so gradlinig wie in dieser Darstellung. Krankenanalysen schwerer Formen zwangsneurotischer Störungen haben gezeigt, daß diese Schäden aus dem Übergang von der oralen zur analen Phase zu resultieren scheinen. Aus Gründen der begrifflichen Einfachheit ist diese Darstellungsweise dennoch angebracht.

Unter der Herrschaft des Analcharakters und des ihm zugrundeliegenden ökonomischen Prinzips wird die Sexualität nachhaltig geformt. In der Realität erscheint die Sexualität als etwas, das von der Arbeit getrennt und doch nur durch Arbeit zu erreichen ist; ihr kommt ein Belohnungscharakter zu, wie dem guten Essen am Feiertag, dem späten Aufstehen am Sonntag, wie dem Geld überhaupt. Dabei wird die Sexualität zu einem Arbeitsvorgang erniedrigt. Sie wird so wie die Arbeit: niedrig, schmutzig, mechanisch und nach Leistungskategorien gemessen, die dem Wesen der Lust fremd sind. Diese Bemessung geschieht auf zwei Weisen:

1. Wie potent der betreffende Mann ist — wie viele »Nummern« er pro Zeiteinheit schafft, wie viele Frauen er schon »gehabt« hat. Oder bei der Frau: wie viele Heiratsanträge sie schon abgelehnt hat, wie oft man sich nach ihr umdrehte, wie oft sie angesprochen wurde. Die Sexualität wird also in Kategorien des *Tauschwerts* gemessen[28].

28 Daß diese Erscheinungsweise der Sexualität eine ökonomische Determination hat, wird unter anderem durch den Funktionswandel bestätigt, den die Behandlung der Sexualität in der Literatur während des Übergangs vom Mittelalter zur Renaissance erfährt. Erst in der Renaissance, die aller Kenntnis nach in der Sexualpraxis wesentlich restriktiver war als das Mittelalter (und das höchstwahrscheinlich nicht nur in bezug auf die herrschende Klasse), tritt in der Literatur mit stereotyper Regelmäßigkeit die »Quantifizierungsthematik« der männlichen Potenz und des weiblichen Verlangens auf (wie oft, wie lange, mit wie vielen verschiedenen Partnern in einer Nacht koitiert wird). Dazu Morus a. a. O. , S. 145: »Im ganzen ist die Renaissance ein männliches Zeitalter. Die Männlichkeit hat sich nicht mehr in Heldentaten zu bewähren wie zur Zeit der Ritter und Minnesänger, sondern in seiner sexuellen Fähigkeit, in der Potenz. Die Betonung dieser Qualität ist vielleicht das hervorstechendste Merkmal der erotischen Renaissanceliteratur«. Es ist gewiß nicht unberechtigt zu behaupten, daß dieser Funktionswandel mit dem Übergang in der Ökonomie von der stationären Agrarwirtschaft zum kolonialen Handelskapitalismus mindestens etwas zu tun hat. Bezeichnenderweise hat auch diese Literatur ihren Ursprung in den seefahrenden und kapitalakkumulierenden Städten Italiens und Spaniens, und nicht in dem zurückgebliebenen Deutschland.

2. Die Sexualität verliert aber auch innerhalb dieser Tauschwert-Relationen jeden Eigenwert. Sie wird bemessen nach ihrer *Zeugungsfunktion.*

Je weniger man einer sexuellen Handlung eine Zeugungsintention zusprechen kann, je stärker wird diese Handlung als »Perversion« betrachtet werden. So wird dann bereits der oral-genitale Verkehr (wechselseitiges Berühren von Mund und Genitalien) als Perversion angesehen werden, wenn auch noch nicht als formal (juristisch) zu sanktionierende. Kann man doch diese »Perversion« noch immer wohlwollend als Vorbereitung zum heterosexuellen Geschlechtsverkehr interpretieren. Dem gleichen Verdikt wird dann die Onanie zum Opfer fallen; aber auch sie wird in den meisten Fällen nicht strafrechtlich sondern nur in Schulen, Internaten, Gefängnissen etc. verfolgt werden. Kann doch auch sie noch als »Notsituation« (in Ermangelung einer Koitusgelegenheit) begriffen werden. Die Homosexualität schließlich, die sich von der Zeugungsintention ganz und gar abwendet, wird als straffähige Perversion behandelt, und das um so schärfer, je weiter sie sich von »eheähnlichen« Manifestationen entfernt. So werden »gebundene« (ehe-ähnliche) homosexuelle Verhältnisse weniger scharf bestraft werden als »ungebundene«[29]. Der Analverkehr (Eindringen des Penis in den After des Partners) in der Homosexualität wird sinnigerweise stärker bestraft (nämlich als Straftatbestand der »beischlafähnlichen Handlung«) als der oral-genitale homosexuelle Verkehr, — wohl darum, weil er sich erfrecht, den »zeugungsnahen« heterosexuellen Geschlechtsverkehr zu »imitieren« und in dieser Kopie doppelt zu »verhöhnen«.

Die Liebe scheint aus diesem Zusammenhang herauszufallen. Sie wird von der Sexualität getrennt und als etwas Reines, Unberührbares oder Ätherisches verklärt. Sie wird auf die Ebene verwiesen, die ihr im gesellschaftlichen Reproduktionszusammenhang von Leistung, Gewinnmaximierung und Konkurrenz durchaus zukommt: Sie ist etwas Außergewöhnliches, Unbegreifliches, das eigentlich keine Existenz in dieser Gesellschaft hat. In dieser Trennung tritt sie dann der Sexualität gegenüber und verdoppelt in diesem Gegensatz deren Erniedrigung. Diese erzwungene Trennung von Liebe und Sexualität ist keinesfalls nur eine Sache der Ideologie oder gar der Interpretation. Der klassische Bürger vollzieht diese Trennung in seiner individuellen Existenz nach; in der Trennung von Gattin und Geliebter, von Ball und Bordell, von Fürsorge und Lüsternheit[30].

29 siehe *Hans Giese*, Der homosexuelle Mann in der Welt, Stuttgart 1964, S. 68, 97, 106, der diese Einteilung »wissenschaftlich« begründet hat.

30 Individualgeschichtlich gesehen bleibt der Bürger in der Einleitung der sog. negativen Ödipusphase stecken, bzw. wird im erwachsenen Leben auf sie zurückgeworfen. Er hat nicht gelernt, die auf die Eltern gerichteten, direkt sinnlichen Strebungen zu überwinden und auf andere Personen zu übertragen. Seine von

Der Kleinbürger tut es ihm nach und der Proletarier, wiewohl ihm die materiellen Mittel zur Durchführung dieser Trennung fehlen, kann ihr kein autonomes Gegenprinzip entgegenhalten. Die Liebe bleibt in ihrer Besonderheit etwas so Utopisches wie das Freiheitsversprechen der gesamten Gesellschaft. Sie wird zu einem Bild verklärt, das sich niemals mit der Realität vereinigen darf.

Die Sexualaufklärung dieser Epoche ist das getreue Abbild der Einstellung zur Sexualität. Der Degradierung der Sexualität in der Realität entspricht im offiziellen und konventionellen Reden über die Sexualität die finsterste Sexualverdunkelung, was hier nicht mehr an Beispielen nachgewiesen zu werden braucht[31]. Wichtig ist in diesem Zusammenhang: Die offizielle und konventionelle Sexualaufklärung dieser Epoche arbeitet mit Mitteln, die hinter dem erreichten Niveau des technischen und sozialen Wissens nicht nur zurückbleiben, sondern diesem Niveau beständig widersprechen. Aussagen wie die über den Zusammenhang von Onanie und Rückenmarkschäden oder Geschlechtsverkehr während der Menstruation und Unterleibsinfektionen wären auf vergleichbaren Gebieten der Medizin bereits um die Jahrhundertwende von jedem Landarzt entschieden zurückgewiesen worden. Andere Behauptungen, wie die vielfältigen über die natürliche Minderwertigkeit der Frau oder den spezifisch weiblichen Charakter können freilich eine größere »Echtheit« im ideologischen Verblendungszusammenhang der früh- und hochkapitalistischen Epoche beanspruchen.

In der Meinung über »das Sexuelle« haben sich in der vom »Siegeszug von Technik und Wissenschaft« gekennzeichneten Epoche vorkapitalistische, ja magische Restbestände aus der Sexualpraxis und Sexualideologie früherer Epochen erhalten. Ein Beispiel dafür sind die an Hexenaustreibung erinnernden »Methoden« der künstlichen Abtreibung, die bis heute angewendet werden[32]. Diese »ungleichzeitigen« Restbestände konnten sich um so leichter erhalten, als die vorindustriellen, von der Herrschaft der Kirche gekennzeichneten Interpretationen sexueller Zusammenhänge in der Ideologie der säkularisierten Herrschaft »absichtlich« niemals bewußt aufgearbeitet wurden.

präödipalen Gefühlsbindungen bestimmte seelische Struktur schwankt zwischen extremer Entwertung und Idealisierung des geliebten Objekts: Die Frau ist für ihn nur Hure oder nur Heilige. – Siehe *Freud*, Über die allgemeinste Erniedrigung des Liebeslebens, Ges. W., Band VIII.

31 Ein Kompendium von Beispielen, die auch heute noch in der Aufklärungsliteratur für die »zurückgebliebenen« Bevölkerungsschichten reproduziert werden, findet sich im I. Teil von *Reich*, Die sexuelle Revolution, Frankfurt 1966, und bei *H. Schwenger*, Antisexuelle Propaganda – Sexualpolitik in der Kirche, rororo sexologie, Band 8020, Reinbek 1969.

32 In *Paul H. Gebhard* u. a., Pregnacy, Birth and Abortion, New York 1958, S. 194 finden sich Aufzählungen der am häufigsten verwendeten »Drogen«: Gerbsäure-Tee, Aloe, Mutterkorn von Roggen, Safran, Rhizinusöl und Chinin gehören dabei noch zu den humansten.

Dieser typische Rückgriff auf die Ideologie früherer Epochen wird uns wieder begegnen, wenn wir uns mit der spätkapitalistischen Gegenwart beschäftigen, in der die Sexualität manipulativ umfunktioniert wurde und in der die weiterhin notwendigen sexuellen Tabus mit neuen ideologischen Mitteln aufrechterhalten werden.

Die Ansätze zu einer anti-offiziellen Sexualaufklärung und die Versuche anti-konventioneller Sexualpraxis dieser Zeit leiden oft genug unter einer ungewollten Identifikation mit dem, was sie bekämpfen. Die romantische Bewegung und die Jugendbewegung, die Literatur der Romantik und der größte Teil des bürgerlichen Realismus waren stets durch ein Moment ausgezeichnet, das Wilhelm Reich als »Libidoschwäche« bezeichnet hat; ihre sexuell fortschrittlichen Impulse waren vom herrschenden Realitätsprinzip zu sehr geschwächt, als daß sie sich gegen die repressive Zurichtung ihrer eigenen Sexualität, gegen ihre »eigenen sexualverneinenden Tendenzen«, genügend hätten wehren können. Wilhelm Reich hat die »Inkonsequenz der heute geübten Sexualaufklärung« so zusammengefaßt: »Sie zeichnet sich durch folgende Eigenschaften aus: Sie kommt immer zu spät, tut geheimnisvoll und geht am Wesentlichsten, der Sexual*lust*, vorbei. Es erklärt sich aus den Widersprüchen der Situation, daß jene konsequenter handeln, die *gegen* jede Aufklärung sind. Man muß sie bekämpfen, weil sie Feinde wissenschaftlicher Konsequenz sind, aber sie sind doch irgendwo klarer als die seligmachenden Reformisten, die ernstlich glauben, mit ihrem Aufklärertum die Lage zu ändern[33].« Heute ist die Lage um einiges komplizierter geworden. Doch hat Reich nicht nur für seine Epoche die einfache, klassenkämpferische Wahrheit ausgesprochen: Keine sexuelle Reformation ohne soziale Revolution. »Die sexuelle Krise ... wird zu einem Teil der Krise der autoritären Gesellschaftsordnung überhaupt. Sie bleibt in diesem Rahmen — im Massenmaßstabe — unlösbar.[34]«

Die repressive Funktion der Sexualität und der Sexualaufklärung im Früh- und Hochkapitalismus läßt sich so zusammenfassen: Die kapitalistische Produktionsweise erforderte, um sich sozial durchsetzen zu können, ein Leistungsprinzip, das in der psychischen Struktur der Individuen so verankert war, daß es nicht ständig äußerlich aufgezwungen werden mußte, sondern als innerer Zwang funktionieren konnte. Dieses Prinzip galt zunächst für die Gruppen, die die kapitalistische Produktionsweise und die primäre Akkumulation durchsetzten und sich in diesem Prozeß als herrschende Klasse etablierten. Es galt noch nicht für die Schichten, die nach wie vor den schlimmsten

33 Die sexuelle Revolution, a. a. O., S. 151.
34 a. a. O., S. 152.

äußeren Repressionen unterworfen waren, also noch nicht für die beherrschte Klasse. Unter der Herrschaft dieses Leistungsprinzips mußte die Sexualität entscheidend eingeschränkt werden. Wesentliche Anteile der Sexuallust, insbesondere die prägenitalen Komponenten der Sexuallust, mußten tabuiert und die als »legitim« übrigbleibenden Anteile der Sexuallust mußten geschwächt und aufgespalten werden. Der zugelassene genitale Rest an sexuellen Praktiken und Verrichtungen orientiert sich am Ideal des monogamen heterosexuellen Geschlechtsverkehrs. Die unterdrückten sexuellen Komponenten aber werden dem Prozeß der sozialen Integration und dem Arbeitsprozeß dienstbar gemacht und auch die offen sexuellen Äußerungen, selbst wenn sie in diesem System legitimiert sind, besonders aber wenn nicht, werden mit einer Reihe von Drohungen, Ächtungen und Bestrafungen versehen. So werden sie ebenfalls zu »sozial nützlichen« Tätigkeiten. Diese Einschränkungen und Unterdrückungen sind nicht das Werk des Kapitalismus allein. Allerdings hat der Kapitalismus bestimmte Formen der sexuellen Unterdrückung erst in weltgeschichtlichem Ausmaß produziert und auf die Spitze getrieben.

Manipulative Integration der Sexualität im Spätkapitalismus

»Aber auf der Spitze schlägt es um« schreibt Friedrich Engels in seiner Analyse des Kapitalverhältnisses in der »Entwicklung des Sozialismus von der Utopie zur Wissenschaft«. Wäre eine Lockerung der manifesten sexuellen Repressionen und eine Zunahme sexueller Freiheiten schon ein Indiz für den kommenden »Umschlag«, hätten wir dem Studium von Marx und Engels, außer dem Versprechen, sie immer wieder zu studieren, nichts hinzuzufügen.
Der theoretischen Prognose vom »Umschlag« des Kapitalismus in den Sozialismus liegt die Analyse zugrunde, daß die immanenten Gesetze der kapitalistischen Produktionsweise dazu tendieren, diese selbst zu sprengen. Durch die erweiterte kapitalistische Reproduktion, durch den »Automatismus« der Anhäufung gesellschaftlicher Reichtümer und die technische Vervollkommnung der Produktivkräfte und ihrer Hilfsmittel, wird ein Polarisierungsprozeß in Gang gesetzt, der danach drängt, die Prinzipien von Produktion, Konkurrenz und Ausbeutung zunichte zu machen. Am »Ende«, vor dem »Umschlag«, stehen immer mehr Proletarier (oder lohnabhängige Massen) immer weniger Besitzern an Produktionsmitteln gegenüber; von dem immer größer werdenden gesellschaftlichen Reichtum werden immer mehr Individuen ausgeschlossen, der Reichtum selbst

wird aufgeteilt von und an immer weniger Kapitalisten oder Agenten des Kapitals (Manager). Der marxistischen Theorie zufolge bedarf es nur eines relativ geringen Anstoßes, der Revolution, um die in sich längst erschütterten Gesetze des Kapitalismus zu überwinden. Dabei haben Marx und Engels in ihren praktischen Prognosen ganz entschieden die Fähigkeit der Herrschenden unterschätzt, diese Gesetze der kapitalistischen Produktion und Reproduktion zu sichern. Zusammen mit der Entwicklung zum Monopolkapitalismus sind eine ganze Reihe von Techniken der Herrschaftssicherung und der Ausweitung von Ausbeutung entwickelt worden, die so raffiniert sind, daß im 19. Jahrhundert zwar die objektive Gesetzmäßigkeit der kapitalistischen Entwicklung richtig analysiert, die systemstabilisierenden Wirkungen des Imperialismus aber auch nicht annähernd eingeschätzt werden konnten.

Auf ökonomischem Gebiet mögen diese Sicherungen mit Mitteln wie antizyklischer Krisenpolitik, Einkommenspolitik, geplanter Unterkapazitätsauslastung, künstlichen Arbeitsbeschaffungsprogrammen, vorsätzlichem Stopp der Automatisierung auf vielen wirtschaftlichen Sektoren etc. betrieben werden. Im ideologischen Bereich entsprechen diesen Mitteln eine ganze Skala von Herrschaftstechniken, die in der Phase des Konkurrenz- und selbst des aufkommenden Monopolkapitalismus unbekannt waren. Den Einsatz einer solchen qualitativ neuen Skala von Mitteln zur Herrschaftssicherung des Kapitalismus hat im Massenmaßstab erstmals der Faschismus praktiziert. Er hat dabei unter anderem Triebenergien für expansive Destruktionen gewaltigsten Ausmaßes umgeleitet. Im Spätkapitalismus baut, im Gegensatz zum Konkurrenzkapitalismus, der Zwang zur Umleitung eines großen Teils des gesellschaftlichen Reichtums in erweiterte Kapitalakkumulation (Investitionen) oder andere nicht für den Konsum produzierte Produkte (Zerstörungspotential) nicht mehr unmittelbar auf dem ständigen Gebot des *Konsumverzichts* auf. Dabei treten zwei »Rationalisierungsprobleme« des Überbaus auf:

1. Die Individuen müssen lernen zu konsumieren; zu konsumieren wann immer das System es will und zu konsumieren was immer das System will. Der klassische anale Zwangscharakter muß gelockert werden.

2. Je uneinsichtiger es wird, daß gerade auf diese kapitalistische Weise produziert und konsumiert wird, desto subtiler und undurchsichtiger muß der Zwang werden, so und nicht anders zu produzieren, desto »selbstverständlicher« muß der Zusammenhang von Produktionsweise und übriger Lebensweise für die einzelnen Individuen dargestellt werden.

Für die Sexualität würde sich daraus die — vorläufig verkürzte — Antwort ergeben: Auch die realen und scheinbaren sexuellen

Freiheiten müssen größer werden, so daß die Individuen von sich sagen können: Seht, vor zehn Jahren hätten wir uns noch nicht träumen lassen, daß die Jugendlichen einmal ohne Angst vor Schwangerschaft miteinander schlafen würden. Vor dreißig Jahren hätte noch niemand daran gedacht, daß die Jugend so sexuell, die Ehen so partnerschaftlich, die Frau so frei, die Moral so liberal würde. — Mit einem Wort: Die Sexualität wird ein Stück weit »freigelassen« und in den Dienst der Herrschaftssicherung genommen. Es werden bestimmte Anteile der manifesten (offen zutage tretenden) sexuellen Strebungen in der Form erweiterter zulässiger sexueller Akte an das System der gesellschaftlichen Reproduktion angepaßt. Dabei hören natürlich die latenten (unterdrückten) sexuellen Strebungen nicht auf, ihre Rolle als unwillige Dienstboten in diesem Prozeß der Anpassung zu spielen.

Bevor nun die einzelnen Manifestationen der *partiellen sexuellen Freilassung* behandelt werden, sollen die kurzen Andeutungen in diesem Abschnitt mit zwei theoretischen Erklärungen zum aktuellen Verhältnis von Sexualität und Klassengesellschaft abgeschlossen werden.

Das Ende des rigiden Funktionalismus (Lothar Hack): Hack stellt in einer Analyse der amerikanischen Studentenrevolten die uns unmittelbar interessierende Frage: Welche Ursachen hat die neue politische Aktivität der Studenten? Warum waren die amerikanischen Studenten der fünfziger Jahre noch um so viel angepaßter als die Studenten der sechziger Jahre, obwohl sich doch in den zehn Jahren so viel nicht geändert hat, obwohl ihre »Statusunsicherheit« und ihre »Statusinkonsistenz«[35] gleichgeblieben sind? Er gibt eine Antwort, die wir leicht zu unserer Erklärung vom Ende der durchgängig repressiven Sexualmoral in Beziehung setzen können.

»Das in der alten typischen Mittelstands-Erziehung geprägte Verhaltensmuster läßt sich wie folgt formulieren: Unmittelbare Befriedigung wird zugunsten aufgeschobener Befriedigung zurückgestellt; entwickelt werden die Fähigkeit, in langen Perspektiven und Konsequenzen zu denken, und die Unfähigkeit, eine Sache um ihrer selbst willen zu tun — ein Buch zu lesen, weil es einem gefällt, und nicht, weil man sonst nicht mitreden kann; mit jemandem auszugehen, weil man gern mit ihm zusammensein möchte, und nicht, weil man mit ihm (mit ihr) gesehen werden und Punkte machen möchte. Die klassische Mittelstandserziehung läßt sich somit zusammenfassen als die Einübung des Um-zu, d. h. der Notwendigkeit, jede Tätigkeit als funktional zu sehen — als ›nützlich für‹, ›gesund für‹,

35 Diese Kategorien stammen von *Lipset*. In dem hier gebrauchten Zusammenhang werden sie erklärt bei *R. Reiche*, Studentenrevolten in Berlin und Berkeley, *neue kritik*, Nr. 38/39.

›Beitrag zu‹, ›hilfreich bei‹ ... Vom Standpunkt ›der Gesellschaft‹ aus ist dieser rigide Funktionalismus für alle Formen des Konsumaufschubs und der Investition nützlich, ›funktional‹ gewesen. Mit der seit Jahrzehnten zu beobachtenden Akzentverlagerung von Produktions- auf Konsum-Probleme hat sich das Bild allmählich grundlegend verändert. Hingewiesen sei nur auf den Appell für Ratenkäufe: ›Kauf jetzt, zahl später‹ — ein Motto, das einen guten Mittelstandsbürger zunächst in schiere Verzweiflung treiben mußte. Aber auch vom Standpunkt des einzelnen aus ist der an Gratifikations-Aufschub orientierte rigide Funktionalismus in den letzten Jahren immer problematischer geworden, da ein entsprechend ausgerichtetes Verhalten seine offensichtliche Zweckmäßigkeit verliert.[36]«

Die Studenten protestieren in ihren Revolten gegen diesen »rigiden Funktionalismus«, von dem das Universitätsprinzip stärker als je gekennzeichnet ist, der aber darum immer uneinsichtiger wird, weil er nicht mehr durch entsprechende Zwänge in den übrigen gesellschaftlichen Sektoren vollständig ergänzt wird. — In die Studentenrevolten gehen in einem hohen Maß manifest sexuelle Komponenten ein. Man erinnere sich der Slogans und Bewegungen: Fuck for Peace, Love-In, Kiss-In, Make Love — Not War. In diesen Protestformen wird zugleich eine »neue Unmittelbarkeit« gegen den rigiden Funktionalismus gesetzt, — aber in vielen Fällen ist diese neue Unmittelbarkeit selbst von dem Prinzip gezeichnet, gegen das es kämpft. So forderten in einem speziellen Fall die Studenten mit einem massenweise ausgeführten gegenseitigen Küssen auf dem Kampus die Abschaffung der traditionellen (rigiden) Vorschrift, daß sich Jungen und Mädchen auf dem Kampus nicht küssen dürfen bzw. die Jungen die Mädchen in ihren Wohnungen nicht besuchen dürfen. Nun, auf der Straße, im Auto, im Kino haben sie sich schon lange küssen dürfen. Mit dieser Forderung nach quantitativer Ausweitung der »Küß-Erlaubnis« haben sie vielleicht nur eine in sich bereits repressive Sexual-Praxis vervollständigt. Es ist nicht einzusehen, was am Küssen in der Öffentlichkeit sexuell befreiend sein soll, jedenfalls nicht, wenn dabei die sozialen Normen des »Wer mit Wem« und des »Wie oft« weiter eingehalten werden.

Kontrollierte Entsublimierung (Herbert Marcuse): Freud hatte in seiner Kulturtheorie festgestellt, daß die Triebe »von sich aus« die Tendenz zeigen, sich nach dem *Lustprinzip* zu verhalten, nämlich nach einer Eigenerfüllung streben, die von Außen- und Umwelteinflüssen so wenig wie möglich beeinträchtigt werden soll. Durch drei diesem Prinzip ständig ent-

36 *Lothar Hack*, Rigider Funktionalismus und neue Unmittelbarkeit, *neue kritik*, Nr. 41, S. 45 f.

gegenwirkende Ursachen würden sie jedoch ständig an dieser Erfüllung gehindert: durch die Übermacht der Natur, die Hinfälligkeit des menschlichen Körpers und die Unvollkommenheit der menschlichen (sozialen) Einrichtungen. Freud nahm an, daß diese drei Ursachen, auch die dritte, niemals völlig zu beseitigen seien und die Menschen unter diesem Zwang zu ständiger Triebeinschränkung gezwungen würden. Diese Triebeinschränkung trete den Menschen im Laufe ihrer kulturellen Entwicklung in den verschiedensten Gestalten gegenüber. Das Lustprinzip könne sich niemals voll entfalten; es werde stets mehr oder weniger starken Einschränkungen unterworfen, die vom einzelnen Individuum mehr oder minder glücklich (»gesund« oder »neurotisch«) verarbeitet werden. Den ganzen Prozeß dieser kulturell erzwungenen »Verarbeitung« nennt Freud die Anerkennung des *Realitätsprinzips.*

Damit das Realitätsprinzip seine Herrschaft errichten kann, ist es gezwungen, die sexuellen und destruktiven Triebe einer nachhaltigen Umformung zu unterziehen. Freud unterscheidet dabei die Sublimierung und die Verdrängung. Unter *Sublimierung* versteht er die dauernde Umlenkung des Triebes auf nicht unmittelbar sexuelle, sondern erotisch besetzte, soziale (!) Tätigkeiten. Als prototypisches Resultat geglückter Sublimierung gelten die »kreativen« künstlerischen Fähigkeiten. An der Sublimierung sind zwei Vorgänge charakteristisch: 1. daß sie nur in früher Kindheit erfolgen kann, nämlich zum Zeitpunkt, da der Trieb in seiner allerersten Ausprägung begriffen ist und 2. daß die Sublimierung im Individuum keine pathogenen (krankheitsfördernden) Spuren hinterläßt, — sie wird als »glückliche« Verarbeitung des Triebes angesehen. Die *Verdrängung* wird demgegenüber eher als das zwanghafte Abschneiden des Triebes vom Objekt seiner Betätigung (Sexualobjekt) und als Unterbindung dieser Betätigung begriffen. Die Äußerungsformen des Triebes werden dabei, vielleicht lebenslänglich, verdeckt, aber unterirdisch bleiben ihre Quellen erhalten. Sie sind gezwungen, sich in anderer als der versagten Form zu manifestieren. Die »Wiederkehr des Verdrängten« in der Neurose umfaßt solche typischen Formen der Manifestation des verbotenen und abgeschnittenen Triebes.

Herbert Marcuse hat in »Triebstruktur und Gesellschaft« den Kulturbegriff »Realitätsprinzip« einer gesellschaftlichen Analyse unterzogen und ihm zwei »spezifisch sozio-historische Komponenten« zur Seite gestellt: das *Leistungsprinzip* als die vorherrschende historische Form des Realitätsprinzips und die *zusätzliche Unterdrückung*: »die durch die soziale Herrschaft notwendig gewordenen Beschränkungen. Sie unterscheiden sich von der (Grund-)Unterdrückung, der Triebmodifizierung, die für das Fortbestehen der menschlichen Rasse in der Kultur unerläßlich ist.[37]« Marcuse koppelt also das industrielle Leistungsprinzip mit der dritten der von Freud genannten »Ursachen«, mit der »Unvollkommenheit der menschlichen Einrichtungen« und das Realitätsprinzip vornehmlich mit der zweiten »Ursache«, den Anstrengungen, die die Menschen gegen die Übermacht der Natur unternehmen müssen. Diese Anstrengungen treten den Menschen als Arbeit und als Fortschritte in der Naturbeherrschung (Fortschritte der Produktivkräfte und der Befriedigungsweisen) gegenüber.

Marcuse bringt nun in »Der eindimensionale Mensch« selbst Einschränkungen zu diesem einfachen Interpretationsgerüst, die in das Zentrum unserer Erörterungen über das veränderte Verhältnis von Arbeit, Konsum und Sexualität zurückführen:

»Es ist oft festgestellt worden, daß die fortgeschrittene industrielle Zivilisation mit einem höheren Grad an sexueller Freiheit operiert – in dem Sinne ›operiert‹, daß letztere ein Marktwert und ein Faktor gesellschaftlicher *mores* wird. Ohne daß er aufhört, ein Arbeitsinstrument zu sein, wird es dem Körper gestattet, seine sexuellen Züge in der alltäglichen Arbeitswelt und in den Arbeitsbeziehungen zur Schau zu stellen ... Diese Sozialisierung widerspricht der Enterotisierung der Umwelt nicht, sondern ergänzt sie. Das Sexuelle wird in die Arbeits-

37 *Marcuse*, Triebstruktur und Gesellschaft, Frankfurt 1965, S. 40. Obwohl Marcuse das *Leistungsprinzip* als die historisch herrschende Form des *Realitätsprinzips* benennt, er also eine Korrektur der Psychoanalyse durch den historischen Materialismus vornimmt, bleibt diese Kategorie bei ihm im Grunde *unhistorisch*. Es ist vielmehr zu unterscheiden zwischen verschiedenen *industriellen Leistungsprinzipien*, wie auch innerhalb der primitiven Kulturen, innerhalb des klassischen Altertums und innerhalb der westeuropäischen gesellschaftlichen Entwicklung zwischen verschiedenen vorherrschenden Sozialcharakteren und demgemäß zwischen verschiedenen historischen Realitätsprinzipien dieser Gesellschaften zu unterscheiden ist. Das römische Imperium hatte z. B. ein anderes »Leistungsprinzip« ausgebildet als die griechische Klassik, die Mondugumor haben ein anderes als die Arapesch oder die Dogon (siehe S. 34 f.). Das *kapitalistische Leistungsprinzip* ist psychoanalytisch gesehen ein *anales Leistungsprinzip*, – ein Prinzip, das bei allen nicht-sexuellen und desuralisierten Leistungen nicht mehr die Frage »wozu leisten« stellt, sondern die Frage »wozu« nur mehr auf offen sexuelle Äußerungen anwendet. An dieser Unterscheidung ist generell auch dann festzuhalten, wenn sich die heute existierenden sozialistischen Länder in ihrer aktuellen Politik und Psychologie entweder scheinbar völlig an ihre kapitalistischen Vorläufer anlehnen oder deren Leistungsprinzip noch nicht zu überwinden vermögen. Diese Unterscheidung wird dort fundamental wichtig, wo die unterschiedliche Industrialisierung der Länder der dritten Welt nach kapitalistischer oder sozialistischer Akkumulation untersucht werden soll. Alle diese Länder reproduzieren in gewissem Sinne die westeuropäische »Phylogenese« in einem Zeitraffer von weniger als einer Generation, aber dieses Einholen baut auf einer von den westeuropäischen Leistungsvorbildern völlig differenten sozialpsychologischen Basis auf. Die dabei sich herausbildenden verschiedenen Realitätsprinzipien werden sehr wohl als industrielle Leistungsprinzipien über kurz oder lang zu bezeichnen sein, sie werden aber wesentliche Unterschiede zu den Leistungsprinzipien aufweisen, die in den Ländern der ersten und zweiten Welt vorherrschen. Die besten Beispiele dafür bieten heute schon China und Vietnam. Diese mangelnde Unterscheidung macht es dann auch möglich, daß Marcuse einerseits das *Lustprinzip* dem Leistungsprinzip unhistorisch-utopisch gegenüberstellt und andererseits dies Lustprinzip mit den mythologischen Bildern identifiziert, die nur den westeuropäischen Gesellschaften als Vorbilder der Befreiung dienen können, weil diese nur gegen das Realitätsprinzip dieser Gesellschaften als utopische Bilder der Befreiung entwickelt werden konnten.

beziehungen und die Werbetätigkeit eingegliedert und so (kontrollierter) Befriedigung zugänglich gemacht ... Die Reichweite gesellschaftlich statthafter und wünschenswerter Befriedigung nimmt erheblich zu; aber auf dem Wege dieser Befriedigung wird das Lustprinzip reduziert — seiner Ansprüche beraubt, die mit der bestehenden Gesellschaft unvereinbar sind. Derart angepaßt, erzeugt Lust Unterwerfung ... Das Lustprinzip absorbiert das Realitätsprinzip; die Sexualität wird in gesellschaftlich aufbauenden Formen befreit (oder vielmehr liberalisiert). Dieser Gedanke schließt ein, daß es repressive Weisen von Entsublimierung gibt, im Vergleich zu denen die sublimierten Triebe und Ziele mehr Abweichung, mehr Freiheit und mehr Weigerung enthalten, die gesellschaftlichen Tabus zu beachten. Es scheint, daß eine solche repressive Entsublimierung in der sexuellen Sphäre tatsächlich vor sich geht ... Diese Befreiung der Sexualität (und Aggressivität) befreit die Triebe weitgehend von dem Unglück und Unbehagen, welche die repressive Gewalt der bestehenden Welt der Befriedigung erhellen. Freilich gibt es Unglück, das durchdringt, und das glückliche Bewußtsein ist brüchig genug — eine dünne Oberfläche über Angst, Frustration und Ekel. Dieses Unglück gibt sich leicht politischer Mobilisierung her; ohne Raum zu bewußter Entwicklung kann es zum Triebreservoir für eine neue faschistische Weise zu leben und zu sterben werden.[38]«

Auf der Kundgebung nach der internationalen Vietnam-Konferenz am 18. Februar 1968 in Westberlin meinte Rudi Dutschke, der Faschismus habe heute in diesem Lande keine Massenbasis mehr. Drei Tage später ordnete der Senat mit den Parteien und Gewerkschaften von Westberlin eine große Demonstration an, um das »wahre Gesicht Berlins« vorzuführen. Es erschienen 80 000 Menschen, die die Zerschlagung der studentischen Opposition und die unbarmherzige Abrechnung mit den »Volksverhetzern« forderten und im Anschluß an die Kundgebung auch in kleineren Pogromen praktizierten. Mag es in der BRD und in Westberlin heute keine kontinuierliche, manifeste faschistische Massenbewegung geben, zu »ihrer Zeit« wird es sie geben. Und diese ihre Zeit ist gegenwärtig als »jederzeit« zu bestimmen. Aktuell und vielleicht auf unbestimmte Zeit läßt es sich am effektivsten mit der passiven Duldung der Massen regieren, mit der *geschlossenen* Oberfläche über Angst, Frustration und Ekel. Aber die Angst und die angestaute Aggression können eines Tages so groß werden, daß sie sich politisch »ausagieren« müssen; das käme einer »spontanen« faschistischen Bewegung von unten gleich. Oder das Herrschaftssystem kann aus politischen und ökonomischen Gründen so unstabil werden, daß es darauf angewiesen ist, diese Ober-

38 *H. Marcuse,* Der eindimensionale Mensch, Neuwied 1966, S. 91–96.

fläche aufzubrechen (das war der Fall beim Senat von Westberlin nach dem 18. Februar 1968); das wäre eine faschistische Mobilmachung von oben. Die heute angewendeten manipulativen Herrschaftstechniken sind zwar eine notwendige Voraussetzung für das Funktionieren des kapitalistischen Sozialsystems ohne manifesten Faschismus; sie sind aber keine zureichende Begründung für die Behauptung, der Faschismus sei historisch überwunden.

3. Schichtenspezifische Zurichtung der Sexualität und der sexuellen Aufklärung

Im gegenwärtigen spätkapitalistischen Herrschaftssystem mischen sich die primär repressiven und die primär manipulativen Komponenten der Sexualität in einer für die gesamte Epoche charakteristischen Weise. Im ersten Abschnitt des vorigen Kapitels habe ich angedeutet, daß zur Durchsetzung der sexuellen Anpassung auf eine Skala von Manipulations- und Anpassungsmethoden zurückgegriffen wird, von denen einige aus historisch bereits zurückliegenden Epochen stammen. Jetzt sollen die wichtigsten dieser »Methoden« untersucht werden.
Der Ausdruck »Methoden« faßt das Geschehen insofern nur unvollkommen, als er ein handelndes Subjekt gewissermaßen einen obersten Manipulator unterstellt, den es als solchen nicht gibt. Insofern ist »Methode« der machtlose Begriff zur Bezeichnung einer mächtigen gesellschaftlichen Tendenz.

Geschlechtsspezifische Differenzen der gegenwärtigen Sexualpraxis

Daß es geschlechtsspezifische Unterschiede in der Ausübung der und der Einstellung zur Sexualität in unseren Gesellschaften gibt, ist bekannt. Jungen onanieren beispielsweise häufiger und zu einem höheren Anteil als Mädchen; letztere verwenden dabei im Gegensatz zu den ersteren, nur äußerst selten bildhafte, pornografische oder andere sekundäre Stimuli. Frauen sprechen nicht so häufig über sexuelle Dinge wie Männer; darum sind sie in der Erkundung sexueller Praktiken (z. B. in der Onanie) stärker auf die Selbstentdeckung verwiesen. Männer haben öfter außerehelichen und vorehelichen Geschlechtsverkehr und dabei auch mehr verschiedene Partner als Frauen etc. etc.[39]. Aus derlei statistisch gut belegten Differenzen lassen sich, zumal wenn sie mit psychoanalytischem und ethnologischem Material konfrontiert werden, eine Reihe soziologisch relevanter Schlüsse ziehen. Der nächstliegende Schluß ist: Der Mann, auch der sozial und sexuell unterdrückte, ist in unserem

39 Dazu siehe besonders die Ergebnisse folgender empirischer Studien: 1. *Kinsey*, Das sexuelle Verhalten der Frau, Fischer Bücherei, Band 6002, Frankfurt am Main 1970; 2. *Friedeburg*, Die Umfrage in der Intimsphäre, Heft 4 der Beiträge zur Sexualforschung, Stuttgart 1954; 3. *Schwarzenauer*, in Saller (Hrsg.), Sexualität heute, München 1966, — diese Untersuchung verwendet den von Friedeburg entwickelten Fragebogen und kann insofern als eine Nachuntersuchung angesehen werden; 4. *Schofield*, The sexual Behavior of young People, Boston 1965.

traditionellen Kulturgefüge sexuell stets der Inhaber von Herrschaftspositionen gewesen. Er hat an die Frau, speziell an seine Frau und seine Töchter, die ihm selbst zugefügte soziale und sexuelle Unterdrückung weitergegeben. Solche Schlüsse, die nach vielen Richtungen variiert und aufgeschlüsselt werden können, treffen für die große Zahl der derzeitigen heterosexuellen Verbindungen wohl noch zu. Allein, es wäre ein Rückfall in die Sexualreformation der zwanziger Jahre, wollten wir uns heute in unserem eigenen sexuellen Kampf für die Aufhebung von derlei »Mißständen« begeistern. Würden wir doch auf dieser Ebene der Argumentation zunächst mit den Frauenzeitschriften *Brigitte* und *Eltern* zusammentreffen, wenn nicht mit ihren Ausgaben von 1968, so bestimmt mit denen von 1975. Es gibt einige Anzeichen dafür, daß selbst das nachfaschistische, scheinbar egalitäre, jedoch unter der Oberfläche repressive Frauenbild, wie es von der Massenmanipulation, besonders von den Illustrierten erzeugt wird, derzeit einem nachhaltigen Wandel unterzogen wird. Renate Dörner konnte vor sechs Jahren in ihrer Analyse »Zum Frauenbild der Illustrierten« noch durchgängig das Stereotyp »Er soll mir überlegen sein« feststellen[40]. In Springers *Eltern* würde sie das, so unvermittelt, heute nicht mehr finden. Die Egalität in der Ideologie und die Angleichung der Geschlechter in der Realität sind in der Zwischenzeit ein erkennbares Stück weitergetrieben worden. Die Sache wird dort interessant, wo sich unter der Oberfläche der *Partnerschaft* geschlechtsspezifische Leistungs- und Lustkriterien erhalten, auf die — noch nicht? — verzichtet werden kann; wo zwar Mann und Frau Partner zu sein und sich Vertrauen und Liebe entgegenzubringen haben — und der Mann doch noch unverzichtbar soziale Herrschaftspositionen innehat, an denen er die Frau zwar mehr als traditionell, aber eben doch nur *mehr* teilhaben läßt. Das Stereotyp scheint sich derzeit in der Ideologie zu dem Nenner zu verändern: »Eigentlich sind wir gleich, aber ich schaue ganz gern zu ihm auf.« Doch selbst dieses Leitbild — wohlgemerkt — der Mittelschichten wird sich in den nächsten Jahren weiterverändern, aller Voraussicht nach aber nicht völlig in Richtung auf die schwedisch-amerikanische Egalität, zu deren Durchsetzung es eines sozial stärker verankerten bürgerlich-egalitären Sozialcharakters bedürfte als er in der BRD von deren staatlichen Vorgängern übernommen wurde.

Es ist in unserem Zusammenhang überflüssig, die ganze Skala der noch existierenden und sich verändert reproduzierenden geschlechtsspezifischen sexuellen Differenzen zu diskutieren. Mehr jedoch, als gerade die »unvoreingenommensten« Beobachter

40 *Renate Dörner*, Zum Frauenbild der Illustrierten, in *Das Argument*, Nr. 22, 1962, S. 41–48.

und Sexualreformer annehmen, hängen diese geschlechtsspezifischen Differenzen mit der schichtenspezifischen Form zusammen, in der die Individuen ihre ökonomische und soziale Existenz reproduzieren.

Schichtenspezifische Differenzen der gegenwärtigen Sexualpraxis

Das sexuelle Verhalten der Individuen wird bis in die feinsten Regungen von ihrer ökonomischen Lage, besonders von ihrer unmittelbaren Arbeitssphäre beeinflußt. Zunächst sind wieder so grobe Unterschiede zu nennen wie die positiven Korrelationen (relative Häufigkeit des gemeinsamen Auftretens) von Onanie und Oberschicht, frühzeitiger Aufnahme des heterosexuellen Geschlechtsverkehrs und Unterschicht, Homosexualität und Mittelschicht[41]; dann die nicht sonderlich überraschenden Tatsachen, daß mit steigendem Bildungsgrad und steigender sozialer Schicht beim Geschlechtsverkehr differenziertere Techniken angewendet werden, die Vorspiele länger andauern, der Geschlechtsverkehr öfter bei Licht und öfter nackt ausgeübt wird. Diese Unterschiede und ihre soziologische Relevanz sind in einem großartigen aufklärerischen Zusammenhang erstmals von Kinsey dargestellt worden. Hier sollen nur anhand von drei empirischen Beispielen die Abhängigkeiten des sexuellen Verhaltens von der ökonomischen Situation der betroffenen Individuen erläutert werden:

1. Michael Schofield hat in seiner Untersuchung über das sexuelle Verhalten der englischen Jugendlichen[42] herausgefunden, daß nicht nur diejenigen Jugendlichen, die zu einem bestimmten Alter (z. B. Siebzehnjährige) noch zur Schule gehen, weniger praktische sexuelle Erfahrung haben, als ihre gleichaltrigen Geschlechtsgenossen, die bereits in den Arbeitsprozeß eingegliedert sind. Auch innerhalb der Gruppe derer, die arbeiten und Geld verdienen müssen, spielt es, mindestens bei den Mädchen, eine Rolle, ob sie körperliche Arbeit verrichten oder nicht. Bei den Mädchen der ersteren Gruppe ist die sexuelle Aktivität signifikant höher. Ebenfalls ist bei den Mädchen, die schon arbeiten müssen, festzustellen, daß ihre sexuelle Aktivität mit der Unzufriedenheit über ihren Job steigt. »Sexuelle Aktivität« oder »sexuelle Erfahrung« heißt nun aber durchaus nicht, daß diese Mädchen mit ihrer umfassenderen sexuellen Praxis auch glücklicher wären, als ihre mit der Arbeit zufriedeneren Kolle-

41 siehe *Klaus Dörner*, Homosexualität und Mittelstandsgesellschaft, in: Homosexualität oder Politik mit dem § 175, rororo aktuell Nr. 943, Reinbek 1967, S. 126 f.
42 *Michael Schofield*, a. a. O., S. 154 f.

ginnen oder als ihre Altersgenossinnen, die noch zur Schule gehen. Einiges spricht dafür, daß diese Mädchen eher und häufiger nach sexuellen Kontakten suchen, *weil* sie ihre Arbeit hassen oder von ihr unerfüllt zurückgelassen werden und daß sie diese Erfüllung in der Sexualsphäre suchen, aber nicht finden können, weil sie durch die Natur ihrer Arbeit auch unfähig werden, sexuelle Befriedigung zu erlangen. Schofield hat die Orgasmusraten für Mädchen aus der Arbeiterklasse nicht speziell angegeben. Von *allen* befragten Mädchen, die Geschlechtsverkehr hatten, antworteten auf die Frage »Gefällt Ihnen der Geschlechtsverkehr?« nur 52 Prozent mit »sehr«. Das nächste Beispiel wird zeigen, daß der Anteil derer, die mit »sehr« antworteten, in der Unterschicht wahrscheinlich noch wesentlich kleiner ist.

Bei den männlichen Jugendlichen gibt es keine derartigen Unterschiede zwischen der körperlich arbeitenden und der nicht körperlich arbeitenden Gruppe. Das verweist wieder auf das Problem der Ungleichzeitigkeit der systemimmanenten sozialen und sexuellen Emanzipation der Frau: Zwar haben *alle* Jugendlichen um so mehr »sexuelle Erfahrung«, je öfter sie bereits ihren Job gewechselt haben (Indiz für ungelernte Arbeit) und je höher der ihnen zum eigenen Verbrauch bestimmte Anteil ihres Einkommens ist (Indiz für Unabhängigkeit von der Familie).

Aber quer zu dieser steigenden sozio-ökonomischen Stellung von Jungen und Mädchen besteht die traditionell größere sexuelle Unterdrückung der Frau weiter. Bei den männlichen Jugendlichen bewirkt der frühe Zwang, ihre Arbeitskraft zu verkaufen, für gewöhnlich auch eine Anpassung der Sexualität an industrielle Standards; mit zunehmender Häufigkeit genitaler Friktionen (= »höhere sexuelle Erfahrung«) nimmt auch die Orgasmuserfahrung automatisch zu. Das ist anders bei der Frau. In einer übertreibenden Vereinfachung könnte man sagen: Sie antwortet auf die repressive soziale »Emanzipation« mit einer kollektiven Orgasmussperre.

2. Eine spezielle Studie über das sexuelle Verhalten der Unterklasse, von Lee Rainwater[43], gibt Auskunft über den Zusammenhang von ehelichem sexuellem Glück und Klassenlage. Die Kinsey-Untersuchungen hatten erbracht, daß die Orgasmusfähigkeit der Frau mit steigendem Bildungsgrad ebenfalls steigt. Aber schon dort bestand die Vermutung, daß die Orgasmusfähigkeit der Frau nicht *ursprünglich* von ihrem Bildungs-

43 *Lee Rainwater*, Some Aspects of Lower Class Sexual Behavior, in: Ira. L. Reiss (ed.), The Sexual Renaissance in America; Nr. 2, Jhg. XXII des *Journal of Social Issues*, S. 96–108. Zum bestätigenden Vergleich von dessen Ergebnissen siehe auch: *J. R. Udry and M. Hall*, Role Segregation and Social Network in Middle Class, Middle-aged Couples, in *Journal of Marriage and Family*, Jhg. XXVII, 1965, S. 392–395.

grad abhängig ist; dieser Zusammenhang wäre auch ein zu schöner Beweis für die »Durchdringung von Körper und Geist«. Rainwater fand zunächst, daß sowohl Ehefrauen als auch Ehemänner in der »lower lower class« weniger Interesse und Lust (interest and enjoyment) in den ehelichen sexuellen Beziehungen finden als die Eheleute in der »upper lower class«, und diese wiederum weniger Interesse und Lust als die Eheleute in der »middle class« (siehe Tabelle 1).

Tabelle 1[44]
Je niedriger der soziale Status, desto geringer sind auch Interesse und Lust, die die Eheleute in ihren ehelichen sexuellen Beziehungen finden:

	Mittelklasse	Obere Unterklasse	Untere Unterklasse
Ehemänner			
großes Interesse und Lust	78%	75%	44%
mäßiges Interesse und Lust	22%	25%	46%
Ehefrauen			
großes Interesse und Lust	50%	53%	20%
mäßiges Interesse und Lust	36%	16%	26%
leicht negative Einst. zur Sexualität	11%	27%	34%
lehnen sexuelle Beziehungen ab	3%	4%	20%

Rainwater fragte nach der Ursache dieser Unterschiede und fand sie in der »Qualität der ehelichen Rollenbeziehungen in den verschiedenen Klassen. Wir erfuhren nämlich in unserer Untersuchung, daß Ehepaare aus der Mittelklasse viel eher dazu neigten, ihre Aktivitäten in bezug auf ihr Heim und dergleichen *gemeinsam* zu organisieren, während die Ehepaare aus der Arbeiter- und Unterklasse viel eher zu Rollenbeziehungen neigten, die auf einem getrennten Leben (functioning) und auf getrennten Interessen von Ehemännern und Ehefrauen basieren«. Rainwater konnte sein Untersuchungsmaterial nach »durchschnittlicher Trennung (intermediate segregation)« und »starker Trennung (highly segregated)« der ehelichen Rollenbeziehungen unterscheiden und kam zu dem einfachen, aber sehr gewichtigen Schluß: Je höher die Trennung in den übrigen Rollenbeziehungen, desto höher ist auch die »Trennung« in den sexuellen Beziehungen (siehe Tabelle 2).

Tabelle 2[45]
Ehepaare aus der Unterklasse mit getrennten ehelichen Rollenbeziehungen empfinden weniger Lust in ihren sexuellen Beziehungen

44 *Rainwater*, a. a. O., S. 98.
45 a. a. O. S. 100.

	durchschnittl. Trennung	starke Trennung
Ehemänner		
großes Interesse und Lust	72%	55%
mäßiges Interesse und Lust	28%	45%
Ehefrauen		
großes Interesse und Lust	64%	18%
mäßiges Interesse und Lust	4%	14%
leicht negative Einstellung zur Sexualität	32%	36%
lehnen sexuelle Beziehungen ab	—%	32%

Anmerkung: Diese Statistik bezieht sich nur auf weiße Ehepaare. Bei Schwarzen ist der gleiche Trend vorhanden, jedoch ist die Rate der sexuellen Befriedigung insgesamt höher.

— Wir können ergänzen: Je tiefer die soziale Schicht ist, desto stärker lasten auf dem Ehemann *und* der Ehefrau a) der materielle Druck, dem *beide* Partner im ökonomischen Existenzkampf, unabhängig voneinander, ausgesetzt sind, b) die Tatsache, daß sie zu wenig formale Bildung genossen haben, um jenseits dieser getrennten Erlebnissphären noch gemeinsam Interessen (Erziehung der Kinder, Sport, Kultur etc.) ausbilden zu können; vielmehr sind sie gezwungen, die Arbeitsteilung in der Sphäre von Familie und Freizeit bruchlos zu reproduzieren, c) ihre eigene frühere Erziehung, in der sie frühzeitig — jedenfalls früher als die Kinder aus der Oberschicht — lernen mußten, daß die Privatsphäre etwas allen anderen Entgegengesetztes ist, das nur gegen alle anderen aufrechterhalten werden kann.
Rainwater vermutet, daß diese ökonomischen Faktoren auch in den vorehelichen sexuellen Beziehungen eine analoge Rolle spielen.

3. In den Mittel- und Oberschichten sind nicht nur die Liebesspiele vor dem Geschlechtsakt differenzierter als in den Unterklassen; sie haben dort auch qualitativ und quantitativ eine viel größere Bedeutung. Daneben gilt aber auch mit steigender sozialer Schicht die Onanie viel häufiger und ausgiebiger als Lustquelle. Dagegen nehmen die Jungen und Mädchen aus den unteren Schichten viel früher den heterosexuellen Geschlechtsverkehr auf. Natürlich heiraten auch die Männer und besonders die Frauen aus den Unterschichten früher als die Männer und Frauen aus den höheren Schichten. Das ist aber keine Erklärung dieser Unterschiede. Vielmehr müssen wir fragen, warum sie so früh heiraten und warum sie in ihrem sexuellen Verhalten so wenig variabel und so undifferenziert sind. Gewiß ist es aus traditionellen Interessen an der sozialen und ideologischen Herrschaftssicherung für die Oberklasse immer

noch wichtiger als für die Unterklasse, daß standesgemäß geheiratet wird, daß das Mädchen als Jungfrau in die Ehe geht, daß das Mädchen nicht mit einem Jungen aus einer tieferen Schicht befreundet ist, daß der Junge ein Mädchen aus einer niedrigeren Klasse nur als Flittchen benützt etc. Das erklärt aber längst nicht alles: Die Heranwachsenden aus den oberen Schichten müssen sich einer längeren Schulausbildung unterziehen; sie sind nach der herrschenden Moralauffassung darum länger auf Enthaltsamkeit, oder doch auf ein sexuelles Zwischenstadium angewiesen, »damit« sie überhaupt lernen können (um nicht vorzeitig von der Schule oder der Universität abgehen zu müssen etc.). Aber auch das erklärt noch nicht, warum die Angehörigen der Unterklasse eher bereit sind, auf *Onanie* zu verzichten. Wir wissen zwar, daß mindestens die männlichen Jugendlichen genauso früh oder früher mit der Onanie Bekanntschaft machen, wie ihre Altersgenossen aus den höheren Schichten. Aber ihre Familienwelt, die zu kurze Zeit ihrer Schulbildung und erst recht ihre Arbeitssituation haben ihnen nicht gestattet, ein reflexives und assoziatives Denkvermögen auszubilden[46]. Die Onanie erfordert aber, wenn sie als selbständige Lustquelle dienen soll, eine mit diesem Vermögen eng zusammenhängende Fähigkeit, eine hohe, unter Umständen bewußt manipulierbare Phantasietätigkeit. Diese Fähigkeit scheint überhaupt eine Voraussetzung für alle differenzierten Formen sexueller Befriedigung zu sein. Nicht zuletzt darum werden die Jugendlichen aus den Unterschichten die Onanie eher als »Notbremse« und nicht als autonome Lustquelle akzeptieren. Ein großer Teil der »Unkultiviertheit« oder »Enterotisierung«, mit der die Unterschichten den Geschlechtsverkehr praktizieren, ist auf die Verstümmelung dieser Fähigkeit zurückzuführen.

Darüber hinaus ist auch hier, in einer anderen Manifestation, die Macht des »Verzichts auf Genuß zugunsten späteren, höheren Genusses« festzustellen. Die Unterschichten werden von der brutal ökonomischen Seite dieses Prinzips betroffen. Sie müssen ganz unmittelbaren Verzicht leisten. »Aufgeschobener Genuß«, aktuelle Konsumverzichte sind für sie nicht möglich; sie sind identisch mit ewigem Verzicht. Für die Oberschicht und einen Teil der Mittelschichten hatte dieses Prinzip auch eine, wenn nicht immer freundliche, so doch lohnende und »kulturfähige« Seite. Der Jugendliche aus der Oberschicht merkte im Idealfall spätestens, wenn er das väterliche Erbe antrat, daß sich der »Verzicht« gelohnt hatte, den er mit der langen Schulbildung, der sexuellen Enthaltsamkeit etc. erkauft

46 siehe dazu den zusammenfassenden Aufsatz von *Ulrich Oevermann*, Soziale Schichtung und Begabung, in *Zeitschrift für Pädagogik*, 6. Beiheft, Weinheim 1966. Dort sind die wichtigsten amerikanischen Einzeluntersuchungen zu diesem Komplex verarbeitet.

hat. Der Jugendliche aus der Arbeiterklasse mußte überhaupt auf eine längere Schulausbildung und die mit ihr zusammenhängenden freien Nachmittage, Parties etc. verzichten. Wie soll er dies Prinzip des »Triebaufschubs zugunsten späteren, höheren Genusses«, das er in der Familie, der Schule und seiner Umwelt nur mangelhaft gelernt hat, plötzlich auf sein Sexualleben anwenden? Er wird viel eher lernen müssen: »Loch ist Loch« so wie er früh zu lernen gezwungen wurde: »Arbeit ist Arbeit« und in seinem Charakter einen Zug resignativer und »gleichmacherischer« Menschenbetrachtung entwickeln müssen, in der er seine soziale Unterordnung nicht mehr als solche erkennen kann, sondern nur noch als den Zynismus der Unterlegenen verarbeitet.

Marcuse hatte analysiert, wie in der jüngsten Zeit eine »repressive Entsublimierung der Triebe tatsächlich vor sich geht«. Sowohl die Ergebnisse der — freilich nur die Oberfläche des sexuellen Verhaltens messenden — empirischen Untersuchungen, als auch das Studium der Sexualideologie und Sexualmanipulation in Werbung, Konsum und Massenmedien lassen vermuten, daß diese Entwicklung für die Unterschicht weit weniger gilt, als für die Mittelschichten. Dabei ist es um so schwieriger zwischen Unterschicht und Mittelschicht genaue Trennlinien zu ziehen als sich das sexuelle Verhalten nicht so rasch ändert wie Einkommen und Arbeitsplatz. Es ist (noch) nicht nötig, die Unterschicht im Dienst der »fortgeschrittenen industriellen Zivilisation« mit ähnlichen Mitteln der repressiven Entsublimierung anzupassen wie die Mittelschichten. Zum Beispiel erfordern Konsumerhöhung und Konsumanpassung bei den Unterschichten nicht die gleichen Umstrukturierungen des Verhaltens wie bei den Mittelschichten. Für erstere brauchte es die Askeseforderung des rigiden Funktionalismus traditionell nicht so sehr in der Ideologie zu geben, weil dieser Funktionalismus viel direkter vermittels des ökonomischen Zwangs in der Arbeits- und Freizeitsphäre garantiert war. Gleichzeitig läßt sich aber feststellen, daß die Sexualnormen der Unterschicht noch viel starrer und eindeutiger sind als in den höheren Schichten.

Die Starrheit der äußeren Normen in der Unterschicht kann nicht dem traditionellen rigiden Funktionalismus der Mittelschicht gleichgesetzt werden. Dieser hat eher die Funktion der vermittelnden Anpassung (genauso wie sein Nachfolger: die repressive Entsublimierung), jene hat eher die Funktion einer zwanghaften äußeren Stabilisierung. Die Arbeitsprozesse der überwiegenden Mehrheit der Angehörigen aus der Unterklasse sind so wenig flexibel, hängen so wenig von dem Schein einer autonomen Entscheidung dieser Individuen ab und lasten doch auf ihrem Denken und Handeln so schwer, daß der dadurch entstehende fast vollständige Mangel an innerer Stabilität (oder Identität) durch extrem starre äußere Kontrollen ersetzt werden muß, wenn die Unterklasse nicht in eine Gleichgültigkeit gegenüber allen herrschenden Normen verfallen soll. Wir werden in diesem sehr überzeichneten Schluß immerhin bestärkt durch das Studium der »Schicht« unter der »geordneten« Unterschicht, z. B. der amerikanischen »lower lower class«. Das System der rigiden moralischen Kontrollen und juristischen Sanktionen reicht nicht bis in die Subkulturen der Slums, der aus dem Produktionsprozeß »Herausgefallenen«. In diesen Gruppen ist dann auch konsequent ein soziologisch sonst unbekannter »absoluter Normenverlust« festzustellen, nämlich signifikante Häufungen von Schizophrenie, von Inzest, überhaupt von sexuellem Verhalten, das durch einen extremen Mangel an Objektfixierung oder persönlicher Stabilität gekennzeichnet ist, egal ob es sich dabei um heterosexuelle oder homosexuelle Beziehungen handelt[47].

Schichtenspezifische Funktion der Sexualaufklärung und Sexualmanipulation

Die herrschende Sexualaufklärung ist heute ein besonders leistungsfähiges Manipulationsinstrument der sozialen Anpassung, und, weil sie jeweils auf den »neuesten Stand« umgeschrieben wird, ein besonders feiner Indikator für die Fortschritte dieser Anpassung und des dabei angewandten Instrumentariums.

In diesem Abschnitt soll die offizielle Aufklärung durch die Organe der Regierungsadministration und auch die wissenschaftliche Literatur, ohne Ansehen ihrer kritischen oder affirmativen Inhalte, ausgeklammert werden. Wir wollen uns auf die beiden nächst tieferen und dafür wirkungsvolleren Ebenen konzentrieren: Auf den speziellen Markt der Sexual-Literatur vom Typ »Lieben die andern anders« bis »Sex im Büro« und auf die indirekten und direkten sexuellen Inhalte der Massenzeitschriften und -Zeitungen. Den konservativen Kulturkritikern erscheinen diese Produkte als »Flut«, hervorgerufen von

47 Dies ist immer wieder das Ergebnis von empirisch-klinischen Untersuchungen, die nach der schichtspezifischen Verteilung von Psychosen fragen. Diesen Fragen ist bisher konsequent nur in amerikanischen Untersuchungen nachgegangen worden. Die wichtigsten deutschsprachigen Übersetzungen bzw. Zusammenfassungen sind: 1. *Th. Lidz*, Zur Familienumwelt des Schizophrenen, *Psyche*, XIII. Jhg., 1959, Heft 5/6; 2. *L. C. Wynne und M. T. Singer*, Denkstörung und Familienbeziehung bei Schizophrenen, *Psyche*, XIX. Jhg., 1965, Heft 2; 3. *Heide Berndt*, Zur Soziogenese psychiatrischer Erkrankungen, in: Der Kranke in der modernen Gesellschaft, Neue Wissenschaftliche Bibliothek, Band 22, Köln und Berlin 1967, S. 454–482. Dort sind auch die wichtigsten amerikanischen Einzeluntersuchungen zu diesem Komplex verarbeitet.

einer haltlosen, süchtigen und geilen Konsumentenmasse, geformt von profitgierigen Sonderinteressen, gegen die gleichermaßen ein Wall der Erziehung[48] und der Normierung[49] aufgerichtet werden müsse. Sozialistische und andere fortschrittliche Kulturkritiker erblicken in diesen Produkten oft zu einfach eine gradlinige Tendenz der »Scheinsexualisierung«[50], der »permanenten sexuellen Stimulierung zur Ersatzlust«[51] oder der »repressiven Entsublimierung«[52], jedenfalls eine Tendenz, von der gleichermaßen alle Mitglieder der Gesellschaft, außer den bewußt kritischen Individuen betroffen sind. Diese Position ist im Grunde richtig, mit der Einschränkung, daß diese Prozesse mit schichtenspezifisch unterschiedlich eingesetzten und sich oft scheinbar widersprechenden Mitteln in Gang gesetzt werden. Dabei folgt die Wahl der Mittel nicht nur dem durchschnittlichen Reflexions- und Bildungsniveau der jeweiligen Schicht, sondern auch dem spezifischen sozialen Muster, an das diese Schicht angepaßt werden soll. Ohne diese Einschränkung würden wir zwar feststellen können, daß in *Bravo* und in *twen* eine Scheinsexualisierung oder kontrollierte Entsublimierung betrieben wird, würden aber ratlos vor dem Phänomen stehen, daß in *twen* zu vielen Dingen aufgefordert wird, vor denen in *Bravo* schärfstens gewarnt wird. Aber auch die sog. kritischen und bewußten Individuen sind nicht von vornherein von diesen Zwängen ausgenommen; auch für sie stehen spezielle und adäquat differenzierte Agenturen der kontrollierten Entsublimierung bereit und diese werden von ihnen auch selbst produziert.

Die scheinbar wahllose und richtungslose »Flut« der Sex-Literatur, der sexuellen Stimuli in Film, Mode, Werbung, der Sexualreportagen in Zeitschriften und der Eheberatungs- und Persönliche-Probleme-Lösungs-Spalten in den Illustrierten lassen sich nach einigen Kriterien der sozialen Anpassung und der sozio-sexuellen Manipulation ordnen:

1. *Die Anpassungsmedien und Manipulationsinstrumente arbeiten mit einem Spektrum von Symbolen und Stimuli, die an der prägenitalen Organisation der Individuen ansetzen und die öffentliche und private Sphäre der genitalen Sexualität nachhaltig prägen.*

Solche Stimuli sind unter anderem: Unerreichbare *Glücksversprechen* (große Liebe in exotischer Umgebung; das große Los; nicht mehr arbeiten müssen nach einer reichen Heirat), ewig *jung* und attraktiv bleiben (durch Hormone, Busenmassagen,

48 so *Brüggemann*, Sexuelle Konflikte in Gymnasien, Heidelberg 1967; und viele andere.

49 so *Schelsky*, Soziologie der Sexualität, rde 2, Hamburg 1955, bes. S. 127; und viele andere.

50 *Rudi Dutschke* in *Der Spiegel*, Nr. 51, 1967, S. 62.

51 *A. und M. Mitscherlich*, Die Unfähigkeit zu trauern, München 1967, S. 290.

52 *H. Marcuse*, loc. cit.

Obstkuren), narzißtische *Berufskarrieren* (Mannequin, Fotomodell, Starlet, Sport-Champion), *Ekelsyndrome* und *Sauberkeits-Syndrom* (Mondo-Cane-Komplex; seit ich mich mit XY wasche, bin ich begehrenswert), *Aggressionsabfuhr* gegen sexuell »freie« Gruppen (Homosexuelle, Gammler, Studenten), Mobilisierung von latent neurotischer und manifest sexualablehnender *Angst* (Unterleibskrebs, Contergan-Effekt der Anti-Baby-Pille). Die Wirkungsweise dieser und ähnlicher Stimuli ist von der kritischen Literatur in den letzten Jahren ausführlich und einleuchtend dargestellt worden[53]. Aber sie wurde dargestellt, als wirke sie auf alle Objekte der Anpassung gleich, bis auf die, die sich aus dieser Objekthaftigkeit vermittels kritischer Reflexion zu lösen verständen. Das ist nicht der Fall; diese Stimuli werden schichtenspezifisch, auf einen bestimmten, oft genau kalkulierten Adressatenkreis zugeschnitten.

2. *Je tiefer die soziale Schicht ist, desto brutaler und offener werden die Methoden der sozialen Anpassung eingesetzt. Aber vor allem: desto rigider sind auch die Normen der sozialen und sexuellen Anpassung, die erreicht werden soll. Je höher die soziale Schicht, desto größer wird der von den Manipulateuren eingeplante und von der sozialen Herrschaft zugestandene Spielraum der individuellen Abweichung und der Scheinfreiheiten.*

Es hat den Anschein, als ob viele gerade der fortschrittlichen Kulturkritiker ihre These der »Scheinsexualisierung« und der »repressiven Entsublimierung« speziell aus der Beobachtung der höchsten Sozialschicht, die noch im Massenmaßstab manipuliert wird, gewonnen hätten, also aus der auf die jungen Manager, Angestellten, Chefsekretärinnen zugeschnittenen middle-middle-class- oder bestenfalls upper-middle-class-Manipulation. Man muß *twen* und *Elle* analysieren, aber man darf *Bravo* und *Das Neue Blatt* nicht vergessen.

Nehmen wir uns z. B. die derzeit mächtigste Zeitschrift der ehelichen Sozial- und Sexualanpassung in der BRD, *Eltern*, vor[54]. Diese Zeitschrift ist gemacht für junge Ehepaare aus der »breiten« Mittelschicht, die noch am Anfang der Stabilisierung ihrer familiären und materiellen Existenz stehen. In der Werbung, die einen großen Raum einnimmt, überwiegen Haushalts- und Gebrauchskonfektion (i. G. zu Modekleidung), praktisch herstellbare Gerichte (Kaba, Alete), Aufbauarzneimittel (Tetravitol, Macalvit), Spielwaren, Wäsche und Kleinkram; Zigaretten- und Getränkereklame fehlen. Die Zeitschrift wird besondern von den Ehefrauen gelesen, — die »für Väter besonders wichtigen« Artikel sind schon im Inhaltsverzeichnis

53 siehe besonders *W. F. Haug*, Zur Ästhetik von Manipulation, in *Das Argument*, Nr. 25, 1967, S. 23–36.
54 hier nur die Dezember-Nummer 1967 von *Eltern*.

mit einem Stern versehen. Ein Gebot beherrscht die Zeitschrift: Glück in der Ehe um jeden Preis. An dies Glück werden im Sexualaufklärungs-Teil große Konzessionen gemacht. Mit »fortschrittlicher« Intention ist da zu lesen: »Der Amerikaner Kinsey entdeckte bei seinen Befragungen starke Unterschiede in der Sexualauffassung und im Sexualverhalten der verschiedenen Schichten des Volkes. Am Beispiel der Nacktheit und des Vorspiels vor dem Akt werden diese Unterschiede besonders deutlich ... Diese Einstellung verschiebt sich über die Mittelklasse bis zur Oberklasse. Je mehr das Bildungsniveau und die soziale Position steigen, desto öfter wird Nacktheit bei Koitus gefordert ...«[55]. Oder es werden unmittelbar funktionale Ratschläge zur Lustmaximierung während der Schwangerschaft gegeben: »... oder der Mann nähert sich der Frau vom Rücken her. Ausgesprochen zu warnen ist in der fortgeschrittenen Schwangerschaft vor der sogenannten Reithaltung der Frau, weil dabei das Glied leicht zu tief eindringen kann und mechanische Reizungen verursacht«[56]. Es entsteht also zunächst der Anschein, der durch das Überwiegen informativer Gebrauchsanweisung bestärkt wird, daß es sich hier zwar um Eheanpassung, aber um eine Anpassung handelt, wie sie eben in der industriellen Zivilisation, die so viele vorrationale Reste übernommen hat, endlich an der Zeit ist. Das ist aber auch der Tenor der zitierten Aufklärungs-Fortsetzung »Van de Velde 1967 ...«: »Dieser Bericht hat es sich von Anfang an zur Aufgabe gesetzt, Angst und Unsicherheit durch klare Informationen zu beseitigen«[57]. Eine Sexualhygiene von der oben zitierten Art war vor fünf oder zehn Jahren in Frauenzeitschriften noch nicht »möglich«; die Anpassungsforderungen, auch an die junge, berufstätige Frau der Mittelklasse, waren damals noch dumpf und unterordnend gehalten. Hier hat also die »Reichweite gesellschaftlich statthafter und wünschenswerter Befriedigung« (Marcuse) tatsächlich zugenommen: Die Frau wird ein »autonomes« Sexual-Objekt — in der monogamen Zwangsehe. Hier würde auch Marcuse noch nicht sagen, daß »auf dem Wege dieser Befriedigung das Lustprinzip reduziert wird«. Reduziert wird das Lustprinzip noch nicht einmal dadurch, daß es — in dieser Zeitschrift — der verheirateten Frau vorbehalten bleibt, denn wir werden in anderen Zeitschriften, etwa in *twen* sehen, daß für das unverheiratete Mädchen aus der Mittelschicht auch einige Erweiterungen der Befriedigungsmöglichkeit vorgesehen sind. Repressiv aber ist der spezifische Zusammenhang, in den diese partielle Befreiung auf dem jeweils erreichten sozio-ökonomischen Niveau gestellt wird: die Aus-

55 *twen* a. a. O., S. 124.
56 a. a. O., S. 127
57 a. a. O., S. 129.

schließlichkeit, in der die zulässigen Befriedigungsformen der verheirateten und unverheirateten Frau, dem ledigen, verliebten oder verheirateten Mann, dem Jugendlichen aus der Unterschicht oder dem Jugendlichen aus der Mittelschicht gegenübertreten. Diese, jeweils variablen, Ausschließlichkeitsforderungen ergänzen und begrenzen auch in jeder Nummer von *Eltern* (und den entsprechenden Zeitschriften) die »erweiterten Freiheiten«. So ist in dem entsprechenden »Ergänzungs«-artikel von der jungen Stenotypistin Renate zu lesen, die von ihrem Freund (»er ist Franzose, genauer gesagt Korse. Seine Mutter ist Vietnamesin. Von Beruf ist er Ingenieur«) ein Kind erwartete. Sie wollte es zunächst abtreiben lassen: ». . . ich hatte einen bereitwilligen Arzt. Dann las ich durch Zufall *Eltern*. Und ich habe mein Kind zur Welt gebracht. Jetzt bin ich glücklich.« Natürlich auf dem herrlichen Korsika, mit dem hübschen Namen Grimaldi und dem noch hübscheren Sohn Frédéric. Sie weiß heute auch, wie das geschah: »So, wie mich im Badezimmer das Wunder gestreift hatte, hatte mich jetzt das Schicksal gestreift. Ich ahnte in diesen Sekunden, daß ich meinem Schicksal, Mutter zu werden, nicht mehr ausweichen konnte«[58]. Hier findet die Sexualaufklärung ihr schnelles und dumpfes Ende: nichts mehr von Aufklärung über die Gefahren oder die Harmlosigkeit von sachgerecht vorgenommenen Abtreibungen, nichts über die soziale und juristische Diskriminierung unehelicher Mütter und Kinder, nichts über das Recht auf eine in der Person selbst begründete lustvolle Sexualbejahung; nur noch Wunder, Magie und Exotik. Dieser Typus ist in allen Zeitschriften dieser Art mehr oder weniger rein anzutreffen. Wir können daraus eine Formel der schichtspezifischen Manipulation ableiten: Die Erweiterung der Befriedigung auf einem spezifischen sozialen Sektor wird durch die gleichzeitige totalitäre Begrenzung dieser Erweiterung (»daß ich meinem Schicksal nicht mehr ausweichen konnte«) kanalisiert und dadurch zunichte gemacht. Die »Erweiterung« erscheint als Geschenk der Manipulateure (»dann las ich durch Zufall *Eltern*«). So ist auch der Satz von Marcuse zu verstehen: »Aber auf dem Wege dieser Befriedigung wird das Lustprinzip reduziert — seiner Ansprüche beraubt, die mit der bestehenden Gesellschaft unvereinbar sind. Derart angepaßt, erzeugt Lust Unterwerfung.«

Die volle Tragweite dieser Unterwerfung wird klar, wenn wir den oben geschilderten speziellen Unterwerfungszusammenhang mit der »Erweiterung der sexuellen Befriedigung« anderer sozialer Schichten oder Altersgruppen vergleichen. Die Welt von *twen* dreht sich um vorehelichen Sex ohne Reue, um Mode, Autos, schicke französische Suppen, um Beruf, etwas Kultur, Jazz und Beat und um sehr, sehr viel Dinge, die jeder

58 a. a. O., S. 18, 20, 132.

Twen haben sollte. Nichts charakterisiert diese Leserschicht besser als die Bezeichnung »Konsumpioniere«, die für diese Schicht von einer Leseranalyse im Auftrag des Springer-Konzerns eigens geprägt wurde[59]. In der Tat soll sich die jugendlich-rebellische Einstellung der *twen*-Leser im extravaganten Konsum erfüllen. Sie sind »Pioniere« der Anpassung, an die sich die Menschen aus der Welt von *Bravo, Eltern* und *Neues Blatt* noch nicht heranwagen — vom knöchellangen Rock bis zur Homosexualität.

Der monatliche Sex-Report von *twen* steht im November unter dem Motto: »twen wollte wissen, wie schwierig es für Unverheiratete ist, die empfängnisverhütende Pille in Deutschland zu erhalten ... Das Ergebnis war erfreulich. Rezepte für Anti-Baby-Pillen sind keine Mangelware mehr.« Anhand praktischer Beispiele wird dann beschrieben, wie ein junges Mädchen am »operationalsten« zur Pille kommt. Allen Pillen-Muffeln wird sogar gesagt, an wen sie sich wenden können, wenn sie keinen Arzt finden sollten, der ihnen orale Anticonzeptiva verschreibt: »Wer keinen aufgeschlossenen Hausarzt hat, kann sich an die Beratungsstellen (unten) wenden. Dort erhält er jeweils die Anschrift eines fortschrittlichen Arztes. Wer sich überdies noch näher über Empfängnisverhütung informieren will, sei eine Materialienzusammenstellung von Hubert Bacia empfohlen, die beim SDS Berlin, Kurfürstendamm 140, gegen eine Schutzgebühr von zwei Mark zu beziehen ist.[60]« So weit so gut. Der politisch interessierte Leser wundert sich vielleicht darüber, daß *twen*, das doch immerhin (wie *Eltern* und *Bravo*) vom Springer-Konzern gemacht wird, für eine Organisation wirbt, die die Enteignung eben dieses Konzerns fordert. Er wird darin vielleicht ein Zeichen der inneren Demokratie und Liberalität dieses Presse-Unternehmens erblicken. — Uns interessiert zunächst: Was macht das junge Mädchen mit der Pille? In einem »fiktiven« Report derselben Nummer gibt — ähnlich wie in jeder Nummer — die namenlose Jungfrau die Antwort im Befehlston: »Ich bin 19 Jahre und noch Jungfrau. Mit einem Wort: Ich bin fällig.« Die Jungfrau ist aus Bamberg, ihr Verlobter hat dieser Stadt entsprechende Moralvorstellungen und will sie als Jungfrau in die Ehe nehmen. Was macht sie? Sie geht nach München, um es sich dort »machen zu lassen«. Was muß sie dort feststellen? Ein richtiger Mann will keine Jungfrau: »Für eine Jungfrau, die nach Schwabing kommt, um keine mehr sein zu müssen, gibt es nur Spinner, Kameraden, ängstliche Minderjährige und Schwule ... Ich gehe mit Tim ins

59 Die *twen*-Leser in der »Werbeträger-Analyse 1966« angefertigt vom Institut für Demoskopie, Allensbach, S. 4. — Siehe auch den Bericht von *Heiner Schäfer*, Schichtenspezifische Manipulation des Springer-Konzerns, angefertigt für das erste Springer-Hearing, West-Berlin, 10. 2. 1968.
60 *twen*, November 1967, S. 53 und 59.

Bett. Und er schmeißt mich raus. Einer Jungfrau besorgt er es nicht. Umsonst war die Angst ... Ich habe einem Berliner (!) Studenten, der an der Tür klingelte, um ein Zeitschriften-Abonnement zu verkaufen, alles geboten. Ich habe aufgemacht im kurzen weißen Bademantel und sonst nichts.« Auch das zog nicht! Schließlich hat sie sich von einem sprachlosen Maler deflorieren lassen, der es ihr so unterschiedslos und ohne Ansehen der Person machte, wie er seine Plakate malte, »die ungezählten Plakate mit Slogans für die extreme Rechte oder die extreme Linke, wie es sich ergibt«. Sie schließt mit den Worten: »Ich bin mit meinem Verlobten in Bamberg sehr glücklich geworden«[61].

Diese typische *twen*-Geschichte ist nur um Grade weniger primitiv in ihrer Konstruktion als die entsprechenden Anpassungsgeschichten aus *Eltern* und *Bravo*. Aber in diesen Graden liegt genau die schichtenspezifische Differenz der Manipulation: Sie ist in einem Doppelstil aus übertriebener Ironie (die eine Distanzierung und Selbsteinschätzung des Lesers ermöglicht) und Befehl (der die Übernahme des vorehelichen Sexual-Standards erzwingt) geschrieben. Das Anpassungsresultat dieses »ironischen Befehls«: Sex vor der Ehe ja, ein oder zwei Seitensprünge ja, Geschlechtsverkehr ohne Angst, ja, — aber: »Sex vor der Ehe« ist wirklich Sexualität *vor* der Ehe. Es kann kein Zweifel darüber bestehen, daß die volle sexuelle Objektfixierung, die Liebesfähigkeit der so angepaßten, auch in der späteren monogamen Beziehung niemals zustande kommen kann. Die *twen*-Leser werden in einem Zustand gehalten, den Mitscherlich in anderem Zusammenhang als »totale Einebnung der Individuen ... (durch) permanente sexuelle Stimulierung zur Ersatzlust für die immer steigende Unlust aus der Erledigung ›sinnloser‹ Arbeit«[62] beschreibt. Die Schädigung der Liebesfähigkeit wird natürlich von *twen* und den analogen Manipulationsagenten in Film, Mode und Presse nicht ursprünglich produziert, sondern nur verfestigt und vorangetrieben. Von *Eltern*, dem eher resignativen Blatt »für die schönsten Jahre des Lebens«, und ähnlichen Anpassungsagenten der reiferen Jahre wird diese Schädigung dann auf ein erträgliches Optium eingeebnet.

In *Bravo*, der einzig wirklich typischen Zeitschrift für die jugendlichen Angehörigen der Arbeiterklasse, wird nicht nur primitiver und erkennbarer manipuliert; auch das Anpassungsziel ist rigider; so rigide, daß man von einer »Scheinsexualisierung« kaum sprechen kann, eher von einer »richtigen Dosierung« der Quantität und Qualität, in der Sexualität praktiziert werden soll. Aber *Bravo* wendet sich nicht nur an eine

61 a. a. O., S. 60 ff.
62 *Mitscherlich*, loc. cit.

andere Sozialschicht als *twen*. Die Leserschicht von *Bravo* ist auch um einige Jahre jünger als die von *twen*; ersteres wird vornehmlich von den Vierzehn- bis Achtzehnjährigen aus der Unterschicht, letzteres von den Achtzehn- bis Sechsundzwanzigjährigen aus der Mittelschicht gelesen.

Die Kultur- und Moralauffassung von *Bravo* ist durch einen manipulativen Konservatismus gekennzeichnet. Ritterlichkeit, Freude am Leben, »Wissen, wo es ernst wird«, sind die ständig vermittelten Werte. Der Sex-Standard der *Bravo*-Anpassung ist in einigen Punkten scheinbar konträr zu *twen*: Verdient so früh wie möglich so viel Geld wie möglich; heiratet so früh wie möglich; seid anständig zu einander; paßt auf, daß ihr nicht zuviel Probleme miteinander habt; so wichtig ist Sexualität nun auch nicht; schlaft nicht vor der Ehe miteinander, aber wenn ihr es doch tut, stellt euch, am besten schon heute, auf eine Ehe ein.

In *Bravo* gibt es seit neuestem den wöchentlichen Sex-Report. Aber die sexuellen Standards werden entweder immer noch als patriarchalische Ratschläge verabreicht, oder unmittelbar, wie in den traditionellen Frauenzeitschriften, als Antworten auf persönliche Probleme von einem »Wissenschaftler« gegeben, wie hier von »Dr. Vollmer«:

Kennwort Sylvia

Frage: »Ich bin 17 Jahre alt, sehr hübsch, wie mir oft bestätigt wurde, und habe einen sehr netten 20jährigen Freund, der zur Zeit bei der Bundeswehr ist. Meine Eltern sind gegen unsere Freundschaft und benehmen sich ihm gegenüber sehr eigenartig. Sie lehnen ihn ab, weil er nicht gut aussieht und nur so groß ist wie ich. Kurz gesagt, er ist nicht der Typ, den sie sich für ihre Tochter erträumen.«

Antwort: »Wenn Deine Eltern keine anderen Einwände gegen Deinen Freund haben, dann sollte es Dir doch gelingen, sie für den jungen Mann einzunehmen. Erzähle ihnen, wie wohl er sich immer bei ihnen fühlt — auch wenn es nicht stimmt. Behaupte, daß er Deinen Vater bewundert und sehr begeistert von dem Apfelkuchen oder dem neuen Kleid Deiner Mutter ist. Wenn Du auf diese Weise den Boden vorbereitet hast, dann wirst Du Deine Eltern sicher allmählich von ihm überzeugen können. Dann werden sie einsehen, daß für eine gute Freundschaft, für das Glück in der Liebe und in der Ehe nichts unwesentlicher ist als das Aussehen — ganz besonders bei einem Mann.[63]«

An diesem Beispiel ist nicht so sehr interessant, daß der *twen*-Typ die Antwort von »Dr. Vollmer« lächerlich finden würde. Der *twen*-Typ kennt auch das in Frage stehende Problem nicht. Für ihn ist ein häßlicher Partner, mindestens in der jeweils

63 *Bravo* vom 20. 11. 1967, S. 78.

gängigen Schönheitsvorstellung, unakzeptabel; es sei denn, er hätte eine »dufte«, ins Reklamebild integrierbare oder von diesem geradezu geforderte Art von Häßlichkeit (Twiggy-Typ). An diesem Beispiel vor allem ist die korrupte Introjektion der elterlichen Wertvorstellung und ihrer Verhaltensforderungen interessant: Oberflächlich überrumpelt der Jugendliche die Eltern. Aber in der Wirklichkeit sind es ja nicht die Eltern, sondern die Jugendlichen selbst, die einen potentiellen Partner wegen seines inadäquaten Aussehens ablehnen. Diese Ablehnung wird bei »Sylvia« auf die Eltern projiziert, und durch die gleichzeitige korrupte Identifikation mit den Eltern wird der Jugendliche über diesen Mittler in das Wertgefüge der Eltern einbezogen; so als ob der Jugendliche die Eltern überzeugen müßte, daß man auch mal mit einem weniger gut aussehenden Partner vorlieb nehmen muß, und nicht vielmehr der Jugendliche dies in einem Prozeß der Enttäuschung lernen muß, der darum so spezifisch enttäuschend ist, weil ihm von den Manipulationsagenten ein Starbild der Schönheit und Attraktivität errichtet wird, daß jede »normale« Liebesbeziehung öde werden läßt. Der Jugendliche aus den Unterschichten lernt die Zwänge des »wirklichen Lebens« früher kennen als der aus den Mittelschichten. Darum tritt die Sphäre von — selbst manipulierter und scheinhafter — Sexualität und Lust schon frühzeitig hinter den Problemen der »äußeren« Anerkennung, der Anpassung an die Welt der Arbeit und der Familie, zurück. Darum wird auch für diese Schicht von Jugendlichen noch immer vornehmlich *gegen* die — selbst kanalisierte — Entfaltung der Sexualität manipuliert, und nicht so sehr, wie in *twen*, *mit* der partiellen sexuellen Freilassung.
Entsprechend dieser sozioökonomischen Unterschiede in der Schichtzugehörigkeit weichen auch die üblichen Sexual-Fragebogen und Liebes-Tests dieser Zeitschriften voneinander ab. In den zitierten Nummern von *twen* und *Bravo* befindet sich jeweils ein solcher Fragebogen, hergestellt nach demselben Muster, einmal »Rendez-Vous 68«, das andere Mal »Bravo-Liebestest« genannt. Im ersteren überwiegen nicht nur die Fragen, die direkt nach der Sexualsphäre fragen (etwa 15 von 73 Fragen in *twen*; gegenüber 5 von 100 Fragen in *Bravo*). »Rendez-Vous 68« ist auch eine direkte Partnerwahl. Als Antwort erhält man die Adresse eines »passenden« Partners: »Hier gibt es nicht den Fahrschein ins Glück. Ob Sie glücklich sind oder nicht, läßt sich nicht von einem dritten bestimmen.«[64]

64 *twen*, a. a. O., S. 90. Ein Beispiel für die schichtspezifischen Unterschiede in der manipulativen Partnerzuweisung: In der Unterschicht gilt es als durchaus normal, wenn die Sexualpartner bzw. Ehegatten aus demselben Wohnblock oder Wohnviertel stammen. Den *twen*-Lesern dagegen wird auch hier ihr Pionier-Bewußtsein erleichtert. Ein Mädchen aus Frankfurt, das sich am »Rendez-Vous 68« beteiligt, wird mit Sicherheit keinen Partner aus Frankfurt zugewiesen bekom-

Mit diesem Partner soll man dann ein Rendezvous ausmachen und sich kennenlernen. Bei *Bravo* bekommt man als Antwort »nur« eine Computer-Antwort über sich selbst: »Dann wird der Computer sorgfältig und ehrlich antworten. Er ist ganz auf Dich persönlich zugeschnitten, denn er basiert auf Deinen Informationen.«[65] *twen* läßt seinen Objekten auch in den Antworten eine größere Scheinfreiheit, — Typ: Frage 55: »Sie sind auf einer Party, und zwar mit jemand, den Sie wirklich gern mögen. Sie sehen plötzlich, daß Ihr Partner mit anderen flirtet. Wie reagieren Sie da? 1. Ich mache eine Szene; 2. Es tut mir weh; 3. Ich beginne ebenfalls zu flirten; 4. Ich freue mich darüber; 5. Es macht mir gar nichts aus.« Für die *Bravo*-Schicht sind solche alternative Verhaltensmöglichkeiten, die natürlich auch für *twen* in Wirklichkeit nicht gegeben sind, noch nicht einmal als scheinhafte Möglichkeit vorgesehen. Hier überwiegt der Typ der konsequenten Anpassungsfragen, — z. B. Frage 21: »Ein Mensch, der es im Leben zu nichts bringt, . . . 1. taugt nicht viel, ist ein Versager; 2. ist menschlich und privat oft sehr nett; 3. hat einfach Pech gehabt.« Wer es »zu nichts bringt«, kann also nur mehr oder weniger hart verurteilt werden bzw. auf mehr oder weniger tolerante Nachsicht rechnen.

Die schichtenspezifischen Unterschiede in der Sozial- und Sexualanpassung ließen sich anhand vieler weiterer Beispiele aus anderen Zeitschriften, aus Filmen und Reklame aufzeigen. Das ist in diesem Zusammenhang überflüssig. Anhand der dargestellten Unterschiede und Gleichheiten aus *Bravo* und *twen* können wir die zweite These zusammenfassen: Die Unterschiede lassen sich vornehmlich darstellen nur als unterschiedliche Umwegproduktionen auf dem vorgeschriebenen Weg zur monogamen, herrschaftstechnisch und ökonomisch begründeten Zwangsehe, die in unserer Gesellschaft für alle Schichten (noch?) die absolute Norm ist. Entsprechend ihrem ökonomischen Status müssen sich die niederen Sozialschichten früher und — nur scheinbar — bedingungsloser anpassen; in einer Weise, die eine radikale Alternative von vornherein ausschließt. Vor allem darum gibt es auch kein entsprechendes *twen*-Produkt für die Unterschicht: mit zwanzig oder fünfundzwanzig Jahren sind die Angehörigen dieser Schicht verheiratet oder sollten es sein, und in der Ehe sollen sie sich sofort einem Konsumstandard beugen, der jenseits der *twen*-Kinkerlitzchen herrscht.

3. Je tiefer die soziale Schicht ist, desto höher muß das Status-Ideal sein, an dem die sozialen und sexuellen Normen exemplifiziert und ihre Glücksversprechen demonstriert werden.

men, aber auch keinen aus Hamburg oder München. Die letzteren beiden Städte sind natürlich zu weit entfernt, um ein Rendezvous einleiten zu können, aber Frankfurt ist dafür zu »nah«. Das Mädchen wird vielmehr die Adresse eines Partners aus Mainz, Wiesbaden oder Darmstadt erhalten. — Von mir überprüft.

65 *Bravo*, a. a. O., S. I und VI.

Dieses reziproke Verhältnis von Status-Ideal und dem Status des Anpassungsobjektes läßt sich am einfachsten durch eine Gegenüberstellung der Status-Ideale nachweisen, die von Zeitschriften der »Privatsphäre« vermittelt werden. Ich will mich dabei auf die Zeitschriften des Springer-Konzerns beschränken, weil diese das Manipulationsspektrum am reinsten wiedergeben (siehe Tabelle 3).
Die Kategorie »hauptsächlich gemacht für« ist nicht unbedingt identisch mit »hauptsächlich gelesen von«. *Bravo* beispielsweise wird zu 38 % noch von über 30jährigen gelesen[66] und auch von sehr vielen Jugendlichen aus der Ober- und Mittelschicht. Für diese Leser dürfte aber der »I-Wert«[67] der spezifischen Identifikationsartikel nicht so hoch sein; beispielsweise werden die erwachsenen Männer *Bravo* vornehmlich nach Sex-Fotos durchblättern, die Jugendlichen aus der Oberschicht werden sich kaum Rat von »Dr. Vollmer« holen und auch einen Artikel über den Familienhintergrund von Roy Black und die gute Kameradschaft zu seinem jüngeren Bruder werden diese Jugendlichen mit einem anderen Identifikationshintergrund lesen als Jugendliche aus der Unterschicht.

Tabelle 3

Zeitschrift	*hauptsächlich ausgerichtet auf*	*Status-Ideal*
Eltern	junge Ehefrau aus der Mittelschicht, ohne größere Ambitionen	außergewöhnliche Beispiele der eigenen Schicht, aber stets oberste ökonomische Gruppe in dieser Schicht; Kindheit erfolgreicher Politiker und anderer großer Männer
twen	junge unverheiratete Erwachsene aus der Mittelschicht mit ökonomischen Aufstiegs- und sozialen Eliteambitionen	erfolgreiche oder unkonventionell-ansprechende Beispiele der eigenen oder nächsthöheren Schicht (Architekten, salespromotors, Fotomodelle, Wochenend-Hippies)
Bravo	Jugendliche aus der Unterschicht und unteren Mittelschicht	Beat-Sänger, Film-Stars, aber hauptsächlich mit hoher Unterschicht-Affinität: Roy Black, Pierre Briece, etc.

66 siehe die »Zeitschriften-Leseranalyse 1965« hergestellt im Auftrag der Arbeitsgemeinschaft Leseranalyse e. V. von DIVO und Infratest, Frankfurt.
67 »I-Wert« ist die Abkürzung für »Identifikations-Wert«; er gibt die, empirisch gemessene, Stärke der Identifikation eines Lesers mit einem Artikel, einem Bild oder einer Bildfolge an.

Das Neue Blatt	vorwiegend resignierte und isolierte Ehepaare aus den unteren Sozialschichten	Repräsentanten von Herrscherhäusern und ihre Angehörigen
Hör Zu	nicht schichtspezifisch	Filmstars ohne spezifische Eingrenzung

Diese Gegenüberstellung von Status-Ideal und Anpassungsobjekt ist ein guter empirischer Indikator für das zunehmende Auseinanderfallen von wirklichen und scheinhaften Bedürfnissen und von wirklichen und befriedigbaren Bedürfnissen mit zunehmender ökonomischer und sozialer Unterdrückung. Die eigene Schicht und ihr Leben wird der Unterklasse nur in Form von Glückspilzen oder Heroen vorgeführt, als Lottogewinner oder in der Form des Mechanikermeisters Rall, der seine todgeweihte Frau so sehr liebte, daß er ihr in jahrelanger Arbeit eine künstliche Niere bastelte, um sie damit am Leben zu erhalten[68]. Es ist keine Seltenheit, daß in einer Nummer des *Neuen Blattes* Intimgeschichten aus drei europäischen Herrscherhäusern erzählt werden und in allen dreien geschildert wird, wie ganz besonders nett, fürsorglich und respektvoll sich der junge Herrscher gegenüber der Königinmutter benimmt — also in einer Weise, die den Alten in unserer Gesellschaft, und besonders denen aus der Unterklasse, immer seltener widerfährt. Die Stars, Prinzgemahlen, Kaiser und Sport-Champions haben die Funktion, die in der Mythologie die Halbgötter hatten: Sie sind menschlich wie kein Mensch und darum nachahmenswert; ihr Verhalten hat normativen Charakter. Aber sie sind nicht von dieser Welt, man kann nur im Kleinen so leben, wie sie es im Großen tun und soll nicht wagen, sich in der Realität mit ihnen zu messen. Es ist Aufgabe der Manipulation, die Identifikation mit diesen Halbgöttern auf einem »unwirklichen« Niveau auszubalancieren; auf einem Niveau, das dem Manipulierten immer die Erkenntnis verweigert: das ist doch Quark, wie die das machen — oder: das kann ich doch nie erreichen, für uns gelten andere Gesetze — oder: um so ein Familienleben zu führen, muß man auch das nötige Geld ha-

68 *Das Neue Blatt* vom 16. 12. 1967, S. 17. — Auch bei dieser schichtenspezifischen Form der Anpassung steht natürlich das Problem der Konsumsteigerung im Vordergrund. Die Leser des *Neuen Blattes* teilen sich hauptsächlich in »die sozialen Aufsteiger und die sozial Isolierten«. Beide Gruppen haben »kein stark ausgeprägtes Schichtbewußtsein im Sinne einer Klasse« (siehe Das Neue Blatt, Ergebnisse einer psychologischen Untersuchung, durchgeführt von Contest, Frankfurt 1962, S. 8 ff.). In dieser Untersuchung heißt es weiter: »Ein gesunder Sinn läßt sie weniger nach einem billigen als vielmehr nach einem günstigen Angebot suchen. Etwas Gutes darf sein Geld kosten . . . Wenn eine besonders günstige Einkaufsquelle entdeckt ist, bedeutet das nicht nur einen finanziellen Vorteil, sondern darüber hinaus wird es als persönlicher Triumph empfunden« (S. 15). *Das Neue Blatt* liefert diese günstigen Tips und damit zugleich die Möglichkeit, die seelische Existenzunsicherheit seiner Leserschichten zu überwinden.

ben. Diese Balance der Identifikation gilt im Prinzip auch für die Schichten oder Gruppen, die mit Status-Idealen aus der eigenen oder einer scheinbar erreichbaren Schicht manipuliert werden[69].

4. *Die schichtenspezifische Anpassung stellt einen manipulativen »sozialen Ausgleich« im Innern des gesellschaftlichen Gefüges her. Der individuell zu zahlende Preis für diesen sozialen Ausgleich ist die permanente Verschränkung der manipulativen Weckung von Bedürfnissen (Scheinsexualisierung) und der Täuschung ihrer Befriedigung.*

Die Individuen werden gleichzeitig atomisiert und einander angeglichen. Die »Verallgemeinerung« der Sexual- und der übrigen Bedürfnisbefriedigung hat zunächst eine mächtige pseudo-demokratische Wirkung. Horkheimer und Adorno drückten diesen Fortschritt der Kulturindustrie so aus: »Der Schritt vom Telephon zum Radio hat die Rollen klar geschieden. Liberal ließ jenes den Teilnehmer noch die des Subjektes spielen. Demokratisch macht dieses alle gleichermaßen zu Hörern, um sie autoritär den unter sich gleichen Programmen und Stationen auszuliefern.[70]« »Alle« haben Autos, Bekleidung im Überfluß, gleichviel Taschengeld. Nur noch durch einen genauen Vergleich kann man — und oft können es nur noch Fachleute und Modefetischisten — einen Anzug aus einem men shop im italo-amerikanischen Stil (zu DM 350,—) von einem analogen Anzug aus dem Kaufhaus (zu DM 198,—) und von einem Anzug aus einem traditionellen Herrengeschäft (zu DM 600,—) unterscheiden.

Den Tauschobjekten, sowohl in der Warenwelt wie in der Sexualsphäre, wird ihr spezifischer Befriedigungscharakter genommen. Die »real existierende« Unzufriedenheit wird aber nicht als Unzufriedenheit über nicht erhältliche und auch nicht als Unzufriedenheit mit den zur Verfügung gestellten Objekten bewußt; diese Unzufriedenheit wird vielmehr verdeckt durch ein nicht nur vordergründiges System von vorgeblichen Befriedigungen, hier durch gesteigerten und noch zu steigernden Konsum, dort durch endgültig nie erreichbare Sexualobjekte. Die Erweiterung der scheinbar möglichen Befriedigung durch bis ins Unendliche gesteigerte Scheinbedürfnisse schafft den für diese Gesellschaft zentralen Zusammenhang von Leistungszwängen (der Orientierung an größerer Befriedigung) und dem damit einhergehenden typischen Frustrationsschicksal des

69 Dies Prinzip der schichtenspezifischen Manipulation haben bereits *Horkheimer und Adorno* in Dialektik der Aufklärung, Frankfurt am Main 1969, hervorgehoben: »Emphatische Differenzierungen wie die von A- und B-Filmen oder von Geschichten in Magazinen verschiedener Preislagen gehen nicht sowohl aus der Sache hervor, als daß sie der Klassifikation, Organisation und Erfassung der Konsumenten dienen. Für alle ist etwas vorgesehen, damit keiner ausweichen kann, die Unterschiede werden eingeschliffen und propagiert« (S. 131).
70 a. a. O., S. 146.

an die Vorlust gefesselten Perversen[71], den es zu immer neuen Leistungen treibt. Durch den Zusammenschluß von permanenter Nichtbefriedigung und Scheinbefriedigung wird auf dem Sektor von Produktion und Konsumtion eine Einsicht ausgeschlossen, oder doch zunehmend erschwert, zu der in den klassischen Klassengesellschaften alle diejenigen relativ leicht kommen konnten, denen die Verfügung über die Produktionsmittel verwehrt wurde: daß man, um sich zu befriedigen, diese Befriedigung jemandem wegnehmen muß (nämlich dem, der sie einem ursprünglich genommen hat — dem Kapitalisten). Durch das Wegnehmen wird sich wenig ändern, scheint der im Kreislauf von Nichtbefriedigung und Scheinbefriedigung Verstrickte zu sagen: Befriedigt wird man doch nie! Durch dieses System des scheinbaren und wirklichen Konsumangleichs, auch in der Sphäre der Sexualität, bei beibehaltenen realen Differenzen des Befriedigungsniveaus, wird es immer schwieriger, aus sozialen und ökonomischen Differenzen politische Konflikte, und damit Ansätze des Klassenkampfes zu entwickeln. Dieses Resultat konnte nur erreicht werden durch die mit den Leistungszwängen und den Methoden der Anpassung und Manipulation praktisch einhergehende Isolierung und Atomisierung der Individuen. Die Individuen werden erst so »gleich« gemacht, daß sie Klassenunterschiede nicht mehr wahrnehmen können, und dann treten sie als »Geschichtete« alle untereinander in Konkurrenz, um wenigstens die Pluspunkte im System der manipulierten Befriedigung zu erlangen.

Es findet — in politischen Kategorien ausgedrückt — eine Verschiebung von kollektiven sozialen Konfliktpositionen, also von Klassenkonflikten, auf individualisierte Leistungs-, Konkurrenz- und Anpassungspositionen statt. Die Tendenz zur ideologischen Verschleierung der Klassenfronten in den spätkapitalistischen Gesellschaften ist in der sozialistischen Diskussion seit geraumer Zeit festgestellt worden. Bei dieser Tendenz handelt es sich aber durchaus nicht nur um eine vordergründig politische »Externalisierung des Klassenkampfes«[72], etwa nur um die Projektion sozialer und politischer Konflikte auf einen äußeren Feind (Kommunismus) und die von daher rückwirkende politische Integration im Innern. Diese Integration wäre auch viel zu anfällig gegen »außenpolitische« Veränderungen. Vielmehr wird diese Projektion nach außen von einer fundamentalen Verschiebung der sozialen Wahrnehmung im Innern ergänzt. Einige der Quellen, aus denen diese Verschiebungen sich speisen, sollten in diesem Kapitel deutlich werden. Sie alle dienen dem Zweck, den Zusammenhang des gesell-

71 Dieser Zusammenhang wird ausgeführt in dem Abschnitt »Narzißtische Objektwahl und Liebe, Mode und endlose Vorlust« des IV. Kapitels.

72 siehe *Reiche und Gäng*, Vom antikapitalistischen Protest zur sozialistischen Politik, *neue kritik*, Nr. 41, S. 18 f.

schaftlichen Lebens uneinsichtig zu machen und als unabänderlich darzustellen. Indem die in ihrer *ökonomischen* Stellung sich angleichenden Bevölkerungsteile der fortgeschrittenen kapitalistischen Länder durch künstliche *soziale* Statusdifferenzierungen gegeneinander abgegrenzt werden, wird der kollektive Ich-Aufbau aller Gesellschaftsmitglieder gestört und die nutzbar gemachten Naturkräfte werden nicht zum kulturellen Aufbau, sondern zur Zerstörung jeglicher Kultur verwendet. Im Zwang solcher Verhältnisse drückt sich das Wesen von Herrschaft ganz unpersönlich aus.

4. Die kulturelle Sexualmoral und die repressive Überwindung der modernen Nervosität

Die Psychoanalyse hat, ausgehend vom Studium seelisch und sexuell gestörter Individuen, zum erstenmal nachgewiesen, »daß der Sexualtrieb des Menschen ursprünglich gar nicht den Zwecken der Fortpflanzung dient, sondern bestimmte Arten der Lustgewinnung zum Ziele hat«[73]. In der Behandlung von Menschen, die entweder zu einer vollwertigen Ausübung des heterosexuellen Geschlechtsverkehrs nicht fähig waren, oder aber diese Weise der Manifestation des Sexualtriebes ablehnten – sei es aus moralischen Gründen (Abstinenz) oder zugunsten anderer, sogenannter perverser oder homosexueller Manifestationen – und die unter diesem Unvermögen, diesen Ablehnungen oder Abweichungen subjektiv litten, war Freud gezwungen, nach den *sexuellen* Bestimmungsgründen dieser Schicksale zu fragen. Durch Beobachtung und durch individuelle Befragung (Analyse) kam er zu dem Schluß, daß der Geschlechtstrieb im Kindesalter sehr wohl schon besteht, daß er aber da noch nicht »zentriert« ist auf den heterosexuellen Geschlechtsakt mit einer Person, sondern zunächst »objektlos, *autoerotisch*« ist:

»Vor allem entstehe Befriedigung durch die geeignete sensible Erregung sogenannter erogener Zonen, als welche wahrscheinlich jede Hautstelle und jedes Sinnesorgan, wahrscheinlich jedes Organ, fungieren könne, während gewisse ausgezeichnete erogene Zonen existieren, deren Erregung durch gewisse organische Verrichtungen von Anfang an gesichert sei. Ferner entstehe sexuelle Erregung gleichsam als Nebenprodukt bei einer großen Reihe von Vorgängen im Organismus, sobald dieselben nur eine gewisse Intensität erreichen, ganz besonders bei allen stärkeren Gemütsbewegungen, seien sie auch peinlicher Natur. Die Erregungen aus all diesen Quellen setzten sich noch nicht zusammen, sondern verfolgten jede vereinzelt ihr Ziel, welches bloß der Gewinn einer gewissen Lust ist. Der Geschlechtstrieb sei also im Kindesalter *nicht zentriert* und zunächst *autoerotisch*.[74]«

Die Sexualbetätigung entwickelt sich aber nicht organisch weiter; sie wird vielmehr von den Vertretungsinstanzen der Kultur, vornehmlich von den Beziehungspersonen in der Familie, in bestimmte Richtungen und Ausdrucksformen gelenkt. Ein entscheidendes Stadium dieser »Lenkung« oder Sozialisation,

73 *Freud*, Drei Abhandlungen zur Sexualtheorie, Fischer Bücherei, Band Nr.. 6044 Frankfurt am Main 1961. S. 126.
74 a. a. O., S. 100.

aber durchaus nicht das einzige, ist der Ödipuskomplex, in dessen Verlauf das Kind lernen muß, 1. auf gleichgeschlechtliche Objekte überhaupt zu verzichten (Trieblenkung), 2. auf gegengeschlechtliche Objekte *jetzt* zu verzichten (Triebaufschub), 3. Mutter und Vater als Sexualobjekte für immer aufzugeben (Inzest-Schranke). Mit diesen Leistungen wird das Fundament für eine Reihe wichtiger sozialer und individueller Fähigkeiten gelegt, von denen die Mehrzahl in sämtlichen Gesellschaften mit differenzierteren Weisen der Produktion, der Kommunikation und der Bedürfnisbefriedigung als unbedingt erforderlich gelten. Eine adäquate, d. h. kulturfähige Lösung des Ödipuskomplexes muß aber bereits auf einer Reihe von vorher erreichten Fähigkeiten aufbauen, deren Fundament in bestimmte Formen der Integration der Partialtriebe auf den vorhergehenden Phasen (orale, anale und phallische) gelegt sein muß.

Es wäre unsinnig und verwirrend davon zu sprechen, daß mit dem Ende des Ödipuskomplexes die kindliche Sexualität unterbunden oder blockiert werde. Die Unterbindung und Blockierung ist selbst Ausdruck einer falschen Lösung des Ödipuskomplexes, die oftmals auf falschen Ablösungen früherer Phasen der sexuellen Entwicklung aufbaut, immer aber pathologische Weisen der späteren, jugendlichen und erwachsenen, sexuellen und charakterlichen Organisation zur Folge haben wird. Ebenso falsch ist es, im Ödipuskomplex — wie in den vorausgegangenen und ihm folgenden Phasen der sexuellen Entwicklung — nur einen psychosexuellen Prozeß zu sehen. Mit diesem Prozeß sind vielmehr auf allen biologisch unterscheidbaren Stufen der physiologischen und sexuellen Entwicklung Fähigkeiten verbunden, die in ihrer Zusammenfassung Ich-Integration genannt werden. So entspricht der Ablösung der oralen Phase das Erlernen der *kognitiven* Fähigkeit zur Ich-Du-Unterscheidung und die ersten Anfänge zur *physiologischen* Beherrschung und Integration der bisher hauptsächlich unkoordinierten Muskeltätigkeit. In der analen, phallischen und ödipalen Phase werden die der sexuellen Entwicklung entsprechenden kognitiven und physiologischen Fähigkeiten quasi systematisch weiterentwikkelt. Dieser Entwicklungsprozeß ist in einem soziologischen Modell der Sozialisation erstmals von Talcott Parsons dargestellt worden[75]. Parsons leugnet allerdings die Eigenständigkeit der biologisch-libidinösen Strebungen (Partialtriebe und erogene Zonen); darum läuft sein soziologisches Modell auf die totale Anpassung des Individuums an die bestehenden gesellschaftlichen Normen hinaus. Daneben besitzt es aber den unverzichtbaren Vorzug, den psychoanalytischen Ansatz der

75 *Talcott Parsons*, Social Structure and Personality, New York 1964, dort besonders das Kapitel: Social Structure and the Development of the Personality — Freud's Contribution to the Integration of Psychology and Sociology.

frühkindlichen Entwicklung mit einer systematischen soziologischen Erklärung zu verbinden. Dabei hat man sich jedoch vor dem Fehler zu hüten, dem nicht nur Parsons, sondern auch »kritische« Soziologen verfallen, nämlich die grundsätzliche biologische Determination dieser frühkindlichen, von Freud als sexuell beschriebenen, Phasen zu leugnen. Freud hat an der biologischen Faktizität dieser Phasen niemals Zweifel gelassen und die späteren empirischen Forschungen haben seine Aussagen generell erhärtet[76]. Sie sind keineswegs nur »generalisierte Symbole«[77], sondern die reale Basis, auf der die sexuelle und charakterliche Entwicklung jeweils aufbaut.

In der sogenannten Latenzperiode, die mit dem Ende des Ödipuskomplexes eingeleitet wird und bis zur Pubertät dauert, wird nach dieser Auffassung die Produktion sexueller Energie keineswegs eingestellt. Diese wird nur »größtenteils zu anderen als sexuellen Zwecken verwendet«:

»In der Latenzperiode würde die Produktion sexueller Energie keineswegs eingestellt, sondern halte an und liefere einen Vorrat an Energie, der großenteils zu anderen als sexuellen Zwekken verwendet würde, nämlich einerseits zur Abgabe der sexuellen Komponenten für soziale Gefühle, andererseits (vermittels Verdrängung und Reaktionsbildung) zum Aufbau der späteren Sexualschranken. Demnach würden die Mächte, die dazu bestimmt sind, den Sexualtrieb in gewissen Bahnen zu erhalten, im Kindesalter auf Kosten der großenteils perversen Sexualregungen und unter Mithilfe der Erziehung aufgebaut. Ein anderer Teil der infantilen Sexualregung entgehe der Verdrängung und könne sich als Sexualbetätigung äußern.[78]«

In der Pubertät soll dann die Zentrierung des Sexualtriebes auf heterosexuelle Ziele endgültig abgeschlossen werden. Freud nennt als die beiden wichtigsten mit der Pubertät gesetzten Veränderungen:

»Die Unterordnung aller sonstigen Ursprünge der Sexualerregung unter das Primat der Genitalzonen und den Prozeß der Objektfindung. Beide sind im Kinderleben bereits vorgebildet. Die erstere vollzieht sich durch den Mechanismus der Ausnützung der Vorlust, wobei die sonst selbständigen sexuellen Akte, die mit Lust und Erregung verbunden sind, zu vorbereitenden Akten für das neue Sexualziel, die Entleerung der Geschlechtsprodukte werden, dessen Erreichung unter riesiger Lust der Sexualerregung ein Ende macht ... Die Objektwahl endlich fanden wir geleitet durch die infantilen, zur Pubertät aufgefrischten Andeutungen sexueller Neigungen des Kindes

76 besonders die Untersuchungen von *René A. Spitz*, Die Entstehung der ersten Objektbeziehungen, Stuttgart 1960; und: Nein und Ja. Die Ursprünge der menschlichen Kommunikation, Stuttgart o. J. (Beiheft zur *Psyche*).

77 so die »soziologistische« Kategorie von Parsons, a. a. O.

78 A. A. O., S. 100.

zu seinen Eltern und Pflegepersonen und durch die mittlerweile aufgerichtete Inzestschranke von diesen Personen weg auf ihnen ähnliche gelenkt. Fügen wir endlich noch hinzu, daß während der Übergangszeit der Pubertät die somatischen und psychischen Entwicklungsvorgänge eine Weile unverknüpft nebeneinander hergehen, bis mit dem Durchbruch einer intensiven seelischen Liebesregung zur Innervation der Genitalien die normalerweise erforderte Einheit der Liebesfunktion hergestellt wird.

Jeder Schritt auf diesem langen Entwicklungswege kann zur Fixierungsstelle, jede Fuge dieser verwickelten Zusammensetzung zum Anlaß der Dissoziation des Geschlechtstriebes werden, wie wir bereits an verschiedenen Beispielen erörtert haben.[79]«

An dieser Entwicklung ist auf zweierlei besonderer Nachdruck zu legen:

1. In der voll entwickelten genitalen Sexualität werden die Partialtriebe nicht verneint, sondern nur der Genitalität »untergeordnet«. Selbst *Unterordnung* ist eine Benennung, die zu stark die repressive Seite der intendierten *Integration* der Partialtriebe während der sexuellen Entwicklung betont. Es sind gewiß nicht-repressive Formen der Integration der Partialtriebe zur vollen, lustfähigen Genitalität vorstellbar. Der genitalen Sexualität entspricht ein »genitaler« Charakter, der durch die Momente der Triebbeherrschung wie der Triebbejahung, der Leistungsfähigkeit wie der vollen Lustfähigkeit, der Aktivität und Disziplin wie der Hingabe und Spontaneität fähig ist. Die spezifische Ausprägung dieser Qualitäten, respektive die Verkümmerung jeweils einer der komplementären Momente, erscheint als individuelle Charakterstruktur eines Individuums *und* als mehr oder weniger starke Unterordnung unter das herrschende Realitätsprinzip (Angepaßtheit), Flucht vor ihm oder zwangshafte Erfüllung des Realitätsprinzips (Neurose) oder kritische Auseinandersetzung mit dem herrschenden Realitätsprinzip (Realitätstüchtigkeit). – Die Menschen, die die genitalen Normen einer Gesellschaft, speziell der unsrigen, zwanghaft und rigide erfüllen, können nicht unbedingt als genitale Charaktere bezeichnet werden. Ihr soziales und sexuelles Verhalten kann darauf hindeuten, daß sie eine volle Genitalstruktur niemals erreicht haben. Gleichermaßen zu schwach, die gesellschaftlichen Normen zu erfüllen und zu schwach, sich gegen sie aufzulehnen, müssen sie ihre nicht-integrierten Partialtriebe zwanghaft von jeder Manifestation fernhalten und sich darum ein scheingenitales Verhalten auferlegen. Den diesem Verhalten entsprechenden Charakter werde ich als genitale Fassade bezeichnen.

79 a. a. O., S. 102 f.

2. »Jeder Schritt auf diesem langen Entwicklungswege kann ... zum Anlaß der Dissoziation des Geschlechtstriebes werden.« Im folgenden sollen die verschiedenen kulturspezifischen Dissoziationen behandelt werden, um aus der Konfrontation ihrer gesellschaftlichen und individuellen Genesis mit dem gegenwärtig herrschenden Realitätsprinzip den heute vorherrschenden sexuellen Typus zu entwickeln: Den Charakter der zwangsweisen Erfüllung genitaler Normen ohne psychisch genitales Fundament, den Charakter der genitalen Fassade.

Die Dissoziationen des Sexualtriebs hat Freud 1. nach dem spezifischen Punkt, der Fixierungsstelle, an der der Entwicklungsweg pathologisch zu werden begann, 2. nach dem Grad der Dissoziation und 3. nach der Form, in der die Dissoziation verarbeitet wurde, aufgeteilt in »zweierlei schädliche Abweichungen von der normalen, das heißt kulturfördernden Sexualität, die sich zueinander nahezu wie positiv und negativ verhalten«[80]. Diese beiden Abweichungen sind einerseits die Neurosen (die Psychosen waren – und sind – der Psychoanalyse aus strukturellen Gründen ihrer Methode weitgehend unzugänglich) und andererseits die *Perversionen* (»bei denen eine infantile Fixierung auf ein vorläufiges Sexualziel das Primat der Fortpflanzungsaktion aufgehalten hat«) und, von diesen strukturell verschieden, die *Homosexualität* (»bei der das Sexualziel vom entgegengesetzten Geschlecht abgelenkt worden ist«). Die überwiegende Mehrzahl der Perversen und der Neurotiker sind pervers oder neurotisch nur *relativ* zu der Kultur, deren Ansprüchen sie nicht genügen wollen oder können. Die *Neurotiker* haben zwar alle kulturell illegitimen und oft sogar die legitimen Manifestationen des Sexualtriebes unterdrückt (verdrängt); aber Verdrängung ist nicht Aufhebung, das Verdrängte kehrt in einer scheinbar nichtsexuellen, aber von der verdrängten Sexualität gespeisten Gestalt wieder. Die *Perversen* sind subjektiv zunächst in einer glücklicheren Lage: Sie haben zuwenig Anteile des »polymorph-perversen« (ursprünglichen) Sexualtriebes unterdrückt und es dadurch niemals zu einer sogenannten vollwertigen Organisation des Triebes, also zu seiner vollen genitalen Ausprägung und der ihr entsprechenden heterosexuellen, auf den Geschlechtsakt gerichteten Fixierung gebracht. Oder aber sie sind nach anfänglicher, meist nur scheinbarer genitaler Heterosexualität auf ein Stadium manifest infantilen Sexualverhaltens regrediert. Diese Regression wird dann triebgenetisch, von der Fixierungsstelle her, auf der die weitere Entwicklung blockiert wurde, als Trieb-Dissoziation beschrieben.

Dabei verzichten durchaus nicht alle pervers sich betätigenden Individuen auf die »Endlust«, die orgastische Entladung der

80 a. a. O., S. 127.

Lustspannung im genital produzierten Orgasmus. Aber für die Perversen spielt die orgastische Produktion entweder eine untergeordnete Rolle, oder der Orgasmus wird nur durch infantile, nämlich Vorlust-Praktiken erzeugt, die von der genitalen Endlust ganz abgespalten sind. Freud faßt die Unterschiede und den Zusammenhang von Neurosen und Perversion so zusammen:

»Bei intensiverem, aber perversem Sexualtrieb sind zwei Fälle des Ausgangs möglich. Der erste, weiter nicht zu betrachtende, ist der, daß die Betroffenen pervers bleiben und die Konsequenzen ihrer Abweichung vom Kulturniveau zu tragen haben. Der zweite Fall ist bei weitem interessanter — er besteht darin, daß unter dem Einflusse der Erziehung und der sozialen Anforderungen allerdings eine Unterdrückung der perversen Triebe erreicht wird, aber eine Art von Unterdrückung, die eigentlich keine solche ist, die besser als ein Mißlingen der Unterdrückung bezeichnet werden kann. Die gehemmten Sexualtriebe äußern sich zwar dann nicht als solche: darin besteht der Erfolg — aber sie äußern sich auf andere Weise, die für das Individuum genauso schädlich sind und es für die Gesellschaft ebenso unbrauchbar machen wie die unveränderte Befriedigung jener unterdrückten Triebe: darin liegt dann der Mißerfolg des Prozesses, der auf die Dauer den Erfolg mehr als bloß aufwiegt. Die Ersatzerscheinungen, die hier infolge der Triebunterdrückung auftreten, machen das aus, was wir als Nervosität, spezieller als Psychoneurosen beschreiben. Die Neurotiker sind jene Klasse von Menschen, die es bei widerstrebender Organisation unter dem Einflusse der Kulturanforderungen zu einer nur scheinbaren und immer mißglückenden Unterdrückung ihrer Triebe bringen, und die darum ihre Mitarbeiterschaft an den Kulturwerken nur mit großem Kräfteaufwand, unter innerer Verarmung, aufrechterhalten oder zweitweise als Kranke aussetzen müssen. Die Neurosen habe ich als ›Negativ‹ der Perversionen bezeichnet, weil sich bei ihnen die perversen Regungen nach der Verdrängung aus dem Unbewußten des Seelischen äußern, weil sie dieselben Neigungen wie die positiv Perversen im ›verdrängten‹ Zustand enthalten.[81]«

Freud nahm an, daß für alle gesellschaftlichen Organisationen ein proportionales Verhältnis zwischen der Höhe der kulturellen Entwicklung (dem Grad der sozialen Differenzierung, der kulturellen und produktiven Leistungen) und dem Maß an Triebunterdrückung bestehe, deren diese Gesellschaft zur Bewahrung ihrer Errungenschaften bedürfe. Er schlägt sich dabei in seinen theoretischen Schriften weder auf die Seite der »Kultur« noch auf die des »Triebes«; er beschreibt nur ihr antagonistisches Verhältnis und kommt immer wieder zu dem Schluß,

81 a. a. O., S. 128.

daß zur Aufrechterhaltung der Kultur oftmals ein unangemessen hoher Preis an Unterdrückung und Krankheit bezahlt werden muß. Diese Unangemessenheit des Preises bemißt er nicht an außerhalb der Psychoanalyse postulierten ethischen Werten, sondern nach der Kultur/Trieb-Bilanz selbst: Die neurotischen Individuen können »ihre Mitarbeiterschaft an den Kulturwerken nur mit großem Kräfteaufwand aufrechterhalten oder müssen als Kranke zeitweise aussetzen«.

»Ich möchte vielmehr auf den Gesichtspunkt aufmerksam machen, daß die Neurose, soweit sie reicht, und bei wem immer sie sich findet, die Kulturabsicht zu vereiteln weiß und somit eigentlich die Arbeit der unterdrückten kulturfeindlichen Seelenkräfte besorgt, so daß die Gesellschaft nicht einen mit Opfern erkauften Gewinn, sondern gar keinen Gewinn verzeichnen darf, wenn sie die Gefügigkeit gegen ihre weitgehenden Vorschriften mit der Zunahme der Nervosität bezahlt.[82]« In seiner Schrift »Die ›kulturelle‹ Sexualmoral und die moderne Nervosität« hat Freud nach der Individualgeschichte der sexuellen Entwicklung ein Schema der Kulturentwicklung aufgestellt, das seine Ansicht unterstreichen soll, daß mit steigender kultureller Entwicklung auch die Triebunterdrückung in diesen Gesellschaften zunimmt. Die letzte der von Freud beschriebenen Stufen fällt dabei auf den ersten Blick mit der höchsten Ausformung der »repressiven Funktion der Sexualität« zusammen:

»Mit Bezug auf die Entwicklungsgeschichte des Sexualtriebes könnte man also drei Kulturstufen unterscheiden: Eine erste, auf welcher die Betätigung des Sexualtriebes auch über die Ziele der Fortpflanzung hinaus frei ist; eine zweite, auf welcher alles am Sexualtrieb unterdrückt ist bis auf das, was der Fortpflanzung dient, und eine dritte, auf welcher nur die legitime Fortpflanzung als Sexualziel zugelassen wird. Dieser dritten Stufe entspricht unsere gegenwärtige ›kulturelle‹ Sexualmoral.[83]«

Dies Schema widerspricht allen anthropologischen Erkenntnissen, aus denen sich eine Kulturgeschichte der sexuellen Entwicklung zusammensetzen ließe, — auch den von Freud selbst referierten anthropologischen Entdeckungen[84]. Wird doch in diesem Schema eine implizite Gleichsetzung von Kultur und *genitaler Kultur* vorgenommen, in welcher zwar, wie auf der »ersten Stufe«, die Sexualität über die Ziele der Fortpflanzung hinaus frei sein könnte, der psychisch-soziale Kontext der physiologischen Genitalität aber grundsätzlich erreicht sei. Dagegen ist Freuds eigener beiläufiger Vergleich von »oral« und »kannibalisch« wirklich ernst zu nehmen, nämlich in dem Sinn,

82 a. a. O., S. 138.
83 a. a. O., S. 126.
84 siehe *Freud*, Totem und Tabu, Fischer Bücherei, Band Nr. 6053, Frankfurt am Main 1956.

daß einem bestimmten individuellen Charakter (oral) eine bestimmte soziale Organisationsform (primitiv, stationär, kannibalisch, etc.) entspricht. Nach dieser Auffassung wäre dann die genitale Sexualität nicht bloß eine individuell ausgeprägte Eigenschaft, egal auf welcher Kulturstufe und unbeschadet deren sozio-ökonomischen Niveaus. Vielmehr würde der genitale Charakter nur bei einer relativ hoch differenzierten ökonomischen Produktionsweise und in einer ihr entsprechenden gesellschaftlichen Organisation ausgebildet werden können, in der entsprechend hohe Ansprüche an die Ich-Funktion des Individuums gestellt werden. Zur Ich-Funktion des Individuums würde in diesem Zusammenhang gehören: bewußtes Begreifen von sozialen und technischen Prozessen, Fähigkeit zur Reflexion und zur gesellschaftlichen Kontrolle, Leistungs-Standards, Fähigkeit zur Triebbeherrschung und Sublimation.

Diese Nachlässigkeit von Freud ist um so auffälliger, als er selbst des öfteren darauf hinweist, daß das einzelne Individuum in seiner Entwicklungsgeschichte (Ontogenese) die gesamte vor ihm geleistete Kulturarbeit (Phylogenese) im Zeitraffer einholen müsse, — bis auf den Teil, der eventuell im Verlauf der Kulturgeschichte bereits vererbt werde. Aus dieser Auffassung hätte die andere als selbstverständlich abgeleitet werden müssen, daß den prägenitalen Stufen der individuellen Sexualentwicklung auch — inzwischen historisch (phylogenetisch) aufgearbeitete — prägenitale Stufen der »kollektiven« Sexualentwicklung, der Kulturgeschichte entsprechen. In Wirklichkeit ist in den ersten beiden »Kulturstufen«, wenn damit vorbürgerliche Gesellschaften gemeint sein sollen, der Sexualtrieb nicht über die Ziele der legitimen Fortpflanzung hinaus *frei*, sondern das genitale Primat ist noch nicht hergestellt und die ihm entsprechende *freie* Organisation des Bewußtseins hat sich gesellschaftlich noch nicht durchgesetzt. Freud konnte zu dieser Einsicht wohl vor allem darum nicht kommen, weil er der bürgerlichen Kultur völlig verhaftet war und alle seine historischen Modelle — auch das urgeschichtliche des Vatermordes — nur in den Kategorien der bürgerlichen Kultur denken konnte.

Die »moderne Nervosität« ist das kollektive Krankheitsbild der von Freud analysierten und beschriebenen Epoche, eben seiner »dritten Kulturstufe«. In ihr leidet eine große Zahl von Individuen so sehr unter der ihnen aufgezwungenen Sexualmoral, daß die kulturellen Endzwecke, derentwegen sie diese Leiden auf sich nehmen sollen, selbst in Gefahr geraten. Zu viele Individuen werden in der Erfüllung »kultureller« Normen und Aufgaben krank und müssen »aussetzen«. Natürlich gab es klassische Weisen, den offen neurotischen Krankheitsausbruch zu vermeiden oder zu verschleiern, so die doppelte

Sexualmoral beim Mann, die Flucht in die Sexualablehnung, in Religiosität und Wohlfahrtsdienst bei der Frau. Doch diese Formen von Neurosenvermeidung trugen nicht nur die Spuren der Krankheit, — das wäre im Interesse der Gesellschaft hingenommen worden, — sondern die neurotischen Erkrankungen und die Versuche ihrer Vermeidung widersprachen selbst mit dem Fortschritt der ökonomischen Entwicklung und der repressiven Weise ihrer gesellschaftlichen Organisation immer stärker den damit einhergehenden »kulturellen« Anforderungen an das exakte soziale Funktionieren der Individuen. Dieser Funktionswandel wurde oben am Beispiel des rigiden Funktionalismus referiert: Einerseits sind im Interesse der Aufrechterhaltung der »Kultur« die rigiden sexuellen Einschränkungen nicht mehr notwendig, andererseits wird im Interesse der Aufrechterhaltung des ökonomischen Reproduktionszusammenhanges eine »Lockerung« derjenigen Sexualmoral direkt erforderlich, die individuelle Neurosen produzierte. Damit treten neben, vielleicht sogar an die Stelle der abgegrenzten »klassischen« Neurosen immer häufiger andere, psychotische Formen kultureller Erkrankungen.

Die »Perversen« dieser untergehenden Epoche hatten sich, idealisierend ausgedrückt, geweigert, die Zwänge der Kultur und ihrer Sexualmoral ganz zu übernehmen. Für diese Widerstandskraft wurden sie belohnt. Sie konnten sich »Verdrängungen ersparen«. Freud spricht von ihnen nicht selten als von Kulturheroen; wenn sie von ihrer Perversion nicht gefangen genommen sind, kann er sie als »gesund, aber in sozial unerwünschtem Maße unmoralisch[85]« darstellen. Diese Einschätzung gilt natürlich nur für den stilisierten Typus des Perversen, der nicht nur der kulturellen Sexualmoral und ihren neurotischen Produkten überlegen ist, sondern in gewisser Weise auch seine eigene Perversion meistert und nicht realitätsuntüchtig wird.

Die frühe und später anhaltende Unfähigkeit zur Triebeinschränkung, besonders aber zum Triebaufschub, die so kennzeichnend für das durchschnittliche Bild der Perversion ist und ihren Träger unfähig macht, die Realität zu ertragen und sich mit ihr auseinanderzusetzen, ist aber auch kennzeichnend für die psychotischen Zusammenbrüche im Erwachsenen- und besonders im Jugendalter, also für die verschiedenen Formen der Schizophrenie, der Paranoia und der unspezifischen Depressionen. In einer schematischen Abkürzung könnte man von allen diesen Individuen sagen: sie sind in der Familie unzureichend sozialisiert worden, sie hatten keine einheitlichen Vorbilder, an denen sie Triebaufschub und Triebkontrolle, Triebspezifizierung und die verschiedenen Formen der Selbstkontrolle hätten lernen können. Diese Qualitäten werden dann von der späteren

85 *Freud*, Drei Abhandlungen . . ., a. a. O. S. 129.

Umwelt (Beruf, Schule, Jugendgruppen, gegengeschlechtliche Sexualpartner in der Pubertät) »plötzlich« um so härter erzwungen. Das psychisch verwahrloste Individuum ist diesen plötzlichen Anforderungen der Realität nicht gewachsen und muß sie darum durch früheste und primitivste Triebabwehr ersetzen. Psychotische Zusammenbrüche sind nur der sichtbarste Ausdruck der verschiedenen Formen des anomischen Verhaltens, das von der manifesten Perversion bis zur klinischen Psychose reichen kann. Sie erfolgen in signifikanten Häufigkeiten bei Kindern und Jugendlichen aus Familien mit manifest inzestuösen Eltern-Kind-Beziehungen, aus Familien mit pathologisch überfürsorglichen (aber in dieser Fürsorge widersprüchlichen) Müttern, oder aus Familien, in denen Mutter und Vater dem Kind extrem widerspruchsvolle und unvereinbare Identifikationsangebote machen und zudem um diese Angebote konkurrieren. Diese Kinder werden nicht mit den zur späteren Realitätskontrolle erforderlichen Fähigkeiten (einheitliche Identifikation und Objektwahl, Entwicklung und Stabilisierung der Ich-Funktion etc.) ausgerüstet. Alle diese in die Perversion oder in die Psychose mündenden Sozialisationsprozesse scheinen gekennzeichnet durch frühkindliche Fehlentwicklungen lange *vor* der ödipalen Phase.

Wenn die Freudschen Kulturstufen überhaupt mit unterschiedlicher gesellschaftlicher und individuell-sexueller Befriedigung zusammenfallen, dann die erste noch am ehesten mit dem Feudalismus, die zweite mit dem Übergang vom Feudalismus zum Kapitalismus und die dritte mit dem durch den Puritanismus charakterisierten Kapitalismus. Danach wäre heute eine »vierte Stufe« erreicht, auf der die Sexualmoral der »legitimen Fortpflanzung als einzig zugelassenem Sexualziel« wieder gelockert wird. Aber diese Lockerung ist nicht identisch mit einer Freiheit über die Ziele der Fortpflanzung hinaus, sondern eine Regression selbst hinter die zwanghafte Genitalität zurück. Historisch kann man dabei von einer kollektiven Dissoziation (Auflösung) der genitalen Triebstruktur sprechen; triebgenetisch, auf das einzelne Individuum bezogen, wird die genitale Stufe der Sexualität nicht mehr, oder nur noch bruchstückhaft, erreicht. Dabei wird insbesondere der Fortschritt vom Autoerotismus zur Objektliebe und vom autonomen Nebeneinander der erogenen Zonen zur Zusammenfassung derselben unter einen bewußt objekt-libidinösen Apparat gehemmt, weil die dazu erforderlichen Sozialisierungsprozesse immer schwächer einsetzen oder ganz ausfallen, auf jeden Fall aber gegenläufige Tendenzen früher und nachhaltiger einsetzen. Die Manifestationen des sich so herausbildenden individuellen und sozialen Charakters und die ihm entsprechende sexuelle Praxis haben große Ähnlichkeiten mit psychotischen Verhaltensweisen.

Endlose Pubertät und sexuelle Freizügigkeit

Die »isolative Angleichung« der Individuen, die uns im letzten Kapitel beschäftigte, beruht vor allem auf drei psychologischen Phänomenen: 1. auf einer Fetischisierung der konsumierten Objekte (der sexuellen und der des »eigentlichen« Verbrauchs) 2. auf einer gleichzeitig zu beobachtenden unterschiedslosen Gleichgültigkeit gegenüber diesen Objekten und 3. auf einer unspezifischen, aber immer gegenwärtigen Angst, die Objekte zu verlieren[86]. Diese Angst scheint das Bindemittel der Angleichung der Isolierten zu sein und ihre Isolation zu verewigen.

Alle diese Phänomene verweisen auf eine Situation im Entwicklungsprozeß des Individuums, die gleichermaßen von Angst und von Objekt-Indifferenz gekennzeichnet ist: Das kleine Kind ist extrem abhängig und schutzbedürftig. Seine lang anhaltende Abhängigkeit ist an sich artspezifisch, das Ziel der Erziehung soll es sein, die Abhängigkeit zu überwinden und aus dem abhängigen Kind einen relativ selbstbestimmten und selbstbewußten Erwachsenen zu bilden. Das kleine Kind ist aber nicht nur abhängig, es ist zunächst auch absolut egoistisch und unsozial; es »liebt« nur seine unmittelbare Befriedigung, ohne Ansehen des Objektes. Es ist, wie Freud sagte, in hohem Maße autoerotisch organisiert. Zur Befriedigung seiner autoerotischen Triebbedürfnisse dienen ihm noch dazu die unterschiedlichsten Lustquellen (erogenen Zonen). Freilich muß das kleine Kind sehr bald feststellen, daß es nicht immer *es selbst* ist, das ihm die Befriedigung gewährt (Modell: daß die lustspendende Brust der Mutter und nicht ihm selbst gehört), sondern daß dies von Personen besorgt wird, von denen es demzufolge *abhängig* ist. Der Prozeß der Realisierung der Abhängigkeit fällt zusammen mit der Bildung der ersten Ich-Kerne (Bewußtseinsbildung). In der Folge soll diese Abhängigkeit durch wachsende Ich-Leistungen überwunden werden. Die Weise, *wie* dies geschieht, wird auf die kulturelle Normalität oder Krankheit des späteren, jugendlichen und erwachsenen Individuums von entscheidendem Einfluß sein.

Gegen diesen Prozeß der familiären Erziehung zur Unabhängigkeit werden von den neuen außerfamiliären Sozialisations-Instanzen, aber unter der Hand und unter dem Einfluß der Familie selber, Gegenmechanismen eingebaut, die geeignet sind, das Individuum auf einem Niveau kontrollierbarer und manipulativer Abhängigkeit zu lassen. Die gegenwärtige, früher einsetzende Familienunabhängigkeit der Individuen

86 Dies Moment wird besonders gut herausgestellt von *W. F. Haug* Waren-Ästhetik und Angst, in *Das Argument*, Nr. 28, Jhg., 1964, S. 27: ». . . die Wirkungsweise manipulativer Reklame: sie bestimmt, was ›liebenswert‹, manipuliert also die latente Angst vor Liebesverlust«.

würde dieser Anschauung nicht widersprechen, sondern sie erklären. Sie weist auf das Ende der klassischen Familienfunktionen, zumal dann, wenn die frühe »Unabhängigkeit« von der Familie nicht das genuine Resultat der Familienerziehung, sondern konträr ein Sieg der außerfamiliären Erziehungs-Instanzen gegen die Familie ist und obendrein diese Unabhängigkeit von der Familie sich darstellt als erhöhte Abhängigkeit von anderen Instanzen.
Dadurch wird das klassische Kulturziel der pubertären Umgestaltung nicht mehr erreicht, sondern das Individuum in einer *endlosen Pubertät* gehalten. Wie geschildert, ist die Pubertät das Stadium, in welchem als definiertes Kulturziel die »Unterordnung aller sonstigen Ursprünge der Sexualerregung unter den Primat der Genitalzonen und der Prozeß der Objektfindung« einsetzen soll. Dieses Objekt ist als gegengeschlechtlich und außer-familiär (nicht-inzestuös) definiert; es soll außerdem nur im Singular vorgestellt werden. Die Unterordnung unter den Primat der Genitalität und die ihr entsprechende reife Objektbesetzung kann aber nur gelingen, wenn an die Stelle der früheren ambivalenten (aus Liebe und Haß zusammengesetzten) *Identifikation* mit den Eltern, die die Eltern-Kind-Beziehung der Latenz-Zeit kennzeichnen, eine *Ablösung* der Eltern überhaupt erfolgen *kann,* wenn der Sohn bzw. die Tochter in der kämpferischen Auseinandersetzung mit Vater und Mutter Selbständigkeit und Selbstbewußtsein ausbilden kann. Dieser Ablösungsprozeß scheint heute, durch den ökonomisch und historisch (vor allem in Deutschland durch den Faschismus) bedingten Autoritätsverlust der Eltern äußerlich erleichtert, aber zur gleichen Zeit innerlich erschwert zu werden. Dazu schreiben A. und M. Mitscherlich: »Durch die Verringerung überzeugender väterlicher Autorität innerhalb der Familie hat das Kind eine viel größere Möglichkeit als früher, seine ödipalen Konflikte offen auszutragen. Dieser Prozeß bringt nicht nur größere Freiheit, sondern er kann auch größere Richtungslosigkeit zur Folge haben, da das Objekt, Vater oder Mutter, gegen das sich der offene Protest richtet, weniger Aggression an sich zu binden vermag.[87]« Die Eltern vermögen natürlich nur deshalb weniger Aggression an sich zu binden, weil sie real ohnmächtig geworden sind. Man kann sie zwar noch bekämpfen, richtig auseinandersetzen, an ihnen abarbeiten kann man sich nicht mehr. In dieser Situation müssen Söhne und Väter auf ein gleich infantiles Stadium regredieren: »Väter und Söhne scheinen gleichermaßen auf der Suche nach einem ›Vater‹ — einem Übervater, — dem sie aber ambivalent gesonnen sind und den sie so leicht als Ideal nicht anerkennen wollen[88].«

87 a. a. O., S. 230.
88 a. a. O., S. 231.

Durch diese äußerlich bedingte Erleichterung der Ablösung von den Eltern gelingt es den Kindern nicht leichter, selbst die »Elternrolle« zu übernehmen, verantwortungsvolle, selbstbewußte und liebesfähige Erwachsene zu werden. Zudem wird diese Ablösung ungeheuer erschwert, weil an die Stelle der schwachen Eltern die überstarken außer-familiären Sozialisationsinstanzen getreten sind, gegen die ein Widerstand darum so schwer ist, weil diese Instanzen sich nicht personalisieren lassen und weil die Kinder das *Widerstehen* gar nie richtig gelernt haben; ihre Familien waren zu schwache Übungsfelder dafür. So erfolgt – im Modell – gar keine richtige Ablösung, sondern nur eine Übertragung prä-ödipaler, ambivalenter Identifikationen. Mitscherlich charakterisiert dies Verhältnis so: »Sie protestieren nicht, sind aber auch nicht ›brav‹, vielmehr erinnern sie uns an die von Anna Freud beschriebenen Waisenkinder, bei denen die normale Mutterbindung schon früh durch den Verlust unterbrochen wurde, ohne daß dafür ein Ersatz gefunden wurde. Bei diesen Kindern treten nach einem verhältnismäßig normalen Entwicklungsverlauf in der Kindheit schwere Störungen in der Pubertät auf.[89]«
Es kann natürlich kein Zweifel darüber bestehen, daß auch die neuen, außer-familiären Sozialisations-Agenten die klassischen Forderungen nach den Umgestaltungen der Pubertät zu ihren, offenen oder versteckten, aber stets zentralen Anpassungsnormen erheben. Diese »Agenten« verfahren dabei in einer Weise, die das Individuum immer in einer unglücklichen Spannung der Objektsuche und in einer tendenziell unbefriedigenden Sexualspannung belassen muß. Freud hatte die »Umgestaltung der Pubertät« in einem schönen Bild so charakterisiert: »Die Normalität des Geschlechtslebens wird nur durch das exakte Zusammentreffen der beiden auf das Sexualobjekt und Sexualziel gerichteten Strömungen, der zärtlichen und der sinnlichen, gewährleistet, von denen die erstere in sich faßt, was von der infantilen Frühblüte der Sexualität erübrigt. Es ist wie der Durchschlag eines Tunnels von beiden Seiten her.[90]« Es hat den Anschein, als sei es das erklärte Ziel der neuen Sozialisations-Instanzen und Manipulations-Agenten, daß von beiden Seiten her wie wild gebohrt werde, aber in Richtungen, die sich immer knapp verfehlen müssen, die niemals ans Tageslicht führen, sondern immer in der Dunkelheit von Angst, Unsicherheit und Spannung bleiben müssen.
Dieser Widerspruch ist jedenfalls konstitutiv für die gesamte manipulative Reklame, für die Sexualisierung in Filmen und Zeitschriften und für die Ausdrucksformen der neuen Jugendbeziehungen in Mode, Tänzen und Musik. Immer wird eine un-

89 a. a. O., S. 238.
90 *Freud*, Drei Abhandlungen . . ., a. a. O., S. 78.

terschiedslose Vielzahl von Sexualobjekten, die fetischistisch an die unkoordinierten Partialtriebe appellieren, angeboten; von Objekten, die man ›haben muß‹, die zugleich ewige Befriedigung und Glück versprechen und einen sofort nach ihrer Inbesitznahme zwingen, nach neuen Objekten Ausschau zu halten.

So war für das klassische pubertäre Liebesleben die Äußerung konstitutiv, daß die Objekt-Suche (oder der Prozeß der »Objekt-Findung«) noch nicht abgeschlossen ist, sondern daß der Jugendliche nach dem Prinzip der »narzißtischen Objektwahl« vorgeht. Zwar verliebt er sich heiß und innig in alle scheinbar möglichen und unmöglichen Objekte, er kann dabei sogar zwischen homosexueller und heterosexueller Objektwahl in erstaunlichem Maße schwanken. Das allgemein so bezeichnete »Unernste« an diesen Liebesbeziehungen besteht wohl darin, daß es dem Jugendlichen mit einer dem reifen Erwachsenen unbekannten Schnelligkeit gelingt, seine Liebe oder Anbetung oder Verehrung von einer Person oder Sache abzuziehen und auf eine andere Person oder Sache bruchlos zu übertragen. Anna Freud sagt zu diesen Liebesbindungen: »Diese stürmischen und wenig haltbaren Liebesbindungen der Pubertät sind gar keine Objektbeziehungen im erwachsenen Sinn des Wortes. Es sind Identifizierungen der primitivsten Art, wie wir sie etwa in der ersten Entwicklung des Kleinkindes, vor Beginn aller Objektliebe, kennenlernen können. Die Treulosigkeit der Pubertät andererseits wäre dann gar kein Liebes- oder Überzeugungswechsel innerhalb des Individuums, sondern ein durch den Wechsel der Identifizierung bedingter Persönlichkeitsverlust.[91]« Andererseits haben aber diese klassischen Liebesbindungen der Pubertät ein hohes Maß an Spontaneität und Offenheit, welche die – oft resignierten – Liebesbindungen der Erwachsenen so schmerzlich vermissen lassen.

Die Liebesbindungen, die mit dem Begriff der »endlosen Pubertät« gemeint sind, lassen nun aber sowohl die reife Standhaftigkeit der erwachsenen Objektbeziehungen als auch die überströmende Offenheit der pubertären Identifizierungen vermissen. Sie scheinen von Anfang an einer festen Objektbesetzung gar nicht fähig zu sein und auch nicht das Maß an glücklicher narzißtischer Besetzung zu besitzen, das notwendig wäre, um zu den bekannten, subjektiv aufrichtigen, überströmenden pubertären Liebesbeziehungen zu gelangen. Diese »Liebenden« können das Stadium der Pubertät nicht überwinden, vor allem darum, weil ihnen die vorpubertären psychischen und emotionalen Grundlagen fehlen, deren sie bedürften, um die Pubertät überhaupt richtig entfalten zu können. Es muß bei ihnen, wenn sie den Geschlechtsverkehr wirklich aufnehmen, entweder zu – mindestens vorübergehenden – neurotischen Stö-

91 *Anna Freud,* Das Ich und die Abwehrmechanismen, München 1964, S. 132.

rungen kommen (wie etwa der vaginalen Anästhesie bei der Frau) oder aber zu den ihnen entsprechenden, eher perversen Einstellungen, wie etwa dem Don-Juanismus (neurotischer Schürzenjägerei) beim Mann.
Am Beispiel des klassischen und des »neuen« Don-Juanismus kann diese angepaßte Form der Perversion erklärt werden, deren Träger weder anomisch, noch rebellisch, noch sichtbar krank (neurotisch im Sinne der Gesellschaft) noch auch eigentlich pervers sind. Der klassische Don-Juanismus ist im psychoanalytischen Modell ein Schicksal aus dem Bereich der latenten Homosexualität. Sein Träger hat ein ›schiefes‹ Identifikations-Schicksal mit seinem Vater erlitten. Wenn er in seinem späteren Leben von Schürze zu Schürze wechselt, um jede für Tage oder auch nur für Stunden zu verehren und zu begehren und sie, wenn sie seinen Wunsch erhört hat, ins Unglück stürzt, rennt er »in Wirklichkeit« hinter seiner Mutter her und tut ihr in einem Wiederholungszwang die Schmerzen an, die sie ihm in der ödipalen Phase zugefügt hatte, als er in der Konkurrenz gegen seinen Vater so vollkommen unterlag, daß ihm selbst eine (die offene Homosexualität ermöglichende) Identifikation mit der Mutter verwehrt wurde. Dieser klassische Don Juan wird aber für sein Verhalten mit dem neurotischen Symptom der erektiven oder ejakulativen Impotenz »bestraft« und so ständig auf seine Krankheit aufmerksam gemacht. Er leidet unter ihr. – Der Dorian Gray des Oscar Wilde ist ein solcher Don Juan und gleichzeitig ein »endlos Pubertierender« (er bleibt ewig jung). Zwar wird uns nichts über offene neurotische Symptome bei ihm berichtet, aber immerhin ist er rauschgiftsüchtig und muß zum Mörder an dem werden, der ihm das Geheimnis seiner »endlosen Pubertät« offenbart.
Der »Bestrafung« durch die Neurose scheinen die zeitgemäßen Formen des Don-Juanismus zu entgehen. In den spätkapitalistischen Gesellschaften wird gegenwärtig ein System des Don-Juanismus institutionalisiert, das in sich so geschlossen ist, daß es die traditionellen Kulturschäden (der neurotischen Erkrankungen mit Krankheitseinsicht) mit der Zeit immer mehr eliminieren wird. Dieses System wurde bisher als der von der Herrschaft zugestandene größere Spielraum sexueller Freizügigkeit diskutiert; sie ist aber nur die Oberfläche einer Wandlung, die zum zweiten Mal in der Geschichte des Kapitalismus »an den Grund der Sozialcharaktere rührt[92]«. Mit der Zeit wird dieser Spielraum sich noch erweitern, er wird heute schon immer umfassender propagiert. Die Jugendzeitschriften sind ein Indiz dafür, von denen es in den USA viel deutlichere gibt, wie wir noch sehen werden.

92 Diese schöne Formulierung stammt von *Max Horkheimer*, Die Juden und Europa, in *Zeitschrift für Sozialforschung*, Jhg. VIII, Paris 1939, S. 118.

Dieses System beruht unter anderem auf einer Lockerung der Objektbesetzungen, bzw. auf einer neuen Richtung in der Sozialisation, durch die feste Objektbesetzungen überhaupt ausgeschlossen werden. Nach dieser Anschauung wären die heute noch zu beobachtenden, und in Wirklichkeit ja überaus häufigen neurotischen Erkrankungen und sonstigen subjektiv realisierten sexuellen Konflikte zu einem Teil auf das hartnäckige Überleben der alten Fähigkeit zur Objektbesetzung und zu einem anderen Teil auf die objektiven Ungleichzeitigkeiten und Widersprüche zwischen den einzelnen Erziehungsinstitutionen zurückzuführen, die im optimalen Fall geeignet sind, dem Individuum einen Hauch von den antagonistischen Widersprüchen unserer Gesellschaft zu vermitteln. In der Tat setzen wir ja auch an diesen Widersprüchen der Institutionen mit unserer politischen Arbeit an, wenn wir so unterschiedliche Phänomene wie die Automation in den Betrieben, die Feudalstruktur der Universität und ihre finanzielle Austrocknung oder die Sexualfeindschaft der Schulinstitutionen zu Themen der politischen Aufklärung machen.

Narzißtische Objektwahl und Liebe, Mode und endlose Vorlust

Die bis jetzt dargestellten Mechanismen und Veränderungen beschreiben eine *Tendenz* der Sexualität in unserer Gesellschaft. So werden wir bis jetzt immer noch sagen: Die Individuen werden nicht unfähig zu heiraten, monogam zu lieben, Kinder zu zeugen und aufzuziehen, die Sexualität streng von der Arbeit zu trennen etc. Das alles sollen sie sogar. Aber diese Fähigkeiten verlieren den integrativen Zusammenhang, den sie – wenn auch nur in den wenigsten Fällen *wirklich* – im Prinzip in der bürgerlichen Gesellschaft hatten. An die Stelle dieser Zusammenhänge treten veräußerlichte und aufgespaltene – gewissermaßen geschichtslose – Zwänge *und* Freiheiten, die sich gegenseitig ergänzen. Dabei können die gesteigerten Freiheiten dazu dienen, die steigenden Zwänge zu rechtfertigen. Ein einfaches Beispiel: Wenn es fast-institutionalisierte Freiheiten in der Ehe gibt, die besagen, daß die Ehepartner sich auf eine Regel des »nicht-störenden« oder gar des »notwendigen« außerehelichen Verkehrs einzustellen haben, wird der durch die Ehe charakterisierte und permanent durchgesetzte soziale Zwang erträglicher, legitimer, undurchschaubarer, – wird der »neue Sinn« der Ehe als Klammer direkter Anpassung besser durchsetzbar. Um besser verstehen zu können, woher dieses System der direkten Anpassung seinen Zement bezieht und auf welche Klammern es immer wieder zurückgreifen kann, müssen wir einige weitere Mechanismen dieses Systems studieren, die an die im letzten Abschnitt diskutierten unmittelbar anschließen.

Der *Narzißmus* ist mit dem Autoerotismus nicht so unmittelbar identisch, wie es bisher erschienen sein mag. Vielmehr entwickelt er sich erst aus diesem, zusammen mit der Entwicklung des »Ich« aus der ursprünglich infantilen Ich-Es-Einheit[93]. Nach der psychoanalytischen Konstruktion erhält das Individuum während der Ichbildung zwei ursprüngliche Sexualobjekte: »Wir sagen, der Mensch habe zwei ursprüngliche Sexualobjekte: sich selbst und das pflegende Weib, und setzen dabei den primären Narzißmus jedes Menschen voraus, der eventuell in seiner Objektwahl dominierend zum Ausdruck kommen kann[94].« Nach der Analyse des frühkindlichen Schicksals dieser beiden Sexualobjekte kommt Freud zur Unterscheidung von zwei Typen der Objektwahl beim kindlichen und erwachsenen Individuum. Den ersten nennt er den *Anlehnungstypus* und faßt darunter vornehmlich das, was ich bisher mit der Kategorie der Objektbesetzung zu beschreiben versucht habe (das Modell dieser – anaklitischen – »Anlehnung« ist die lustspendende Abhängigkeit des Kindes von der Mutter); den zweiten Typ nennt er *narzißtische Objektwahl* (sich selbst als Liebesobjekt nehmen)[95]. Beide Typen bauen auf der Konstruktion des »primären Narzißmus« auf; damit ist gemeint eine Libidoposition des Individuums, von der aus libidinöse Impulse und Strebungen nach außen gesandt werden (z. B.: eine andere Person wird »geliebt«). Der zweite Typ ist nun dadurch charakterisiert, daß diese libidinösen Impulse vorwiegend auf die eigene Person gerichtet werden; darum wurde solches Verhalten auch als »sekundärer Narzißmus« bezeichnet.

Freud konnte diese Unterscheidung auf die typisch »männliche« und »weibliche« Objektwahl übertragen. Dies entsprach sowohl der Sexualpraxis der von ihm ausschließlich analysierten »wohlhabenden Oberschicht der Gesellschaft[96]« als auch den allgemeinen Standards des sexuellen Verkehrs und der Partnerwahl in den kapitalistischen und ihnen vorausgegangenen Herrschaftssystemen:

»Die Vergleichung von Mann und Weib zeigt dann, daß sich in

93 *Freud* fragt in: Zur Einführung des Narzißmus, Band X, S. 141 f.: »Wie verhält sich der Narzißmus . . . zum Autoerotismus? . . . Es ist eine notwendige Annahme, daß eine dem Ich vergleichbare Einheit nicht von Anfang an im Individuum vorhanden ist; das Ich muß entwickelt werden. Die autoerotischen Triebe sind aber uranfänglich; es muß also irgend etwas zum Autoerotismus hinzukommen, eine neue psychische Aktion, um den Narzißmus zu gestalten«.

94 a. a. O., S. 154.

95 ebenda. – Die Unterscheidung dieser beiden Typen baut auf der Unterscheidung von Ichtrieben und sexuellen Trieben auf, einer Unterscheidung, die Freud später zugunsten des Triebpaares Sexualität und Destruktion fallengelassen hat. Die Unterscheidung dieser beiden Typen der Objektwahl ist dennoch richtig.

96 *Freud* gebraucht diese Formulierung in einem Aufsatz, der die soziale Beschränktheit der Psychoanalyse als Therapie kritisch reflektiert: Wege der psychoanalytischen Therapie, Band XII, S. 192.

deren Verhältnis zum Typus der Objektwahl fundamentale, wenn auch natürlich nicht regelmäßige, Unterschiede ergeben. Die volle Objektliebe nach dem Anlehnungstypus ist eigentlich für den Mann charakteristisch. Sie zeigt die auffällige Sexualüberschätzung, welche wohl dem ursprünglichen Narzißmus des Kindes entstammt und somit einer Übertragung desselben auf das Sexualobjekt entspricht. Diese Sexualüberschätzung gestattet die Entstehung des eigentümlichen, an neurotischen Zwang gemahnenden Zustandes der Verliebtheit, der sich so auf eine Verarmung des Ichs an Libido zugunsten des Objektes zurückführt. Anders gestaltet sich die Entwicklung bei dem häufigsten, wahrscheinlich reinsten und echtesten Typus des Weibes. Hier scheint mit der Pubertätsentwicklung durch die Ausbildung der bis dahin latenten weiblichen Sexualorgane eine Steigerung des ursprünglichen Narzißmus aufzutreten, welche der Gestaltung einer ordentlichen, mit Sexualüberschätzung ausgestatteten Objektliebe ungünstig ist. Es stellt sich besonders im Falle der Entwicklung zur Schönheit eine Selbstgenügsamkeit des Weibes her, welche das Weib für die ihm sozial verkümmerte Freiheit der Objektwahl entschädigt. Solche Frauen lieben, streng genommen, nur sich selbst mit ähnlicher Intensität, wie der Mann sie liebt. Ihr Bedürfnis geht auch nicht dahin zu lieben, sondern geliebt zu werden, und sie lassen sich den Mann gefallen, welcher diese Bedingung erfüllt.[97]«

Dies fügt sich gut zu der Annahme, daß die gegenwärtig produzierten und vorherrschenden Typen der Objektwahl immer weniger rein die eine (anaklitische, liebende) oder andere (narzißtische, geliebt werden wollende) Form der Objektwahl auf sich vereinigen. Vielmehr beginnt sich bei *beiden* Geschlechtern ein »Gemisch« aus beiden Formen auszubilden: Sie werden narzißtisch gehalten wie die bürgerliche Frau, ohne jedoch mit deren »Selbstgenügsamkeit« konkurrieren zu können. Und sie lieben wie der Mann, aber ohne dessen »Kraft, Verdrängungen aufzuheben und Perversionen wieder herzustellen[98]« und sie können noch weniger als dieser auf eine Chance der Erfüllung ihrer Verliebtheit in der realen Liebe rechnen. Denn im Extremfall ist kein Partner mehr da, der noch zur Liebe fähig wäre, sondern nur mehr Personen, die auf eine narzißtische Erweiterung ihres schwachen Ichs angewiesen sind.

Die *Verliebtheit* des bürgerlichen Mannes, den Freud analysierte, war gekennzeichnet durch ein Überströmen der narzißtischen Libido auf das Objekt. Dabei erhob sie das Sexualobjekt zum »Sexualideal«. Dagegen »liebte« man nach dem

97 *Freud*, Zur Einführung des Narzißmus, Band X, S. 154 f.
98 a. a. O., S. 168.

Typ der narzißtischen Objektwahl »das, was man war und eingebüßt hat, oder was die Vorzüge besitzt, die man überhaupt nicht hat[99]«; im Idealfall hatte »die Frau« diese Vorzüge und brauchte nicht einem »Ich-Ideal« nachzujagen, sondern konnte »selbstgenügsam« sich selbst im Geliebtwerden erkennen. Also sind nach dieser Anschauung *Lieben* und *Geliebtwerden* klar zu trennen; das eine war »Sehnen, Entbehren, setzte das Selbstgefühl herab«, das andere hob dieses Selbstgefühl, auch dann, wenn man nicht »wirklich« liebte. Der Zustand, wo beides zusammenfiel, war dann gekennzeichnet als *reale glückliche Liebe*, man liebt und wird geliebt, — nach Freud ein »Urzustand«, nach unserem Begriff ein utopischer Zustand, »in welchem Objekt- und Ichlibido voneinander nicht zu unterscheiden sind[100]«.

An die Stelle dieser — von Freud emphatisch so gemeinten — realen glücklichen Liebe treten gegenwärtig immer häufiger und deutlicher neue neurotische Formen von Verliebtheit, denen sowohl die Kraft zur Objektbesetzung fehlt, als auch die Kraft, eine Ich-Minderung (durch Libido-Abgabe) aushalten zu können, als auch die Selbstgenügsamkeit des (so konstruierten) narzißtischen Individuums. Die Position, von der aus das ›bürgerliche Individuum‹ seine Libido aussandte, war das *starke Ich.* In der Erziehung und Integration durch Familie und Gesellschaft hatte dieses idealtypische Individuum gelernt, seine Triebansprüche (das »Es«) mit der Außenwelt und mit den moralischen und ethischen Normen der verinnerlichten Erziehungsträger (das »Über-Ich«) zu vermitteln; dabei hatte es eben dieses mehr oder weniger starke »Ich« ausgebildet. Zu der starken und autonomen Ich-Position gehören sowohl ein bestimmtes Maß an Triebstärke als auch an Triebaufschub unmittelbarer Impulse (hohe Frustrationstoleranz), als auch an Triebverarbeitung (Sublimierung). Dieses Verhältnis, von dem wir eigentlich sprechen, wenn wir »Libidoposition« oder wenn wir »Fähigkeit zur Objektbesetzung« oder »reife genitale Sexualität« sagen, scheint sich, wie im letzten Abschnitt angedeutet, derzeit nachhaltig zu verschieben. Dabei ist diese Verschiebung nicht gleichzusetzen mit einer durchgängigen Lockerung der Triebschranken, auf die Mitscherlich hinauskommt, wenn er von der »schrankenlosen Befriedigung« der heutigen Jugend spricht: »Schrankenlose Befriedigung bringt mit sich, daß der junge Mensch frühzeitig durch Lusterfahrungen, die er nicht zu beherrschen lernt, domestizierbar und manipulierbar gemacht wird. Was ihm als Freiheit angeboten wird, ist die Förderung eines früh entstandenen und fixierten süchtigen Verhaltens. Sexualität wird als Suchtmittel erlebt, dient also genau

99 loc. cit.
100 ebenda, S. 167.

genommen nur der Selbstbefriedigung und ist an keinen Austausch der Gefühle, keine Einfühlung geknüpft.[101]« Das Resultat ist zwar die ›angepaßte Perversion‹. Aber es handelt sich dabei nicht um eine schrankenlose Befriedigung, sondern um eine ziemlich genau gesteuerte. Die Basis, an der diese manipulierte Befriedigung ansetzt, ist das, was Mitscherlich die »Ich-Schwäche des Menschen gegenüber den Triebforderungen wie den gesellschaftlichen Zwängen[102]« nennt, — also ein Ich, das nicht genügend ausgebildet ist, zwischen dem Es und dem Über-Ich plus Außenwelt zu vermitteln. Auf das Ich hämmern nun Triebforderungen und gesellschaftliche Zwänge gleichermaßen »von außen« ein. Die Triebstruktur dieser Individuen ist zu wenig auf den »genitalen Primat« vorbereitet worden. Aber es scheint nicht, daß sie süchtig werden wegen mangelnder Triebeinschränkung, sondern wegen mangelnder Triebausbildung *und* wegen mangelnder Ich-Ausbildung (die man beide gerade nicht derart koppeln darf, als ob mit dem Steigen der einen die andere sinke). Diese Individuen erscheinen ›absichtlich‹ mit einem schwachen Ich ausgestattet und werden dann ab dem Jugendalter mit gezielten sexuellen Lockerungsübungen gefügig gehalten. Diese »Lockerungen« — das sind sie ja nur von einem historischen Blickpunkt aus — knüpfen individuell an eine mangelnde Triebausbildung an, d. h. an die Unfähigkeit, die Partialtriebe zusammenzufügen. Ich kann nicht angeben, wie dies Verbleiben der Partialtriebe auf einem infantilen (nicht zusammengefügten) Stadium im einzelnen mit dem Verbleiben der Ich-Funktionen auf einem infantilen (abhängigen und schwachen) Entwicklungsniveau zusammenhängt. Sicher ist, daß diese Individuen die Tendenz zeigen, unter dem ihnen kulturell aufgezwungenen »genitalen Primat« zusammenzubrechen, wenn dieser Primat nur noch eine äußere Fassade ist, die durch prägenitale Appelle permanent angegriffen wird. Sie verhalten sich — allerdings in gesellschaftlich angepaßter und »unauffälliger« Form — wie die Perversen bei Freud[103] oder die Trieb-Verbrecher aus der Studie »Sex-Offenders« der Kinsey-Gruppe[104], die nach anfänglichen »normalen« hetero-sexuellen Kommunikationsversuchen in der Nach-Pubertät bei den ersten Widerständen, die sich ihrer im Grunde infantilen Sexualorganisation entgegenstellen, auf

101 *Mitscherlich*, a. a. O., S. 290.
102 a. a. O., S. 286.
103 Dazu *Freud*, Ein Kind wird geschlagen, Band XII, S. 213: »Man findet nämlich häufig genug bei diesen Perversen, daß auch sie, gewöhnlich in der Pubertätszeit, einen Ansatz zur normalen Sexualtätigkeit gebildet haben. Aber der war nicht kräftig genug, wurde vor den ersten, nie ausbleibenden Hindernissen aufgegeben, und dann griff die Person endgültig auf die infantile Fixierung zurück«.
104 Dazu *Gebhard u. a.*, Sex Offenders, New York 1965, S. 75: ». . . Als Kind hatte er befriedigende vorpubertäre Sex-Spiele mit Mädchen, aber in der ersten nachpubertären Zeit mußte er feststellen, daß seine weiblichen Kameraden viel schwieriger im Umgang geworden waren. Die Zeit der gegenseitigen Forschungen

manifest infantile Weisen der sexuellen Befriedigung regredieren.

Diese scheingenitalen Individuen müssen sich ab einem bestimmten Alter ständig den Nachweis genitaler Funktionsfähigkeit vermittels heterosexueller Praxis (Koitus oder Petting) erbringen, um gesellschaftlich anerkannt zu werden. Aber sie sind für diese Praxis nicht richtig ausgestattet, nämlich nicht zur Objektwahl fähig. Sie sind infantil-narzißtisch organisiert und besitzen doch nicht die Unabhängigkeit der selbstgenügsamen Narzißten; sie sind prägenital organisiert, und doch verkehren sie ständig und oft wie unter Zwang genital miteinander. Es ist offen, wie weit der Begriff »süchtig« dies Verhalten faßt. Er deutet auf eine triebhafte Verfallenheit hin, die manchen Perversionen eigen sein mag; die Personen des Typs, die ich als gesellschaftliche Tendenz beschreibe, sind weit eher »brav« (wie von Anna Freud benannt). Eigen ist ihnen aber gewiß, wie vielen perversen Individuen, ein Verharren auf der sogenannten *Vorlust,* eine Unfähigkeit zur sexuellen Befriedigung durch die Endlust, also ein, vielleicht bewußt oft nicht registriertes, Verhaftetsein an einen permanenten sexuellen Spannungszustand. Was ist damit gemeint?

Die psychoanalytische Theorie formuliert auf Grund ihrer Studien neurotischer Abläufe die Einsicht, daß sexuelle Spannungszustände, gleichgültig wo sie auftreten oder wie sie stimuliert werden, durch ein *Unlustgefühl* (Unlustspannung) gekennzeichnet sind. Dieses Unlustgefühl arbeitet als Motor der »Veränderung der psychischen Situation«. Die »letzte Lust«, der Orgasmus, ist dann nach der Lustintensität die höchste, weil intensivste Energieabfuhr; sie ist »ganz durch Entlastung hervorgerufen, ist ganz Befriedigungslust und mit ihr erlischt zeitweilig die Spannung der Libido[105]«. Nach diesem charakteristischen Ablauf der Sexualbefriedigung durch einen Lust-Unlust-Mechanismus kann an ihr die *Vorlust* von der *Endlust* unterschieden werden:

»Es scheint nicht unberechtigt, diesen Unterschied in dem Wesen der Lust durch Erregung erogener Zonen und der ande-

und Spiele ohne Scham war vorbei, die Mädchen stellten jetzt soziale Ansprüche und verhielten sich irgendwie erwachsen in bezug auf die Sexualität. Der Junge fühlte sich linkisch und verlegen bei Mädchen seines eigenen Alters, eine typische frühe Teenager-Situation, aber anders als der typische Teenager antwortete er auf diese Situation, indem er zu Mädchen vorpubertären Alters zurückkehrte. Das führte zu seiner ersten Arretierung . . .«.

105 *Freud,* Drei Abhandlungen . . ., S. 81. – Dort heißt es auf S. 80 über den »Unlustcharakter«: »Trotz aller in der Psychologie darüber herrschenden Meinungsverschiedenheiten muß ich daran festhalten, daß ein Spannungsgefühl den Unlustcharakter an sich tragen muß. Für mich ist entscheidend, daß ein solches Gefühl den Drang nach Veränderung der psychischen Situation mit sich bringt, treibend wirkt, was dem Wesen der empfundenen Lust völlig fremd ist. Rechnet man aber die Spannung der sexuellen Erregtheit zu den Unlustgefühlen, so stößt man sich an der Tatsache, daß dieselbe unzweifelhaft lustvoll empfunden wird. Überall ist bei der durch die Sexualvorgänge erzeugten Spannung Lust dabei . . .«.

ren bei der Entleerung der Sexualstoffe durch eine Namengebung zu fixieren. Die erste kann passend als *Vorlust* bezeichnet werden im Gegensatz zur *Endlust* oder Befriedigungslust der Sexualtätigkeit. Die Vorlust ist dann dasselbe, was bereits der infantile Sexualtrieb, wenngleich in verjüngtem Maße, ergeben konnte; die Endlust ist neu, also wahrscheinlich an Bedingungen geknüpft, die erst mit der Pubertät eingetreten sind. Die Formel für die neue Funktion der erogenen Zonen lautet nun: Sie werden dazu verwendet, um mittels der von ihnen wie im infantilen Leben zu gewinnenden Vorlust die Herbeiführung der größeren Befriedigungslust zu ermöglichen.[106]«

Man darf sich die Fähigkeit zur Erreichung der Endlust gewiß nicht so vorstellen, als sei sie mit der organischen Ausbildung der primären Geschlechtswerkzeuge mechanisch verknüpft. Freud behauptet das auch gewiß nicht, wenn er sie physiologisch von der »Entleerung der Sexualstoffe« abhängig macht. Die hohen Raten von psychisch bedingter Impotenz beim Mann bzw. Orgasmushemmung bei der Frau sind der Beweis dafür, daß die physiologische Fähigkeit nur eine notwendige, nicht aber eine hinreichende Bedingung für den »erwachsenen« Orgasmus ist. Dabei sind die manifesten Zeichen von »Genitalschwäche« nur der sichtbarste Ausdruck dafür, daß die Intensität der Endlust selbst von einer ganzen Reihe psychischer Faktoren abhängt. Das völlige Ausbleiben des Orgasmus ist dann nur der drastische Fall auf dem einen Ende einer Skala, auf deren anderem Ende wir die »volle« Befriedigungslust ansetzen. Dazwischen gibt es eine große Reihe von verschieden erlebten Endlust-Zuständen, von denen viele diesen Namen sicherlich nicht verdienen. Es ist allerdings zu bezweifeln, daß der »höchste« Orgasmus nur bei genitaler Vereinigung zustande kommen könne — wie es etwa die Genitaltheorien von Wilhelm Reich unterstellen[107] — oder sogar nur bei der heterosexuellen Variante dieser Vereinigung. Andererseits ist die Vorlust nicht identisch mit dem »sexuellen Vorspiel«, — nach dem z. B. Kinsey fragte, um schichtenspezifische Differenzen in der Sexualpraxis der Individuen, je nach der Länge, der Qualität und den Techniken des Vorspiels vor dem »eigentlichen« homo- oder heterosexuellen Verkehr, festzustellen. Das Vorspiel ist vielmehr ein integrierter Bestandteil des Geschlechtsaktes selbst, gleichgültig welche Techniken dabei im einzelnen angewendet werden. Gewisse mögliche Techniken, die als Vorspiel gelten, können sich aber von der genitalen Sexualität abspalten, ebenso wie sich die Vorlust von der Endlust abspaltet. Für den Charaktertypus der genitalen Fassade

106 a. a. O., S. 81.
107 Jedenfalls läßt seine: Funktion des Orgasmus, Wien 1927 (bes. Kap. II und VI), keine andere Interpretation zu.

kann von einer solchen — regressiven, perversen — Abspaltung nicht eigentlich gesprochen werden, weil er die genitale Sexualität zwar scheinhaft und zwanghaft, aber eben doch faktisch praktiziert.

Freud konnte für seine Epoche natürlich nur den Typ der »echten« Perversion beschreiben:

»Der Zusammenhang der Vorlust aber mit dem infantilen Sexualleben wird durch die pathogene Rolle, die ihr zufallen kann, bekräftigt. Aus dem Mechanismus, in dem die Vorlust aufgenommen ist, ergibt sich für die Erreichung des normalen Sexualziels offenbar eine Gefahr, die dann eintritt, wenn an irgendeiner Stelle der vorbereitenden Sexualvorgänge die Vorlust zu groß, ihr Spannungsanteil zu gering ausfallen sollte. Dann entfällt die Triebkraft, um den Sexualvorgang weiter fortzusetzen, der ganze Weg verkürzt sich, die betreffende vorbereitende Aktion tritt an Stelle des normalen Sexualziels. Dieser schädliche Fall hat erfahrungsgemäß zur Bedingung, daß die betreffende erogene Zone oder der entsprechende Partialtrieb schon im infantilen Leben in ungewöhnlichem Maße zur Lustgewinnung beigetragen hatte. Kommen noch Momente hinzu, die auf die Fixierung hinwirken, so entsteht leicht fürs spätere Leben ein Zwang, welcher sich der Einordnung dieser Vorlust in einen neuen Zusammenhang widersetzt. Solcherart ist in der Tat der Mechanismus vieler Perversionen, die ein Verweilen bei vorbereitenden Akten des Sexualvorganges darstellen.[108]«

Von dem scheingenitalen Typ ist zwar nicht unbedingt anzunehmen, daß »der entsprechende Partialtrieb schon im infantilen Leben in ungewöhnlichem Maße zur Lustgewinnung beigetragen hatte«. Dazu fehlt jegliche klinische Erfahrung. Er ist aber auch keineswegs ein Anal-Sadist, ein Wäsche- oder Schuh-Fetischist, oder ein Pädophiler im klassischen Sinn. Er praktiziert ja den heterosexuellen Verkehr, meist sogar mit dem Resultat des Orgasmus. Das perverse Individuum, wie es die Psychoanalyse beschreibt, ist auf Grund vorödipaler Erfahrungen an der Überwindung des Ödipuskomplexes gescheitert[109]. So erinnert sein Fetisch den Fetischisten ständig an den Penis der Frau, dessen Nichtvorhandensein er in der phallischen oder einer vorphallischen Phase anzuerkennen sich geweigert hatte. Die Penislosigkeit der Frau würde auch ihn,

108 a. a. O., S. 82.

109 siehe *Freud*, Fetischismus, Band XIV, S. 312: »Wenn ich nun mitteile, der Fetisch ist ein Penisersatz, so werde ich gewiß Enttäuschung hervorrufen. Ich beeile mich darum hinzuzufügen, nicht der Ersatz eines beliebigen, sondern eines bestimmten, ganz besonderen Penis, der in frühen Kinderjahren eine große Bedeutung hat, aber später verlorengeht. Das heißt, er sollte normalerweise aufgegeben werden, aber gerade der Fetisch ist dazu bestimmt, ihn vor dem Untergang zu behüten. Um es klarer zu sagen, der Fetisch ist der Ersatz für den Phallus des Weibes (der Mutter) . . .«

wie diese, mit der Kastration bedrohen. Darum bedarf er des Fetisches des weiblichen Penis – um mit Hilfe dieses infantilen, an die Vorlust-Erinnerung gefesselten Stimulus ›doch noch‹ zur Befriedigung zu gelangen. Unter der Voraussetzung, daß er seinem Sexualobjekt den Fetisch andichten oder ihn bei ihm wiederfinden kann, kann es der Fetischist zu starker Objektabhängigkeit nach vorödipalem Vorbild bringen.
Anders der zeitgemäßere Typ der genitalen Fassade. Zwar lebt auch er in einer permanenten Kastrationsangst, wie Peter Brückner in seiner Beschreibung der sexuellen Atmosphäre des »heißen Sommers« von Berlin feststellte[110]. Aber er muß seine Fetisch-Attribute permanent wechseln, und unter Umständen ebenso schnell die Sexualobjekte, die er mit diesen Fetischen behaftet. Zu diesem Schluß zwingt uns jedenfalls das angepaßte, mittelbare und unmittelbare sexuelle Verhalten, wie es von den Manipulationsagenten, insbesondere von der Mode, vorgeschrieben wird. Die manipulative Mode, die man mit Mode im klassischen Sinn gar nicht mehr ineins setzen kann, liefert das Modell für diesen an die Vorlust gefesselten Typ. Die Reklame schreibt ihm ja nicht nur die Kleidungsstücke vor und die durch sie bestimmte Optik der Partial-Erotisierung (Mini- oder Maxi-Rock), mit denen er und sein Partner sich schmücken müssen, um liebenswert zu sein. Sie schreibt ihm auch den Teint vor, die Haarfarbe und die Haarform (die dann seine natürliche Kopfform umformt), die Gestik, die er oder sein Partner anzunehmen hat, um spezifische Tätigkeiten wie zigarren- oder zigarettenrauchen, tanzen, Whiskygläser halten, beischlafen, auf der Straße gehen etc. so zu verrichten, daß sein aktueller Identitätswert auf Kurshöhe erhalten bleibt. Alle diese Accessoirs, zu denen die individuellen Eigenschaften herabsinken und zugleich fetischisiert werden, deretwegen ein Objekt liebenswert war, können im Zweifelsfall von heute auf morgen ihre Ausdrucksform verändern oder sich in ihr Gegenteil verkehren. Der in Frage stehende Typ ist also nicht eigentlich ein Perverser, denn mit seinem Sexualobjekt oder mit seinen nach den Reklameansprüchen ausgewechselten Sexualobjekten erfüllt er anstandslos alle heterosexuellen (und im besonderen Fall: homosexuellen) Normen. Er ist bloß ein hochvariabler Fetischist. Die Schnelligkeit, mit der seine Fetische wechseln, ist letztendlich eine Funktion der Umlaufgeschwindigkeit des Kapitals. Das haben Adorno und Horkheimer bereits vor mehr als zwanzig Jahren festgestellt[111]. An der Geschwindigkeit, in der in dieser Epoche die Mode wechselt, und am Zwangscharakter, mit dem die manipulative Mode auftritt, kann diese Funktion empirisch nachgewiesen werden.

110 *Brückner*, a. a. O., S. 112.
111 in: Dialektik der Aufklärung, a. a. O.

5. Einige Ausdrucksformen der Sexualpraxis im Spätkapitalismus

In diesem Kapitel sollen beispielhaft *einige* Formen behandelt werden, in die das sexuelle Verhalten gegenwärtig gepreßt ist. Diese Schrift gehört ja nicht zur sexuellen Aufklärungsliteratur im engeren Sinn. So sind auch die jetzt zu behandelnden sexuellen Praktiken nicht mit sexuellen Techniken, etwa der Lustgewinnung, der Empfängnisverhütung, der Partnersuche etc. zu verwechseln. Auch solche Literatur geht natürlich immer, mindestens implizit, von politischen und soziologischen Vorstellungen aus und gelangt mindestens zu verdeckten, politischen und sozialen Ordnungsvorstellungen. Den faktischen Differenzen entsprechend, die gegenwärtig in der Sprache, im Begreifen der sozialen Umwelt des ökonomischen Geschehens, im reflexiven Denken und nicht zuletzt in der Sexualpraxis selbst herrschen, könnte man zu der Schlußfolgerung kommen, daß auch kritische sexuelle Aufklärungsliteratur heute »schichtspezifisch« geschrieben werden müßte. Sie würde sich dann höchstwahrscheinlich in fünf Variationen kleiden: Für die Jugendlichen aus der Unterschicht, für die aus den Mittelschichten, für die Erwachsenen und/oder Verheirateten aus der Unterschicht, für die aus den Mittelschichten und für die — vornehmlich kritischen — intellektuellen Gruppen. Damit hätte sie dann die nicht-antagonistischen, aber sozial doch unterschiedlichen, Sozialschichten erfaßt. Man würde dann weiter argumentieren: Um eine politische Integration (und eine Integration der Sexualität) dieser sozialen Schichten zu erreichen, müßte man an ihrer faktischen Desintegration ansetzen. Wilhelm Reich hatte diese Konsequenz für seine Zeit gezogen; wie nachzuweisen ist, mit einigen verhängnisvollen Entwicklungslinien seiner Theorie und Praxis, die nicht mit den notwendigen Implikationen der Popularisierung seiner Schriften zu rechtfertigen sind. Die gegenwärtig notwendige und in Ansätzen auch praktizierte Vereinigung von politischer und sexueller Aufklärungsarbeit befreit nicht von der Notwendigkeit, die zu der anderen gar nicht im Widerspruch steht: die komplizierten und oft schwer verständlichen Mechanismen, Techniken und Entwicklungsrichtungen in der Sicherung der gegenwärtigen sozialen und ökonomischen Herrschaft so genau wie möglich zu begreifen.

Promiskuität als Ergänzung der Ehe

In unserer Gesellschaft fallen die zärtlichen und die sinnlichen Strebungen in der Regel auseinander. In der monogamen Ehe müssen diese Strebungen aber definitionsgemäß zusammenfallen. Höchstwahrscheinlich tun sie das auch gegenwärtig im Durchschnitt mehr als in der klassischen bürgerlichen (nicht: kleinbürgerlichen) Familie, die der Psychoanalyse zum Modell und zur Kritik diente, oder als in der aristokratischen Familie, die von der Zusammenfassung dieser Strebungen bei sich selbst mit der Großzügigkeit der Herrschenden absehen konnte. Die sexuellen Bedürfnisse, die in der primär ökonomischen Institution der bürgerlichen Ehe nur in glücklichen Ausnahmefällen erfüllt werden konnten, waren nicht gesellschaftsfähig und führten zugleich eine Existenz des Protestes. Sie hatten keinen Ort in den offiziellen Institutionen, sondern mußten sich in den Untergrund flüchten, ins Bordell und in die Bohème. Diese klassische Nichterfüllung der sexuellen Wünsche durch die Ehe wurde mit dem Fortschritt des Kapitalismus immer mehr in die Ehe selbst hineingenommen, und zwar in der charakteristisch veränderten Form der halben Erfüllung. Das Bordell wich einerseits der Institution der Straßen- oder Autoprostitution, die nur mehr ein funktioneller Ort der sexuellen Entleerung ist, andererseits den real erhöhten Möglichkeiten vorehelicher und ehelicher sexueller Befriedigung. Im Grenzfall werden typische Bordell-Funktionen der sexuellen Stimulation in die Ehe selbst aufgenommen: Geräte und Mittel, die sich die Bürger des ausgehenden 19. Jahrhunderts nur hinter den Tapeten von Boudoirs und Bordellen vorstellen konnten, werden für das eheliche Schlafzimmer heute von Beate Uhse — oder in der sadistischen Variante von spezielleren halbgeheimen Versandindustrien — serienmäßig hergestellt und verbreitet.

Mit »halber Erfüllung« ist gemeint, daß im Massenmaßstab Techniken der sexuellen Anpassung angewendet werden (siehe die Beispiele aus *Eltern* in Kapitel 3), diese Techniken aber notgedrungen auf einer für die Eheanpassung verfahrenen Situation aufbauen müssen, nämlich auf der Struktur der unerfüllbaren Vorlust, in die die Individuen vor der Ehe (und natürlich auch während der Ehe) gezwungen wurden. Jetzt, in den »schönsten Jahren des Lebens«, sollen sie zwar das beste aus der Situation machen, das heißt, sie sollen sexuell in der Ehe das beste aus sich herausholen, aber dieses »beste« findet doch seine quasi-natürlichen Schranken an der unerreichbaren Schönheit, Jugendlichkeit, Frische und Erfolgstüchtigkeit der großen reklamehaften Vorbilder, die auch die Verheirateten zur ewigen Nachahmung zwingen. Für diese soziale Ausgleichsfunktion hat sich eine eigene Literatursparte etabliert. In dem Katalog »Glücklich — ein Leben lang« von Beate Uhse, wo unter anderem auch diese Literatur angeboten wird, heißt es im Abschnitt »Sex in der Ehe?«: »Wenn eine Ehe kühl wird, hat es die Frau nach ihrer Verwandlung in eine Ehe- und Hausfrau meist unterlassen, ihren Sex ebenso zu pflegen wie ihr Heim. Aber — er ist genauso wichtig wie die gemütliche Sitzecke im Wohnzimmer und der Sonntagsbraten auf dem Teller[112].« Die »Sitzecke im Wohnzimmer« als eingeblendetes Status-Symbol zeigt, daß sich diese Anpassung an die Masse der Ehen von der unteren Mittelschicht bis zur Arbeiterschaft wendet (oder doch wenden will) und nicht nur, wie man nach der bisherigen Analyse der Sexualmanipulation meinen könnte, an die Mittelschicht.

Es wäre aber falsch, die Zwänge, die von der manipulativen Reklame ausgehen — die Sexualisierung auf ein unbefriedigbares Vorlust-Niveau — als die einzigen zu sehen, gegen die die moderne Ehe-Anpassung zu kämpfen hat. Wichtiger sind die Störungen der psychischen Funktionen, die von der Sphäre der unmittelbaren Arbeit ausgehen und die oft so stark sein dürften, daß die Sexualität nicht einmal mehr die Feierabend- oder Exklusiv-Funktion aufrechterhalten kann, die ihr traditionellerweise in den industriellen Gesellschaften zukommt. Die Statistiken von Rainwater[113] hatten uns bereits ein oberflächliches Bild davon vermittelt, daß die am härtesten arbeitenden Individuen in einer signifikanten Häufigkeit im ehelichen Verkehr schlichtweg asexuell werden. Das müßte bei gleichbleibender permanenter Sexualisierung der übrigen Lebenssphäre zu einem Widerspruch in der Eheinstitution führen, aus dem sozial unerwünschte Schwierigkeiten der Eheanpassung entstehen könnten. Diese Schwierigkeiten werden sicher allen noch so manipulierten Eheleuten in der einen oder anderen Form bewußt; aber sie werden jetzt zu einem integralen Bestandteil gerade der Eheanpassung gemacht, die diese »Probleme offen ausspricht« und als absolut individuell lösbare vorgibt. Die wenigen empirischen — und dazu methodisch fragwürdigen Untersuchungen, die für die BRD vorliegen, weisen auch konsequent auf eine Stabilisierung der Eheinstitution hin. So drücken nach einer Allensbach-Untersuchung in den sechziger Jahren signifikant mehr Ehepartner als zu Beginn der fünfziger Jahre ihre subjektive »Zufriedenheit« mit ihrer Ehe aus[114]. Diese »Zufriedenheit« spiegelt sich auch in den gleichbleibenden Ehescheidungsraten der letzten Jahre wider[115].

112 vgl. den Katalog des »Versandhaus für Ehehygiene — Beate Uhse«: Glücklich — ein Leben lang, Flensburg 1967, S. 38.
113 vgl. die Tabellen 1 und 2.
114 vgl. *Schwarzenauer*, a. a. O.
115 vgl. Statistisches Jahrbuch für die BRD, 1067, S. 58.

Diese Stabilisation braucht natürlich nicht identisch zu sein mit einer erhöhten sexuellen Befriedigung, ja noch nicht einmal mit der selbst ideologischen Kategorie des »ehelichen Glücks«; es spricht vieles dafür, daß diese Stabilisierung ein Resultat erhöhter sozialer Kontrolle, also der Unfähigkeit ist, subjektives Leid als objektives Elend überhaupt noch zu realisieren. Wie eine schwarze Utopie lesen sich auch die Beschreibungen diverser Artikel aus dem zitierten Katalog, die außer der durch den Arbeitszwang verminderten Glücksfähigkeit gleichzeitig die Unfähigkeit herstellen sollen, *subjektives* Leid als solches wahrzunehmen. So lautet die Ankündigung des Aphrodisiakums »Cythera-Cocktail«: »Wenn die Stimmung noch zu ›alltagsgrau‹ ist, wenn die Empfindungen noch nicht im Gleichklang sind, wenn man sich wünscht, einander unbeschwert zu begegnen, dann sollten Sie einmal ein Gläschen ›Cythera‹ trinken. ›Cythera-Cocktail‹ läßt auf genußvolle Weise Alltagswolken schwinden und Stimmung sich zu Stimmung finden[116].«
All das scheint doch das Gegenteil von Promiskuität zu sein. Das ist richtig. Auch die in den letzten fünfzig Jahren kontinuierlich steigenden Raten des außerehelichen Geschlechtsverkehrs dürfen noch nicht als eine Tendenz zur Promiskuität gewertet werden, denn diese Raten halten sich in durchaus »bürgerlichen« Grenzen, sowohl in den USA[117] als auch in der BRD[118]. Außer der Häufigkeit, mit der dieser Verkehr geübt wird, muß zum »außerehelichen Verkehr« eine spezifische Form der Objektwahl hinzutreten, damit dies Verhalten den Namen *Promiskuität* verdient, nämlich eine gewisse oder absolute Indifferenz gegenüber den Objekten. Knaurs Lexikon definiert Promiskuität als »regellose Vermischung innerhalb ganzer Gruppen«. Diese Form des sexuellen Verkehrs ist gewiß an die Institution der Ehe nicht gebunden. Aber genauso gewiß tritt sie historisch auf als eine Reaktion auf die monogame Ehe und wird zur Zeit besonders unter Beteiligung verheirateter Individuen ausgeübt.
In der gegenwärtig modernsten Variante der ehelichen Sexualanpassung werden immer häufiger Formen des außerehelichen Verkehrs propagiert, wobei eine Ermunterung oder mindestens eine offene Duldung von seiten des Ehepartners erwartet wird. Das Schulbeispiel dieser Variante liefern die Bücher von A. Ellis, über die in vielen Illustrierten berichtet wurde[119]. Ellis stützt sich – zu Unrecht – auf Freud, mit halbem Recht auf Kinsey und Wilhelm Reich. Seine Vorschläge haben eine charakteristische Ähnlichkeit mit zeitgemäßen promiskuösen Verhaltensweisen, nur daß diese gewissermaßen eine Übersoll-

116 Beate-Uhse-Katalog, a. a. O., S. 39.
117 *Kinsey*, a. a. O., S. 352.
118 *Schwarzenauer*, a. a. O.
119 siehe vor allem *Albert Ellis*, Handbuch der intelligenten Frau, Flensburg 1967.

erfüllung von Ellis' Vorschlägen darstellen. Um die »neue« Form der Eheanpassung verstehen zu können, scheint darum das Studium der praktizierten Promiskuität nicht unwesentlich.

Dazu steht nur eine Reportage über »Sexuelles Gruppenverhalten in den USA« zur Verfügung, der sog. Leigh-Report[120], der außer dem Mangel, daß er wirr geschrieben ist, noch den anderen in sich vereinigt, daß er überhaupt keine statistischen Angaben enthält. – Statt dessen bietet er eine Fülle von Material, das sich nach folgenden Thesen ordnen läßt:

1. Beschrieben wird ein sexuelles Verhalten von vornehmlich verheirateten Individuen, die möglichst häufig gemeinsam (und in Sonderfällen: getrennten) sexuellen Verkehr mit möglichst vielen und wechselnden Partnern, egal welchen Geschlechts und egal ob verheiratet oder nicht, vornehmen (siehe S. 13).

2. Dies Verhalten ist über ganz Nordamerika und Kanada verbreitet; es ist unbekannt, in welchen absoluten Zahlen oder in welcher Relation zur Bevölkerung. – Leigh allein gelang es, in weniger als 6 Monaten mit über 500 Ehemännern in Kontakt zu treten, die ihm ihre Ehefrauen mit deren Einwilligung anboten. Vor dieser Zeit hatte er überhaupt keine Erfahrungen in den Techniken der Kontaktaufnahme (siehe S. 19). Dazu kam eine etwas niedrigere Zahl von ledigen Männern und Frauen.

3. Dies Verhalten wird vor allem von den Berufsgruppen der Zirkulationssphäre geübt (aber durchaus nicht nur von den sehr mobilen Gruppen), besonders von der mittleren Mittelschicht an aufwärts. Besonders typische Berufsgruppen sind: Architekten, Krankenschwestern, Ingenieure, Ladenbesitzer, Staatsbeamte (siehe S. 14).

4. Die promiskuösen Individuen, besonders die Ehepaare unter ihnen, sind im Durchschnitt sozial außerordentlich gut angepaßt. Sie haben nicht weniger häufig Kinder als die monogam lebenden Ehepaare. »... In allen anderen Fällen hatten die Männer ein einträgliches eigenes Geschäft oder gutbezahlte Posten und betreiben den Verkauf obszöner Photos von sich und ihren Frauen sozusagen nur als ein Hobby am Rande (S. 83).« »... Das Ehepaar aus Oregon hatte keine voreheliche Erfahrung. Die Hochzeit der beiden jungen Leute war der krönende Höhepunkt einer Hochschulliebe. ... Weil irgendein Inserat in einem Magazin ihre Neugierde geweckt hatte, standen sie plötzlich mitten in der Welt des Geschäfts mit dem Sex. Sie sind beide Ende dreißig und haben zwei halbwüchsige Buben. Der Mann ist selbständiger Unternehmer. Sie sind regelmäßige Kirchgänger ...« (S. 103) »... Es gibt auf diesem

120 *Michael Leigh*, Leigh-Report – Sexuelles Gruppenverhalten in den USA, Bad Godesberg 1965.

Gebiet nichts, was sie nicht schon wüßten, und trotzdem wollen sie von anderen immer und immer wieder hören, was sie längst wissen und auswendig kennen. Immer wieder wollen sie bestätigt haben, daß sie nicht allein sind, sie wollen sich selbst beweisen, daß sie normal sind (S. 114)!« Leigh behauptet von diesen Ehepaaren, daß sie ihre Kinder »ausgezeichnet« erziehen (S. 14), verläßt sich dabei aber völlig auf ihre Berichte.

5. Diese Individuen haben sich, oft nur bruchstückhaft, eine anti-puritanische Ideologie zurechtgelegt. Immer ist in ihr die Kritik an den herrschenden Zuständen auf die puritanische und menschenfeindliche und unehrliche Sexualmoral der USA reduziert.

6. Viele dieser Individuen praktizieren sado-masochistische Techniken. Einige unter ihnen geben dabei vor, sie nur als — allerdings inzwischen unverzichtbar gewordene — Hobbies zu betreiben und nicht unter ursprünglichem Zwang zu handeln. Zur Versorgung dieser Variante hat sich eine spezielle Industrie etabliert; sie dürfte ihr Entstehen allerdings nicht primär der »familiären« Promiskuität verdanken. — Speziell für den »familiären« Sadismus bietet ein Katalog unter der Überschrift »An alle Liebhaber der Fesselung und häuslichen Züchtigung« allein aus der Sparte »Leder« folgende Artikel an: »Knebel mit Lederriemen, lederne Kniefesseln, Schließzangen für Fußgelenke, Schließzangen für Handgelenke, Lederhelme, Lederhandschuhe, Ledergamaschen, lederner Armschutz, lederne Halsbänder, Ledermanschetten, Leder-MG, Lederriemen-Peitsche, Keuschheitsgürtel, Lederröcke, Ledermasken« (S. 77). Die Preise liegen pro Artikel zwischen zehn und vierzig Dollar.

7. Durchgängig wird fotografiert. Das Festhalten der sexuellen Handlung auf Bild oder Film und der Austausch, das Anschauen, Verschicken und serielle Sammeln von selbstgefertigten pornografischen Akten scheint ein unverzichtbarer Bestandteil der familiären Promiskuität zu sein. Manchmal hat man den Eindruck, bei den betreffenden Paaren sei diese Form des Fotografierens bruchlos an die Stelle des Familienalbums getreten, im allgemeinen ist das Fotografieren und Zeigen aber ein noch zwanghafterer Bestandteil des »hobbies« als beim traditionellen Familienalbum. — Ein Ehepaar hat ein spezielles schriftliches Angebot abgewiesen, »weil Sinnesfreuden ohne Zuschauer und klickende Photoapparate für das Ehepaar inzwischen kaum noch denkbar waren« (S. 58). »Die Ehepaare, die die sogenannte häusliche Züchtigung praktizieren, geben sich nicht damit zufrieden, mit anderen Ehepaaren Photos auszutauschen, sondern haben das seltsame Bedürfnis, immer mehr Personen in ihren Kreis zu ziehen ...« (S. 76). Ein Ehemann

schreibt auf eine Annonce: ». . . Wir lieben beinahe alles, aber vor allem Ungewöhnliches. Wir haben eine Polaroidkamera, die uns bei Parties schon viel Freude gemacht hat« (S. 94). Bei diesem zwanghaften Fotografieren und Sammeln von Fotos handelt es sich aber nicht einfach um losgelöste Formen von Voyeurismus und Exhibitionismus.

8. Oft betreiben diese Individuen in der einen oder anderen Form »alles bis auf eines«. Dies »eine« ist starken Schwankungen unterworfen, oft ist es der homosexuelle Verkehr allgemein, noch öfter der passive anale Verkehr, manchmal spezielle Idiosynkrasien, z. B.: »Dieses Ehepaar hatte eine Aversion gegen Behaarung. Sie hatten eine Methode der Haarentfernung entwickelt, bei der garantiert nichts ›Kratziges nachwachsen‹ würde . . . Ihr Bekanntenkreis war groß, umfaßte jedoch auch Paare, die ihre Erwartungen nicht zu erfüllen vermochten. Bei einer Gelegenheit — so berichtete dieses kinderlose Paar — hatten die plärrenden Kinder des anderen Paares ihnen den ganzen Spaß verdorben: ›Bei einem anderen Paar, mit dem wir eine Nacht verbrachten, schliefen drei Blagen im Nebenzimmer; das war sehr störend‹ (S. 106).

9. Die Ehepaare geben im allgemeinen vor, a. Sex und Liebe seien ganz verschiedene Dinge, b. sie würden sich lieben, c. um sich wirklich lieben zu können, brauchten sie eine möglichst breitgestreute sexuelle Abwechslung und Erfahrung. — »Mit der ständigen Zustimmung ihres Gemahls war diese Frau ständig auf der Suche nach neuen Wonnen. Sie hatte es mit analem Verkehr versucht, aber das war auf Grund ihres hochgradigen Unbehagens unbefriedigend gewesen. Nichtsdestoweniger empfand sie einen so brennenden Wunsch, ›alles auszuprobieren‹, daß man vereinbart hatte, der Kanadier solle sie bei ihrer nächsten Zusammenkunft einweihen, da er bescheidener ausgerüstet war, als ihr eigener Mann . . . Diese Frau war besessen von Tieren . . . Neben anderem meinte die Frau hierzu: ›. . . uns hat es Spaß gemacht. Ja, ich sagte — uns. . . . ist genauso begeistert wie ich. . . . Ist das aufregend!‹ (S. 107).« Einer anderen Frau zufolge »stimmten alle Beteiligten überein, daß ihre neue Einstellung dem Sexuellen gegenüber sehr viel wahrer, komplexer und gerechter sei, als die der meisten anderen Ehepaare. Sie meinten, auf diese Weise manche Scheidung vermieden zu haben, und waren überzeugt, ein überaus glückliches Ehe- und Familienleben zu führen. Sie behaupteten, keine der Frustrationen oder »Kältewellen« zu kennen, an denen andere Ehen leiden, noch den Hafer, der in gewöhnlichen Ehen immer nur den einen sticht und den anderen zur Verzweiflung treibt. Ferner wird behauptet, daß nicht eines der Mitglieder »fremdtauscht« (S. 43).

10. Leigh sieht die besondere Gefahr dieses Verhaltens in seiner

»seuchenartigen Ausbreitung«. »Wenn man sich sexuell an einen bestimmten Partner gewöhnen kann, dann kann man sich an jeden Partner gewöhnen« (S. 102). Dadurch werde der gesamte Bestand der westlichen, zivilisierten Kultur untergraben. Die beste Chance der Bekämpfung sieht er in einer strengen Anwendung der Gesetze, insbesondere der Postkontrolle.

Die Einschätzung von Leigh ist nicht sonderlich relevant. Seine »Seuchen-Theorie« ist ganz sicher oberflächlich; sie weist vordergründig darauf hin, daß dies Verhalten einer bestimmten gesellschaftlichen Notwendigkeit folgt. Kann diese gesellschaftliche Notwendigkeit, also eine Tendenz zur Ausbreitung von derartigen »unterschiedslosen« sexuellen Verhaltensweisen tatsächlich angenommen werden? Das ist schwer anzugeben, da das vorliegende Material, auch das sexualkriminologische[121], darüber keine Schlußfolgerungen zuläßt. Mit den Kategorien der herkömmlichen Sexualpathologie ist solches Verhalten aber ganz sicher nicht zu fassen. Denn diese Kategorien würden zulassen — auch nach der Ansicht Freuds, — daß es in jeder Gesellschaft eine Anzahl überdurchschnittlich triebhafter und abnormer Individuen geben müsse, die die Norm ergänzen, jenseits aller gesellschaftlichen Disposition von Triebschicksalen. Sie nehmen ein für jede Gesellschaft konstantes Maß an Verbrechen, Perversionen, Psychosen etc. an.

In der kritischen Diskussion und in der nicht-dogmatischen sozialistischen Literatur ist des öfteren die Promiskuität als adäquate sexuelle Form der sozialistischen Praxis gefordert worden. Diese Forderung ist stets an die Überwindung der repressiven Implikationen des Sich-Verliebens, der Liebe und der bürgerlichen Ehe gebunden worden, also an das Prinzip der Abschaffung des Privateigentums. In der Tat drücken sowohl das Verliebtsein als auch die Liebe, wie alle historisch bekannten und aktuellen Formen der Ehe und Familie Besitzverhältnisse aus. Es ist zu fragen, ob diese Besitzverhältnisse immer mit repressiven Verhältnissen des Privateigentums und der von ihnen ausgehenden restriktiven Schädigungen des individuellen und sozialen Charakters zusammenfallen müssen, oder ob Formen des »Besitzes« denkbar und legitim sind, die mit autonomer und bewußter Objektbeziehung beschrieben werden können. Wahrscheinlich waren solche Formen der »Überwindung« des repressiven Dreiecks Liebe-Sexualität-Besitz auch von den unklarsten und unüberlegtesten Forderungen nach Überwindung der repressiven Sexualorganisation nicht gemeint. Die hier angedeutete promiskuöse Sexualpraxis jener gutwilligen, aber zu kurz denkenden Soziali-

121 auch das in den »Sex Offenders« verarbeitete und zitierte Material gibt darüber keine Auskunft.

sten ist selbst im höchsten Maß repressiv und dazu geeignet, autoritäre und antiquierte Sozialorganisationen zu stabilisieren. Die von Leigh beschriebenen Fälle zeichnen sich z. B. alle dadurch aus, daß die betroffenen Individuen das Maß an Unbehagen, daß sie in ihrem Leben verspüren, durch eine Art permanenter Sport-Veranstaltung lösen. Selbst wenn sie »süchtig« werden, was in der Regel der Fall ist, begreifen sie diese Sucht nicht als eine Unerfülltheit ihrer Lebenspraxis, sondern als gesteigerte Sport-Begeisterung. Die herrschende Form des sexuellen Verkehrs, das *zwanghafte* Festhalten an einem Partner, oder besser der zwanghafte Pflichtgebrauch eines Partners, wird durch eine zwanghafte Regellosigkeit und Unterschiedslosigkeit gegenüber allen Partnern nur scheinbar aufgehoben. Denn diese »Regellosigkeit« folgt wiederum genau definierten Regeln und Unterschieden, die pathologisch an die Zwänge der herrschenden monogamen Zurichtung gebunden sind.

Diese Individuen sind hoch angepaßt; sie haben die »abwechslungsreiche« Beschäftigung gefunden, die sie mit dem grauen Alltag aussöhnt; sie leben für eine Sache, die »Spaß macht«. Dabei handeln sie unter einem Wiederholungszwang, der auf einer vor-ödipalen Schädigung aufbaut. Sie scheinen zu sagen: Wenn ich schon mit dem *einen* geliebten Objekt nicht glücklich werden darf, dann ist die ganze Liebe nichts wert und ich will wenigstens *alles* zum Sexualobjekt erklären und mich damit am versagenden Liebesobjekt rächen. Auch diese Individuen erreichen eine ungeheuer protzende genitale Fassade, die nur ihre prägenitalen Schädigungen verdecken soll. Im Resultat wird dabei die Sexualität radikal auf die kapitalistische Warenform gebracht; ihr adäquater Ausdruck sind ihr Reklamewert und die unendliche Konsumsteigerung. Diese Konsumsteigerung heißt übersetzt in die Kategorien der Sexualität: Die einzelnen Waren bringen mir keine Befriedigung, sie lassen mich unbefriedigt zurück, weil ich sie nur verbrauchen, nicht aber wirklich gebrauchen darf. Also will ich sie wenigstens »richtig« verbrauchen, sie mit einem maximal hohen Tauschwert versehen und für sie werben, sie fotografieren und zu Serien zusammenstellen, sie sadistisch behandeln etc. Diese Form des Warenfetischismus kann mit einem durchaus nicht außergewöhnlichen Beispiel aus dem Leigh-Report anschaulich gemacht werden:

»Es waren insgesamt sechzehn Aufnahmen; auf zweien davon war das Ehepaar in Badehose und Bikini zu sehen, auf den vierzehn anderen in jeder vorstellbaren sexuellen Kombination einschließlich Koitus, Fellatio, Cunnilingus und lesbischen Handlungen; für einige dieser Übungen hatte man eine zweite Dame hinzugezogen. Dieses Bildmaterial sollte poten-

tiellen Mitgliedern die Sinnesfreuden nahebringen, die ihrer harrten.
Es waren Aktphotos darunter, auf denen der Mann und die Frau so aufreizend wie möglich und bei voller Ausleuchtung der weiblichen Attribute und in einem Fall auch des erigierten Penis ins Bild gebracht waren. Ferner gab es Halbakte von der Frau in Büstenhalter und Pelzhöschen — angeblich Nerz — und ein Photo, das sie nackt bis auf Schuhe und einen Pelzmantel zeigte . . .
Es gab ein Photo von der Ehefrau, die rittlings auf den Knien ihres Mannes sitzend mit ihm koitierte, während das schwedische Mädchen lächelnd vor ihnen kniete — leicht seitwärts geneigt, um ihrem Freund, dem Photographen, nicht die Sicht zu versperren — und an der Vereinigung des Ehepaares manuell mitwirkte.
Es gab ein weiteres Photo, auf dem die Freundin beim selben Arrangement den Platz der Ehefrau einnahm, während die Ehefrau lächelnd ihren manuellen Beitrag leistete . . . Was nicht aus den Photos ersichtlich war, wurde schriftlich dargelegt. Und das alles diente allein dem Zweck, möglichst viele verheiratete und unverheiratete ›Konvertiten‹ zusammenzubringen« (S. 137 f).
Der klassische Exhibitionist brachte durch seine Handlung zum Ausdruck: Ich habe zwar Angst vor der Kastration, aber schau, ich bin nicht kastriert. Oder: Kastrier mich *und* Ich habe ja gar keine Angst vor der Kastration, schau, ich kann Dir sogar mein Glied zeigen, so stark bin ich. Ähnlich hatte sich ja auch der Fetischist vor der eigenen Kastrationsangst durch die Projektion des Penis auf die Frau geschützt. Die Ehepaare dieses Reports scheinen von der Angst, nicht genital organisiert zu sein, ebenso besessen. Auch sie bleiben in der Überwindung der Kastrationsangst auf einer prägenitalen Stufe stecken: sie protzen phallisch. Wie der Exhibitionist müssen sie dauernd unter Beweis stellen, daß sie »wirklich« genital organisiert sind. Aber sie gehen noch einen Schritt weiter. Ihre Fotoserien sollen der Umwelt sagen: Wir sind unglücklich unter den genitalen Anforderungen von Ehe und Liebe — schau, wir ziehen sie nach allen Möglichkeiten in den Dreck. Aber wage ja nicht, an diese genitale Fassade von Liebe und Ehe zu rühren — schau, was sie uns für einen aufregenden Spaß macht.
Vor diesem Hintergrund wird auch das zwanghafte Enthaaren (bei mehreren Paaren) und die manifeste Ekelhaltung gegenüber Kindern (bei einem Paar gleichzeitig mit der Enthaarungsforderung genannt) deutlich. Das Enthaaren ist zugleich eine Kastrationshandlung bei Mann und Frau (abrasieren, entfernen) und der Versuch, einen kindlichen (prägenitalen) Zu-

stand von »glatter Haut« herzustellen, dem diese Individuen nachtrauern. Die Abwehrhaltung gegen die Kinder (die »Blagen«, die »quietschenden Ratten«, die einen beim Koitus »stören«) wäre dann nur die manifeste Abwehr des unbewußten und verbotenen Wunsches, sich selbst wie ein Kind auszuleben (vor Lust zu »quietschen«).

Es sind vornehmlich drei Faktoren, die der Ausbildung einer lustfähigen genitalen Sexualorganisation und den ihr entsprechenden Charakterfähigkeiten entgegenstehen:

1. Die unzulängliche Vorbereitung auf die genitale Organisation in Familie und Gesellschaft; durch eine Reihe von sozialen Einflüssen und Erziehungstechniken kommen die Individuen gar nicht (oder nicht richtig) in die Lage, die frühkindlichen, biologisch bestimmten Phasen der sexuellen Entwicklung (orale, anale und phallische) so zu verarbeiten, daß sie später zur genitalen Organisation zusammengeschlossen werden könnten.

2. Die Qualität der entfremdeten Arbeit, die auf die Sexualpraxis übergreift; durch diese Qualität, die mit dem Leistungsdruck allein nicht umschrieben ist, zu dem vielmehr die Uneinsichtigkeit oder Sinnlosigkeit der »Leistung« hinzutreten muß, wird die Empfindungsfähigkeit der Individuen beschädigt und blockiert. Sie können den unlustvollen Zwängen der Arbeit nicht anders entfliehen, als daß sie in ihren sexuell bestimmten Tätigkeiten die Zwänge der Arbeits- und Konsumwelt wiederholen.

3. Die übermächtigen genitalen Anforderungen der Gesellschaft; die sexuell unzulänglich ausgebildeten, nicht-integrierten, Individuen sehen sich in der Reklame, den Konsumzwängen und den verschiedenen Formen der Sozial- und Sexualanpassung den Forderungen gegenübergestellt, sich so zu verhalten, als seien sie wirklich genital ausgebildet.

Vor allem der dritte Faktor zwingt die Individuen dazu, eine genitale Fassade aufzurichten, die um so »protziger« sein muß, je weniger diese Individuen nach der biologischen Reifung die genitale Stufe (die sexuellen und charakteristischen Fähigkeiten zur Integration der biologisch früheren sexuellen Phasen) wirklich erreicht haben. Der Ausweg in die hier beschriebene Form der Promiskuität ist nur *eine* Möglichkeit, die genitale Fassade aufrechtzuerhalten. Es gibt andere pathologische Alternativen, diese Fassade aufrechtzuerhalten, zum Beispiel verschiedene Formen rigider Rollenkonformität (etwa Frühehe ohne charakterliche und soziale Reife) und es gibt pathologische Alternativen, die darin bestehen, diese Fassade erst gar nicht aufzurichten, etwa die Flucht in Perversionen oder in die Schizophrenie. Die erste dieser Möglichkeiten wurde in der Anmerkung [104] angedeutet, die letztere taucht als Typus in vielen Fallgeschichten aus der empirischen Schizophrenieforschung auf. Die Alternative der Promiskuität steht am ehesten den »freien« Berufsgruppen der Zirkulationssphäre zur Verfügung, also den Personen, die am ehesten die Möglichkeit finden, den Zwängen und Normen ihrer Berufs- und sozialen Rollen in *einem* Sektor (der Sexualität) auszuweichen, ohne daß diese Entfernung von ihrer Umwelt registriert und negativ sanktioniert wird. Selbst wenn das beschriebene promiskuöse Verhalten in einer statistisch nicht signifikanten Häufigkeit vorkommen sollte, so ist es doch ein Indikator für das Zusammenbrechen breiter Gruppen der Bevölkerung unter den sozio-sexuellen Anforderungen, denen sie nicht gewachsen sind.

Dating als Vorbereitung auf die Ehe

»Von der natürlichen Körperkraft abgesehen, sind die beiden Hauptcharakteristika der amerikanischen Jugend der relative Mangel an Verantwortungsgefühl und das *Dating*« schreibt Geoffrey Gorer in seiner anthropologischen Studie »Die Amerikaner[122]«. Das Dating ist eine in den USA »normale« Form des vorehelichen sexuellen Verhaltens zwischen der beginnenden Pubertät und der Heirat. Es dient offiziell der Vorbereitung auf die Ehe und also der heterosexuellen »Zentrierung« der Individuen nach der Pubertät. Diese Form der Sexualpraxis ist in der hoch normierten und institutionalisierten Form, wie sie in den USA vorkommt, in anderen industriellen Ländern völlig unbekannt.

Dieses Verhalten ist durch folgende Merkmale gekennzeichnet:

1. Der überwiegende Teil der Jugendlichen aller sozialen Schichten betätigt sich ab der beginnenden Pubertät in dieser Form.

2. Es herrschen bestimmte — schicht- und regionalspezifische — aber in sich starre Regeln, denen sich die Beteiligten fügen müssen. Nach dem Grad und der Qualität ihrer Erfüllung richtet sich das Sozialprestige der Beteiligten in und außerhalb der Gruppe (»peer group« oder Schicht). Wenn sie nicht gänzlich aus dem Dating-System ausgeschlossen werden wollen, müssen sie mindestens ein fixes Minimum in der Erfüllung der Regeln (z. B. Quantität von Dates pro Zeiteinheit) aufweisen. Zu diesen Regeln gehören insbesondere festgelegte Formen im Ansprechen des Partners, in der Eskalation der Dates (Essen gehen, Tanzen gehen, Küssen und Eskalation der »abgetauschten« Zärtlichkeiten).

122 *Geoffrey Gorer*, Die Amerikaner — eine völkerpsychologische Studie, rde 9, Hamburg 1956, S. 77.

3. Das Prestige des Betreffenden steigt mit der Zahl der Dating-Partner pro Zeiteinheit, mit der Schnelligkeit der Eskalation bis zum Austauschen von Zärtlichkeiten (beim Jungen) oder der Länge der Zeit, während der der Partner um diese Zärtlichkeiten kämpfen muß (beim Mädchen), mit der übersteigerten Sicherheit des Auftretens und mit der Erfüllung einer Reihe weiterer sehr »schwieriger«, für Außenstehende totemistisch anmutender Regeln. Gorer schreibt: »Alle Jünglinge können und sollen sich daran beteiligen, und es bleibt der Befähigung des einzelnen überlassen, welches Niveau er dabei erstreben will und zu erreichen vermag; aber nur die erfolgreichsten und beliebtesten jungen Mädchen eines jeden Kreises haben daran in vollem Ausmaß teil, die übrigen müssen sich mit einem ständigen Freund oder gar mit der Gesellschaft eines sich in der gleichen mißlichen Lage befindlichen Jünglings begnügen ... Für viele Mädchen ist somit die ›Stelldichein‹-Epoche eine Zeit der Demütigung, Zurücksetzung, des Mißerfolgs. Es ist das gewiß mit Schmerzen verbunden, aber für gewöhnlich nicht mit dauernder seelischer Verletzung.[123]«

4. Das Dating ist seinem Anspruch nach ein Spiel, eine Als-ob-Form der Sexualität. Die Beteiligten mögen es mit ähnlichen Augen sehen, wie die naiven Eltern die Doktor-Spiele der Kinder. »Das ›Dating‹ ist in vieler Hinsicht idiosynkratisch, besonders aber in dieser, daß es sich der Worte und Gebärden des Freiens und Verliebtseins bedient, ohne daß diesen ihre wirkliche Bedeutung und Absicht innewohnt[124].« Aber diese Als-ob-Form unterliegt strengeren Normierungen als die sozialen und sexuellen Verhaltensweisen in jeder bekannten primitiven oder zivilisierten Kultur. »Eine Anzahl von Gemeinschaften, deren bekannteste Beispiele die der Samoaner und der Trobriander sind, gestatten eine gewisse Zeit der geschlechtlichen Freiheit und Probe vor dem Verlöbnis und der Heirat; es sind dies jedoch, und sie sind auch als solche gedacht, Jahre der Befriedigung der Sinne und des Geschlechtstriebs um ihrer selbst willen. Beim amerikanischen ›Dating‹ kann diese Befriedigung einen Zähler im Spiel bilden, aber unbedingt erforderlich ist sie keineswegs und ist vor allem nicht der Zweck der Übung ...[125]«

5. Der eigentliche Zweck des Dating ist eine Selbstwert-Erhöhung. Es gehört somit extrem zum narzißtischen Typ der Objektliebe (geliebtwerden, nicht lieben). Das Lieben selbst ist sogar der höchste Ausdruck des Unterlegenseins und damit das Ende des »Spiels«. Insofern ist das Dating auch keineswegs eine Vorform des Petting. Das Petting ist definiert als

123 a. a. O., S. 74 f.
124 a. a. O., S. 71.
125 a. a. O., S. 72.

Liebesspiel unter Ausschluß der genitalen Vereinigung. Es kann natürlich zum Dating gehören, nimmt dann aber in dessen ›Punkt-System‹ einen ähnlichen Stellenwert ein wie das Schenken oder Beschenktwerden mit Blumen etc.

6. »Das Dating ist eine in festen Formen sich abspielende Handlung (oder Handlungsgruppe), die sich in mancher Hinsicht mit einem Stiltanz, in manch anderer Hinsicht mit einem sehr komplizierten Wettspiel vergleichen läßt[126].« Dieses »Wettspiel« endet mit dem Sieg eines Partners oder mit einem Remis. Beim Remis müssen beide Partner »mit gehobener Selbstachtung und Selbstsicherheit« aus dem Spiel hervorgehen. »Sieger(in) ist derjenige Teil, der den anderen veranlassen kann, seine Selbstbeherrschung zu verlieren, ohne die eigene einzubüßen[127].« Dieser Sieg besteht im Grenzfall beim Mädchen darin, daß der Junge einen Orgasmus hat, sie aber »die Beherrschung« behält, beim Jungen im Grenzfall darin, daß er das Mädchen zum Geschlechtsverkehr »herumkriegt«. J. R. Udry bezeichnet in seinem umfangreichen Ehebuch das Dating darum auch als »zero-sum-play« (Nullsummenspiel). Er behauptet aber, daß es diesen Charakter der Verachtung des unterlegenen Partners nur in der Unterklasse oder dann annehme, wenn das Dating zwischen verschiedenen Schichtzugehörigkeiten (cross-class) stattfinde. »Normalerweise bedeutet der Geschlechtsverkehr den Zusammenbruch des Spiels beim middle-class Dating, weil es anzeigt, daß das Mädchen die Spielsituation ernst genommen hat. In der lower-class und beim cross-class Dating des Jungen bedeutet er, daß das Mädchen verloren hat, weil in diesen Gruppen das Dating als Nullsummenspiel mit der sexuellen Eroberung als männlichem Ziel gespielt wird[128].« Was Udry über die Unterschicht sagt, ist zwar richtig und wird von anderen Studien bestätigt[129]. Wie eine ganze Reihe von Analysen und Erhebungen des Dating-Verhaltens von College-Jugendlichen zeigen, ist aber Udry's Einschränkung auf die Unterschicht äußerst unangebracht. Die Unterschicht-Jugendlichen verhalten sich nur direkter in ihren sexuellen Ansprüchen und auch entsprechend direkter in der Zurschaustellung ihres Sieges.

Der Dating-Komplex hat drei wichtige sozialpsychologische Funktionen: a. Das Dating ist geeignet, innerhalb einer Berufsgruppe oder sozialen Schicht feinste Status-Differenzierungen herzustellen, b. Die gesamte Sexualität wird durch das Dating-System in spezifischer Weise erniedrigt, — dies soll, um Wiederholungen zu vermeiden, nur am Beispiel der Zu-

126 a. a. O., S. 71.
127 a. a. O., S. 78.
128 *J. Richard Udry*, The Social Context of Marriage, Philadelphia and New York 1966, S. 114.
129 z. B. von Rainwater a. a. O.

richtung von »empathy« (Einfühlungsvermögen) durch das Dating dargestellt werden. c. Es besteht ein besonderer Zusammenhang zwischen dem Dating und der Ausprägung der latenten Homosexualität in den USA. Diese Faktoren sollen im folgenden behandelt werden.
Der Sexualpartner muß, um sexuell als attraktiv gelten zu können, eine Reihe völlig außerhalb seiner Sexualität und seines Charakters liegende soziale Kriterien erfüllen, — oder er wird, wie das Mädchen aus einer tieferen Schicht in dem von Udry beschriebenen cross-class Dating, nach der Erreichung des Sexualziels von dem Angehörigen der höheren Schicht verachtet. Dieses Verhalten schafft und reproduziert extrem verdinglichte und autoritäre Qualitäten und Leistungsnormen bei den betreffenden Individuen. Die Leistungskontrollen werden sehr deutlich in einer Dating-Analyse von Rogers und Havens[130]. Zum Verständnis dieser Statistik (siehe Tabelle 4) sei erwähnt, daß unter »fraternity« Verbindungen männlicher und unter »sorority« Verbindungen weiblicher Studenten zu verstehen sind. Diese Verbindungen sind den deutschen Burschenschaften durchaus vergleichbar. Sie sind aber, stärker als die deutschen Verbindungen, in ihrem Prestige nach dem sozialen Status der Eltern gestaffelt. In sehr vielen von ihnen müssen die Mitglieder ein Minimum von wöchentlichen »Dates« nachweisen. Da in den meisten Colleges die Studenten in der Regel auf dem Kampus wohnen, kann »dormitory« mit allgemeinem Studentenheim übersetzt werden; dort wohnen die Studenten mit dem niedrigsten Sozialprestige (die nicht in die dem Kampus angeschlossenen Verbindungshäuser aufgenommen wurden), oder die »Außenseiter«, die sich keiner Verbindung anschließen wollten.

Tabelle 4
Dating-Beziehungen der Verbindungsstudenten zu Studentinnen und Nicht-Studentinnen

	Fraternity mit hohem Prestige	Fraternity mit mittl. Prestige	Fraternity mit niedr. Prestige
Sorority mit hohem Prestige	29	16	6
Sorority mit mittlerem Prestige	20	12	7
Sorority mit niedrigem Prestige	13	4	10
dormitory für Mädchen	14	25	25
Nicht Studentin am hiesigen College	24	43	52
total	100%	100%	100%

Wenden wir uns jetzt der spezifischen Erniedrigung zu, die sich in dem institutionalisierten heterosexuellen Lern-System

130 E. M. *Rogers and Eugene Havens,* Prestige Rating and Male Selection on a College Campus, in *Marriage and Family Living,* Nr. 22, Feb. 1960, Tab. III.

des Dating-»Spiels« reproduziert. Vernon und Stewart kommen in einer empirischen Studie über »Einfühlungsvermögen als Prozeß in der Dating-Situation[131]« zu dem Schluß, daß das Einfühlungsvermögen (role taking or empathy) des einen Partners in den anderen desto höher ist, je häufiger zwei Partner miteinander »daten«. Dies Ergebnis ist nicht gerade überraschend. Überraschend, wenn auch unseren bisherigen Vermutungen entgegenkommend, ist aber das Ergebnis, daß mit den absoluten Dating-Erfahrungen (Anzahl der Dates mit verschiedenen Partnern pro Zeiteinheit) eines Individuums durchaus nicht seine Fähigkeit steigt, sich in den Partner »einzufühlen«, sondern daß die Personen mit häufigen Dates auf dem selben Niveau der emotionalen Entferntheit von ihren Partnern bleiben, wie die Personen mit sehr wenigen Dates. Man könnte aus dieser Studie herauslesen, obwohl den Autoren solche Schlüsse fernliegen, daß die Individuen aus dem Dating-Prozeß genauso hilflos und psychisch unentwickelt entlassen werden, wie sie in dieses System eingetreten sind und erst während fester Freundschaften (going steady) oder der Verlobungszeit (engagement) die Fähigkeit zum »Einfühlungsvermögen« entwickeln. Diese Fähigkeit muß dann aber auf dem Bodensatz der Dating-Erfahrungen und der mit ihnen verbundenen Schädigungen aufbauen; sie bleibt verstümmelt[132]. Ein winziger Ausschnitt dieser Schädigungen tritt in einer anderen empirischen Studie, über »männliche sexuelle Aggression auf einem Universitäts-Kampus«, von Kirkpatrick und Kanin[133], zutage. 56 % der in dieser Studie befragten Mädchen gaben an, daß sie im letzten Studienjahr mindestens einmal »angegriffen (offended)« worden seien! Diese 162 *offended girls* waren insgesamt 1022 »offensive episodes« ausgesetzt, also sexuellen Handlungen von seiten ihrer männlichen Partner, die sie selbst als unerwünscht interpretierten. Tabelle 5 zeigt, wie diese Mädchen 1. auf diese Handlungen emotional reagierten und 2. wie sie sich manifest — gegenüber ihren Partnern und ihrer Umwelt — verhielten.

Tabelle 5
Reaktionen von Mädchen auf die Versuche ihrer Partner, »unerwünschte« sexuelle Handlungen einzuleiten

131 *R. L. Stewart and G. M. Vernon*, Empathy as a Process in the Dating Situation, in *American Sociological Review*, Jhg. XXII, Nr. 1, 1957, S. 48—52.
132 Die psychischen und sozialen Folgen des Dating dürfen freilich nicht mit denen des Petting gleichgesetzt werden. Petting kann eine durchaus adäquate Form der Vorbereitung auf die genitale Praxis sein, — wenn auch mit einigen spezifischen Einschränkungen (z. B. der erhöhten Gefahr, später den Orgasmus nur durch orale oder manuelle Stimulation erhalten zu können, wenn das Petting »zu lange« als ausschließliche Form der sexuellen Befriedigung betrieben wird, — dazu siehe im einzelnen Kinsey).
133 *C. Kirkpatrick and E. Kanin*, Male Sex Aggression on a University Campus, in *American Sociological Review*, Jhg. XXII, Nr. 1, 1957, S. 52—58.

	»Necking and Petting« über der Gürtellinie	Petting unter der Gürtellinie	Versuchter und mit Gewalt versuchter Koitus
1. *Emotionale Reaktion der Mädchen*			
Angst	48	42	35
Schlechtes Gewissen	19	26	21
Furcht	15	23	38
Abscheu, Desillusionierung, Konfusion	18	9	6
total	100%	100%	100%
2. *»Was taten Sie?«*			
spez. Vermeidungsaktionen	37	25	31
Diskussion mit der eigenen Geschlechtsgruppe (z. b. »sorority«)	34	20	16
verheimlichen	19	46	49
mit dem »Angreifer« darüber sprechen	3	4	4
den Universitäts-Autoritäten berichten	7	5	0
total	100%	100%	100%

Zum Verständnis dieser Statistiken muß man sich vergegenwärtigen, daß mindestens die beiden letzten der unterschiedenen sexuellen »Angriffe« (Petting unterhalb der Gürtellinie, Versuchter Koitus) gewöhnlich erst nach einer Reihe von Dates von den betreffenden Partnern versucht worden sein dürften, zu einem Zeitpunkt also, wo sich die Dating-Paare immerhin schon »näher« kannten.
Wie ungenau und oberflächlich die Kategorien auch sein mögen, die dieser Studie zugrunde liegen, eines wird aus den Ergebnissen sehr deutlich. Das zwanghafte sexuelle Verhalten ist für sehr viele der beteiligten Mädchen mit Angsterlebnissen verbunden. Nur ein verschwindend geringer Teil unter ihnen ist aber fähig, diese Erlebnisse und Leiden zum Gegenstand der Diskussion mit ihren Partnern zu machen, was auch durch den institutionalisierten häufigen Partnerwechsel gar nicht anders sein kann. Die Ergebnisse sind um so schwerwiegender, als die befragten Mädchen doch immerhin zur intellektuell am besten ausgebildeten Bevölkerungsgruppe gehören, zu der Gruppe also, von der man am ehesten annehmen darf, daß sie ihre Erfahrungen und Leiden zum Gegenstand der Kommunikation machen kann. Die Auffassung von Gorer, daß die durch das Dating geprägten Individuen nicht mit »dauernder seelischer Verletzung« aus diesem Prozeß hervor- und in die Ehe gehen ist gewiß sehr naiv; mindestens muß man dieser

Auffassung einen sehr oberflächlichen Begriff von seelischer Gesundheit zugrundelegen.
In der Aufzählung der Dating-Merkmale wurde ausgespart, daß diese Form der Sexualpraxis in ihrer »höchsten« Variation als *double-dating* vorkommt. Darunter ist zu verstehen, daß zwei Freunde, bei der College-Jugend womöglich aus einem Schlafraum (room-mates, »buddies«), mit zwei Mädchen oder mit einem Mädchen »daten«. Diese Freunde haben dann zueinander stets engere seelische Beziehungen als zu dem (oder den) Mädchen; ihre Freundschaft überdauert die einzelne Dating-Sequenz; ja letztere kann geradezu die latente Funktion haben, die erstere zu festigen. Man wäre geneigt, diese Art der Beziehung als eine von der »Kultur« vorgesehene Einrichtung zur heterosexuellen Stabilisierung der in der Pubertät noch ungefestigten, nämlich bisexuellen Ziele des Sexualtriebes zu interpretieren. Diese gesellschaftliche Funktion kommt ja auch den Jugendfreundschaften in der bürgerlichen Kultur zu. Gegen diese Auffassung spricht freilich, daß das double-dating bis zum Ende der Dating-Periode des Individuums fortgeführt wird und ihr oftmals erst durch die plötzlich vorgenommene Verlobung oder Verheiratung ein unvermitteltes Ende gesetzt wird. Die Ehe erscheint in diesem Licht als der artifizielle Stabilisator einer noch immer nicht erreichten genitalen Struktur des Sexualcharakters. Diese Vermutung wird unterstützt durch das Vorherrschen zwanghaft heterosexueller Normen im Dating-System und durch seinen halbpromiskuösen Charakter, der es ermöglicht, die genitale Fassade herzustellen *und* sich in der Objektwahl infantil zu verhalten. Gorer selbst sieht auch diese Auffassung, die er doch so bruchlos mit der »seelischen Gesundheit« zusammenbringen kann, durch zwei Faktoren erhärtet, die die amerikanische Armee (in die die männlichen Jugendlichen gleich nach dem Dating-Alter aufgenommen werden) von allen anderen Armeen unterscheidet:
1. Alle homosexuell verdächtigen Männer werden aus dem Wehrdienst ausgeschlossen; die Musterung ist ausdrücklich auf das Erkennen von Homosexuellen abgestellt.
2. Es werden offizielle Anstrengungen unternommen, um das heterosexuelle Interesse der Soldaten ständig wachzuhalten, so sehr, daß es einem Fremden scheinen müsse, »als befinde sich die ganze Armee in einem Zustand krampfhafter Erregtheit[134]«.
Diese »krampfhafte Erregtheit« gemahnt an das »Protzen« der promiskuösen Ehepaare, welche es ebenfalls nicht zu einer Ausbildung der entfalteten Heterosexualität gebracht haben. In diesem Schluß wird man noch bestärkt, wenn man hört, daß

134 *Gorer*, a. a. O., S. 87.

»die Amerikaner« nicht eigentlich Abneigung, Abscheu oder Ekel vor der Homosexualität haben, wie das bürgerliche Individuum, das sich durch diese psychische Interpretation vor dem Manifestwerden der eigenen homosexuellen Komponente wehrte, sondern daß sie eine panische Angst vor ihr haben; »sie wird als unmittelbare, persönliche Gefährdung aufgefaßt, . . . als eine ausgesprochene Gefahr für die Integrität des betreffenden Mannes betrachtet und ruft eine heftige, ja panische Reaktion hervor[135]«. Die Tendenz zur frühen Verheiratung in den USA, vielleicht auch in den anderen spätkapitalistischen Ländern[136], und besonders die bei den amerikanischen Mittelschichten festzustellende Tendenz zur »plötzlichen« Heirat, sobald mit dem Verlassen des College der äußere Rahmen der »gespielten« Promiskuität wegfällt, deuteten dann eher auf die Stützungsbedürftigkeit einer infantil gebliebenen Sexual- und Charakterstruktur als auf einen integrierten genitalen Charakter.

Latente Homosexualität und »Angleichung der Geschlechter«

Die Psychoanalyse unterscheidet zwischen manifester und latenter Homosexualität. Die erste ist gekennzeichnet durch eine spezifische, ausschließliche oder vorwiegende Wahl des Sexualobjekts, nämlich des gleichgeschlechtlichen. Der Begriff der latenten Homosexualität trägt der Tatsache Rechnung, »daß alle Normalen neben ihrer manifesten Heterosexualität ein sehr erhebliches Ausmaß von latenter oder unbewußter Homosexualität erkennen lassen[137]«. Nach dieser Auffassung sind nicht nur »alle Menschen der gleichgeschlechtlichen Objektwahl fähig und haben dieselbe auch im Unterbewußtsein vollzogen. Ja, die Bindungen libidinöser Gefühle an Personen des gleichen Geschlechts spielen als Faktoren im normalen Seelenleben keine geringere, und als Motoren der Erkrankung eine größere Rolle als die, welche dem entgegengesetzten Geschlecht gelten.[138]« Das bedeutet, daß der Geschlechtstrieb ursprünglich unabhän-

135 a. a. O., S. 85.
136 Man könnte hier einwenden, daß diese Tendenz zur frühen Verheiratung doch auch in den sozialistischen Ländern zu verzeichnen ist und also von einem Faktor jenseits der Organisation der Produktivkräfte abhängen muß und letztlich in der Industrialisierung selbst begründet ist. Bei einem näheren Vergleich hochindustrialisierter kapitalistischer und sozialistischer Länder würde man aber sehr wohl feststellen, daß die Tendenz zur frühen Verheiratung in den sozialistischen Ländern von anderen Faktoren abhängt als in den kapitalistischen Ländern, gegenwärtig zum Beispiel von der *direkten* Unterdrückung der vorehelichen Sexualstrebungen in diesen Ländern, dann von der »sozialistischen« Familienmoral und -propaganda etc.
137 *Freud*, Über die Psychogenese eines Falles von weiblicher Homosexualität, Band XII, S. 300.
138 *Freud*, Drei Abhandlungen . . ., a. a. O., S. 22.

gig ist von den Objekten, auf die er sich (später) richtet. Die entsprechende biologische Grundannahme für diese dynamische Auffassung der Homosexualität ist die »konstitutionelle Bisexualität« des Menschen. Danach sind die Homosexualität und die Heterosexualität eines Menschen *erworben*, also spezifische Kulturleistungen. Zu der oben diskutierten Kulturleistung und jeweils individuell nachzuvollziehenden Leistung der Zusammenfassung der Partialtriebe zur sexuellen Einheit unter dem Primat der Genitalität tritt die kulturelle und individuelle Leistung der *heterosexuellen* Objektwahl hinzu, genauer gesagt, beide Leistungen erfolgen in den historisch bekannten Ausprägungen zusammen, unter wechselseitiger Kontrolle und Ergänzung.

Diese Auffassung schließt nicht aus, daß die endgültige, homo- oder heterosexuelle Objektwahl bei dem einzelnen Individuum von einem »konstitutionellen Faktor« unterstützt oder sogar ausgelöst werden kann. Freud hat auf diese Feststellung in allen klinischen Diskussionen der Homosexualität großen Wert gelegt. Das heißt aber nicht, daß der konstitutionelle Faktor der Homosexualität, der übrigens bis heute kaum näher erforscht oder bekannt ist als in der Zeit von Freud, das gleiche wäre wie »angeborene Homosexualität«. Diese gibt es soviel und sowenig wie angeborene Heterosexualität. Um diesen Sachverhalt zu charakterisieren und auf die soziale Determination der heterosexuellen Objektwahl hinzuweisen, hat Ferenczi den fast ironisch klingenden Terminus der »Zwangsheterosexualität[139]« geprägt. Die anale Komponente bei Homosexuellen darf so wenig wie irgendeine andere psychische Fixierung mit der Homosexualität ineins gesetzt werden. Diese Komponente bezeichnet zunächst eine von der Homosexualität unabhängige Fixierung der Sexualentwicklung und fällt dann mit einer von der manifesten Homosexualität ebenso unabhängigen Charakterfixierung zusammen[140]. Die voll ausgebildete Homosexualität kennt, ebenso wie die Heterosexualität, die beiden Grundformen der anlehnenden und der narzißtischen Objektwahl, mag auch bei der Homosexualität eine größere »Neigung zur narzißtischen Objektwahl« auffallen[141].

Kulturell stellt die Homosexualität heute *eine* Form des Steckenbleibens auf dem Weg von der biologisch ursprünglich richtungslosen Bisexualität zur gesellschaftlich geforderten genitalen Heterosexualität dar. Dabei ist das »genitale« Moment vom »heterosexuellen« Moment nur sehr schwer, nach den

139 *Sandor Ferenczi,* Zur Nosologie der männlichen Homosexualität, Werke Band I, S. 168.

140 *Freud,* Drei Abhandlungen . . ., a. a. O., S. 29: »Die sexuelle Rolle der Afterschleimhaut ist keineswegs auf den Verkehr zwischen Männern beschränkt, ihre Bevorzugung hat nichts für das invertierte Fühlen Charakteristisches«.

141 *Freud,* Über einige neurotische Mechanismen bei Eifersucht, Paranoia und Homosexualität, Band XIII, S. 204.

Freudschen Kategorien vom normalen, realitätstüchtigen Individuum überhaupt nicht zu trennen. Individuell müssen mit der Homosexualität stets bestimmte Schädigungen der Triebstruktur zusammenfallen. Aber diese Schädigungen sind nicht nur relativ zu den sozialen und persönlichen Forderungen des herrschenden Realitätsprinzips, sondern vor allem auch ein Resultat der psychischen Zwänge, mit denen dieses Realitätsprinzip seine Normen in der Sozialisierung durchsetzt. Sämtliche einzelnen für die Entstehung von Homosexualität angeführten Mechanismen und Blockaden: symbiotische Mutterbindung, infantiler Narzißmus, Kastrationsangst, Ausweichen vor der männlichen Rivalität, sind nicht der Homosexualität spezifisch zuzuordnen[142]; sie können ebenso den Ausgangspunkt für ein mehr oder weniger pathologisches heterosexuelles Schicksal markieren. Sollte die Neurosen-Rate im weitesten Sinne (also alle »nicht-klinischen Fälle« eingeschlossen) bei Homosexuellen tatsächlich höher sein als bei Heterosexuellen, so wäre dafür zuallererst das gesellschaftliche Tabu verantwortlich zu machen, das auf der Homosexualität lastet. Diesem Tabu sind in der einen oder anderen Manifestation der gesellschaftlichen Ächtung, der latenten oder manifesten Verfolgung und Bestrafung, alle Homosexuellen ausgesetzt; es wirkt so als ein »auslösender Faktor« der Neurose, für den es bei den Heterosexuellen keine Entsprechung gibt.[143]

All das ist keine Verteidigung der Homosexualität als Typus der Objektwahl. Man kann ihr wohl nur gerecht werden, wenn man fordert, daß in einer wirklich freien Gesellschaft alle einzelnen Schädigungen, von denen heute die Homosexuellen und die Heterosexuellen betroffen sind, überflüssig geworden sein müssen. Das schlösse ein, daß auch die zwanghafte homosexuelle Fixierung als Schicksal überflüssig würde. Erst auf einer solchen Stufe der gesellschaftlichen Organisation könnte sich zeigen, ob bei einer nicht-repressiven Zusammenfassung der Partialtriebe unter den Primat der Genitalität und bei psychisch wie gesellschaftlich möglicher freier Objektwahl wirklich eine quasi-natürliche Entwicklung zur Heterosexualität erfolgt, oder ob nicht-perverse, nicht-infantile Weisen bisexueller und homosexueller Objektwahl ohne gleichzeitige kulturelle Regression möglich sind. Erst auf dieser Basis also könnte entschieden werden, ob die Homosexualität in einer freien Gesellschaft »abstirbt«. Die bis heute hauptsächlich Spekulation gebliebenen Aussagen über die »natürliche Lust-

142 siehe *Freud*, Über einige neurotische Mechanismen . . ., a. a. O., S. 206.

143 Dazu *Adorno*, Sexualtabus und Recht heute, in: Eingriffe, Frankfurt 1963, S. 112: »Trügt meine Beobachtung nicht, so ist gerade unter den geistig begabten Homosexuellen besonders auffällig die psychologische Fesselung ihrer Produktivität, die Unfähigkeit, zustande zu bringen, was sie wohl vermöchten. Daran ist der permanente Angstdruck und die gesellschaftliche Ächtung, die ebenso die Gesetzgebung inspiriert, wie durch sie verstärkt wird, doch wohl beteiligt.«

prämie der Heterosexualität« und den »konstitutionellen Faktor der Homosexualität« würden erst dann wirkliche Erfahrungen werden und als solche zwanglos dem individuellen Sozialisierungsprozeß des Kindes und des Jugendlichen zugute kommen.

Weil die manifeste Homosexualität einem so mächtigen — mit der juristischen Sanktion ganz unzureichend erfaßten — gesellschaftlichen Tabu unterliegt, müssen auch die latent homosexuellen Strebungen, die »Bindungen libidinöser Gefühle an Personen des gleichen Geschlechts« eine höchst ambivalente und gefährliche Rolle in der Herstellung umfassender libidinöser Objektbeziehungen spielen. Die latente Homosexualität tritt in ihrer gesellschaftlich vorherrschenden Form immer als unterdrückte Homosexualität auf. In dieser Spannung zwischen unbewußtem Wollen, bewußtem Nicht-Wollen (Abscheu, Ekel, Angst, Desinteresse) und gesellschaftlichem Nicht-Dürfen wird sie zu einer kollektiven Verdrängung im Massenmaßstab; als solche kann sie zur sozialpsychologischen Basis für hochaggressive, individuelle und kollektiv destruktive Verhaltensweisen und entsprechende politische Bewegungen werden.
Für die Entstehung und den Zusammenhalt der faschistischen Massenbewegung in Deutschland hat eine besondere historische Ausprägung der latenten Homosexualität einen wichtigen Anteil. Erich Fromm hat 1936 in »Autorität und Familie« diese historische Erscheinungsform als »autoritär-masochistischen Charakter« analysiert:
»Hier ist die Tatsache zu erwähnen, daß der Sado-Masochismus gewöhnlich mit einer relativen Schwäche der heterosexuellen Genitalität einhergeht. Dies hat zwei Konsequenzen. Einmal die, daß die prägenitalen und speziell die analen Strebungen relativ stark entwickelt sind und ihren Ausdruck in den charakterologischen Erscheinungen von Ordentlichkeit, Pünktlichkeit, Sparsamkeit finden, die in dem Charakter des kleinbürgerlich autoritären Typs eine so offensichtliche und sozial wichtige Rolle spielen. Die andere Konsequenz ist das Vorhandensein von homosexuellen Strebungen. Inwiefern die sado-masochistische Triebstruktur mit der Homosexualität zusammenhängt, ist ein in vieler Hinsicht noch wenig geklärtes Problem. ... Das Liebesleben dieses Typs weist so eine eigenartige Spaltung auf. In physiologischer Hinsicht ist der durchschnittliche autoritäre Mann heterosexuell. In seelischer Hinsicht aber ist er homosexuell, mit anderen Worten, er ist wohl der Frau gegenüber im Sinne der Befriedigung der körperlich sexuellen Impulse potent und damit auch im Sinne des zur Gründung einer Familie und zur Erzeugung von Kindern notwendigen Mindestmaßes an heterosexueller Praxis; in seelischer

Hinsicht aber ist er homosexuell und der Frau gegenüber feindselig, grausam eingestellt. Dieses Stück Homosexualität wird relativ häufig bei einer Reihe von Individuen sich auch zur manifesten Homosexualität im engeren Sinne verwandeln, wofür ja die extremen Autoritätsstrukturen der neuesten Zeit genügend Beispiele bieten. Die Fälle manifester Homosexualität sind aber nicht die soziologisch wichtigen. Wichtig ist vielmehr jene zärtlich liebevolle masochistische Bindung des schwächeren zum stärkeren Manne, die einen um so wichtigeren und notwendigeren Kittfaktor darstellt, je mehr auf Grund der realen gesellschaftlichen Situation diese Beziehung irrational und den realen Interessen des Schwächeren widersprechend ist[144].«

Demgegenüber ist für die jüngste Epoche der kapitalistischen Herrschaft ein Funktionswandel der latenten Homosexualität festzustellen. In der gegenwärtigen Sozialisation, besonders durch Reklame und Konsumanpassung, seit neuestem aber auch in der gesteuerten Familiensozialisation selbst[145], werden die spezifisch analen Reaktionsbildungen zumindest nicht mehr so rigide anerzogen. Auch die Partialtriebe scheinen insgesamt kontrolliert — ein Stück weit freigelassen und dann durch den genitalen Zwang sozial »unschädlich« gemacht zu werden. Die heterosexuelle Genitalität wird dabei noch mehr geschwächt; aber dabei dürfte die Heterosexualität einiges von der vordergründigen Bedrohlichkeit verlieren, auf die der sadomasochistische Charakter so ängstlich und aggressiv (gegen die Frau) reagierte. Adorno trägt dieser aktuellen Entwicklung in dem nicht weiter verfolgten Gedanken Rechnung, »daß im zwanzigsten Jahrhundert, möglicherweise aus einer unbewußten Homosexualisierung der Gesellschaft heraus, das erotische Ideal infantil wurde, zu dem, was man vor dreißig oder vierzig Jahren mit lüsternem Schauer Weibkind nannte[146]«. Der Begriff der *Homosexualisierung* ist insofern unangemessen, als er sich noch viel zu neutral gegenüber der in Frage stehenden Entwicklung verhält. Die Homosexualität ist immerhin sehr häufig eine exquisit phallisch-genitale Sexualpraxis, die durchaus ich-synton sein kann. Gegenwärtig werden dagegen die latent homosexuellen Strebungen in die genitale Fassade sozusagen widerspruchslos eingebaut. Das andersgeschlechtliche Objekt, dem sich der autoritär-masochistische Charakter wegen seiner Genitalschwäche nicht mehr gewachsen fühlte, wird jetzt selbst mit fast manifest »homosexuellen« Eigenschaften (des Verhaltens) und Accessoirs (des Aussehens, der Kleidung, der

144 *Erich Fromm* in: Autorität und Familie, Band 5 der Schriften des Instituts für Sozialforschung (hrsg. v. Marx Horkheimer), Paris 1936, S. 125 f.

145 siehe z. B. den Artikel: Wann hat der Topf ausgedient?, in *Eltern* vom 5. 2. 1968, S. 22 f.

146 *Adorno*, Sexualtabus und Recht heute, a. a. O., S. 113.

Sprache und Gestik) ausgestattet. Aber was hier als »homosexuelle Eigenschaften« beschrieben werden kann – die längeren Haare beim Mann; der erotischere Gang des Mannes; die »männlichen«, aggressiven Modeaccessoirs bei der Frau (im Herbst 1967: grobgliedrige Ketten als Taillenzierde für Rock und Hose, knielange Stiefel nach Reiterart; Panamahüte mit Kinnschleife); schließlich die Angleichung der weiblichen und männlichen Mode für »Twens« überhaupt (im men's shop kaufen beide Geschlechter) diese Eigenschaften sind nur die »homosexualisierte« Oberfläche einer infantilen Struktur. Was darunter stattfindet, ist eine »Nivellierung der Geschlechterspannung«. Diese Kategorie beschreibt die kollektive Regression auf infantile Stadien historisch und ideologie-kritisch als Auflösung der bürgerlichen, genitalen Sexualität und ihrer spezifischen männlichen und weiblichen Charakteristika. Peter Furth erklärt diese Nivellierung in einer Diskussion mit Herbert Marcuse: »Weil, wenn diese Spannung abgeschwächt, in neue Rollen geprägt werden kann, die weniger von dieser Spannung enthalten, dann gerade das passieren kann, was wir eben schon einmal berührt haben, nämlich Repression indirekt und nicht mehr mit Tabus, die den Widerspruch erregen, die als Widerspruch nicht bewußt werden müssen, sondern unterderhand schon vorweg, als Vorzensur von jedem, ohne daß er sie weiter bemerkt und sich an ihr abarbeiten muß; weil also auf diese Art und Weise Repression viel geheimer, viel stiller und deswegen wirksamer stattfindet – aus diesem Grunde ist die Gesellschaft doch interessiert, obwohl sie auf Widersprüche sich gründet, diese Widersprüche spannungslos zu machen.[147]« Das Modell dieser Spannungslosigkeit ist das vorübergehend (nach dem Säugen) befriedigte Kind. Die entsprechende individualpsychologische Kategorie zu der historischen, die die Auflösung der Geschlechterspannung beschreibt, wäre danach in etwa »Nicht-mehr-Spezifizierung« der Geschlechter. Adorno hat dieses zentrale Moment der Infantilität gemeint, wenn er davon sprach, daß »das erotische Ideal infantil wurde«. Auch hier könnte man sagen, daß den psychisch ununterscheidbar gewordenen, nämlich noch infantilen männlichen und weiblichen Wesen »nachträglich« eine soziale und genitale Geschlechtsrolle aufgesetzt wird, damit durch dies Moment ihrer »künstlichen« Unterscheidung und Zuordnung die traditionellen, ökonomisch überholten Herrschaftspositionen (Überlegenheit des Mannes) und die ihnen entsprechenden Sexualtabus (Abwehr der Homosexualität) weiterhin aufrechterhalten werden können.

Zugleich kündigt sich in dem Abbau sozial scharf differen-

147 *Peter Furth und Herbert Marcuse,* Emanzipation der Frau in der repressiven Gesellschaft, in *Das Argument,* Nr. 23, 1962, S. 10.

zierter Geschlechtsrollen auch eine endlich möglich gewordene Individualisierung des Geschmacks, der spezifischen Eigenschaften einer Person und eine Ausweitung der persönlichen Repräsentation an, die etwas Utopisches an sich hat. Peter Brückner hob als fortschrittliches Moment der Berliner »Kommune I« hervor, daß sie die Fähigkeit zur Wahrnehmung minimaler (kognitiver) Differenzen bewußt gemacht habe[148]. Das entwickelte Ich drückt den Grad seiner Differenzierung in der Unterscheidung feinster Wahrnehmungsdifferenzen aus. Die Geschlechterspannung ist in allen bisherigen Kulturen sozial gewaltig überzeichnet und unter ungeheurem Zwang aufrechterhalten worden. Sie verlöre bei einem, einzig als sozialistisch zu bezeichnenden, hohen Grad kultureller Ich-Entwicklung nicht ihre Kraft, wenn sie äußerlich nicht länger scharf markiert wäre. Vielmehr würde das Verschwinden äußerlicher Kennzeichnung der Geschlechtermarkierung — Tabu der Homosexualität, geschlechtsspezifische Zuordnung der Kleidung, Haartracht, Gestik, Bewegung, des gesamten sozialen Verhaltens — das Spannungsgefälle zwischen den Geschlechtern enorm individualisieren und so ihre Beziehungen endlich vermenschlichen.

148 *Peter Brückner*, a. a. O., S. 114.

6. Was heißt: Abwehr repressiver Entsublimierung?

Abwehr ist gleichermaßen ein Begriff aus dem Zusammenhang politischer Kämpfe und seelischer Kämpfe. Das Moment der Befreiung wird dabei verschieden veranschlagt. Als politischer Begriff bezeichnet er Kampfformen der beherrschten Klasse gegen »Übergriffe« der herrschenden Klasse in Situationen, wo die Klassenkonflikte dadurch gekennzeichnet sind, daß die beherrschte Klasse so wenig gewöhnt ist, ihre materiellen Interessen geltend zu machen, daß sie sich eben nur noch gegen extreme Übergriffe der herrschenden Klasse wehrt und nicht kontinuierlich oder bewußt das gesamte System bekämpft, das diese »Übergriffe« produziert. Das Charakteristikum der Abwehrkämpfe auf Betriebsebene — wilde Streiks, Proteste gegen Zechenschließungen, Warnstreiks etc. — ist, daß um das *vorhandene* Lohnniveau gekämpft wird oder für die *Erhaltung* von Arbeitsplätzen und Sozialleistungen. Diese Abwehrkämpfe sind nicht von vornherein unpolitisch oder systemstabilisierend. Wenn zum Beispiel in der letzten Streikwelle im Winter 1967 in der hessischen Gummiindustrie die Arbeiter immer wieder den unpolitischen Charakter ihres Streiks betonten — »dieser Streik hat mit Politik nichts zu tun«, — so war in dieser Benennung ihres eigenen falschen Bewußtseins von Politik und Wirtschaft zugleich ein entscheidendes Moment von Klassenbewußtsein enthalten, denn sie war bei näherem Hinsehen als Abwehrreaktion gegen die Presse und die Betriebsleitungen zu verstehen, die von der »kommunistischen Steuerung« dieser Streiks sprachen; die Arbeiter brachten gegen diese Behauptung zum Ausdruck, daß *sie selbst* es sind, die streiken[149]. Solche *Abwehrkämpfe* sind auf Betriebsebene eine Möglichkeit, Ansätze von Klassenbewußtsein herzustellen und Formen des Klassenkampfes zu entwickeln; nach dem traditionellen Begriff von Klassenkampf sind diese Kämpfe dem Klassenkampf noch immer trade-unionistisch vorgelagert. Man sollte sich aber nicht über die unsicheren und ambivalenten Erfolge dieser Abwehrkämpfe täuschen. Durch die Radikalisierung der Protestaktionen im Zusammenhang der Zechenstillegungen an der Ruhr scheint die politische Stimmung zunächst eher nach rechts als nach links zu gehen[150]; in einzelnen Abwehrkämpfen werden oftmals ausschließlich elitäre Privi-

149 siehe *Express International*, Nr. 53, Jan. 1968: Streik- und Bewußtseinsbildung.
150 jedenfalls, den verschiedenen Agenturmeldungen und Zeitungsberichten zufolge, in den gesamten Wintermonaten 1967/68.

legien innerhalb der eigenen Schicht verteidigt und nicht für die Verbesserung der sozialen Lage der gesamten Klasse gekämpft[151] – und selbst das wäre noch eine beschränkte gewerkschaftliche und keine sozialistische Bestimmung.

Die einzelnen und in ihrer Einzelheit beschränkten lohn- und sozialpolitischen Abwehrreaktionen oder Offensiven auf betriebs- oder branchenspezifischer Ebene sind ein notwendiger Bestandteil jeder klassenkämpferischen Politik; sie sind das Medium, durch das sich der Klassenkonflikt aktuell konkretisiert. Aber einheitlich positiv zu bewerten sind diese Formen der Abwehr nur, wenn sie mit der ständigen Repräsentanz einer politischen Bewegung – als Partei oder formal lockerer Organisation – vermittelt sind; erst dann können sie überhaupt zum Medium werden, das dem Abwehr-Charakter dieser Aktionen gleichzeitig den Charakter der Befreiung verleiht.

Dieser politischen Vermittlung entspricht eine psychologische Vermittlung, welche mit einem psychoanalytischen Begriff gekennzeichnet werden kann, der die psychologische Dimension der politischen Abläufe entfaltet. Die Arbeitermassen sind im Faschismus nicht nur ihrer bewußten Führung beraubt worden und ihrer Organisationen verlustig gegangen; sie sind auch des *kollektiven Ich-Ideals* beraubt worden, das sie in der vorfaschistischen Zeit besessen hatten. Das Bewußtsein der Arbeiterbewegung und der Rückhalt, den sie in den Massen hatte, die nicht permanent und aktiv in ihren Organisationen engagiert waren, sind nur der »bewußte« Ausdruck dieses Ich-Ideals. Dies Ich-Ideal gab ihnen die Möglichkeit, die Differenz zwischen ihrer eigenen Unterdrückung, den immer wieder konkret erfahrenen Niederlagen und den politischen Ansprüchen und Versprechen der marxistischen Theorie als Trotz, als Stärke und als Solidarität zu realisieren und nicht als Resignation. Es findet seinen kollektiven Ausdruck in dem Bewußtsein des »wir werden schließlich doch siegen«, das der Arbeiterbewegung auch einen emotionalen Rückhalt gegen alle »vorübergehenden« und »augenblicklichen« Siege des Kapitalismus verschaffte. Die Idealisierung der eigenen Klasse und ihrer Lebensinhalte war der Schutz gegen die herabsetzende Haltung der herrschenden Klasse, die die ökonomische Ausbeutung und politische Unterdrückung immer damit rechtfertigte, daß sie auf die quasi-biologische Kulturunfähigkeit der Arbeiterklasse hinwies und ihr damit auch jede Menschlichkeit absprach.

Diese Idealbildungen der sozialistischen Arbeiterbewegung wurden in den Jahren vor dem Faschismus immer weiter zersetzt. Diese Zersetzung findet ihren Ausdruck in der Familien-

151 so auch etwa in dem wilden Streik bei Faber und Schleicher, Offenbach, im November 1966, der innerhalb der sozialistischen Linken als vorbildlich dargestellt wurde. Siehe *Heinz Jung*, Analyse des Abwehrkampfes einer Betriebsbelegschaft, in *Marxistische Blätter*, Nr. 1, Jan./Febr. 1967, S. 57 f.

situation und Familienerziehung des Proletariats, in verschiedenen spalterischen Taktiken der Arbeiterorganisationen, selbst in den immer wortradikaler werdenden Sprüchen auf Transparenten und Flugblättern. Aber auch das Ich-Ideal der Arbeiterbewegung kommt zum Ausdruck auf allen Flugblättern, Transparenten und Demonstrationszügen dieser Zeit; es konnte nur ausgebildet und stabilisiert werden in den fünfzig Jahren des objektiven, konkret anschaubaren Siegeszuges der Arbeiterbewegung von 1880 bis 1930. Dies Ich-Ideal war zu schwach, um den Faschismus abzuwehren. Aber gemessen an den psychologischen und ökonomischen Mitteln, auf die sich die faschistische Bewegung stützen konnte, und die der sozialistischen Arbeiterbewegung aus strukturellen Gründen verwehrt waren, muß man zunächst sagen: Das Ich-Ideal der Arbeiterbewegung war stark genug, den Faschismus *so lange* abzuwehren.

Das *Ich-Ideal* darf nicht mit dem Über-Ich gleichgesetzt werden. Es ist viel eher eine Funktion des Über-Ichs, die nur auf der Basis eines relativ selbständigen, nicht zwischen Es und Über-Ich zerrissenen Ichs, ausgebildet werden kann. Freud schreibt über dieses Über-Ich: »Es ist auch der Träger des Ich-Ideals, an dem das Ich sich mißt, dem es nachstrebt, dessen Anspruch auf immer weitergehende Vervollkommnung es zu erfüllen bemüht ist. Kein Zweifel, dieses Ich-Ideal ist der Niederschlag der alten Elternvorstellungen, des Ausdrucks der Bewunderung jener Vollkommenheit, die das Kind ihnen damals zuschrieb[152].« Diese Bewunderung der elterlichen Vollkommenheit ist in der frühen Kindheit ein adäquates und rationales Verhalten, — sie gibt die dauernden Anreize für das kindliche Autonomiestreben ab, das auf diese Weise seinen gekränkten Narzißmus mit der Stärke seiner Eltern wiederherstellt und somit zur Sublimierung seiner eigenen narzißtischen Strebungen gelangt. Wenn diese infantile Bewunderung der Eltern im späteren Leben nicht bloß auf erweiterte Autoritäten übertragen wird, sondern wenn diese Übertragung zu qualitativ neuen und dem erwachsenen Individuum entsprechenden Idealbildungen verarbeitet wird, hat das Über-Ich, das diese Idealbildung formuliert, eine positive Funktion für die persönliche und soziale Orientierung des Individuums; diese Funktion wird als Ich-Ideal bezeichnet. Der verinnerlichte Partei-Apparat im rigiden Über-Ich des kommunistischen und sozialdemokratischen Funktionärs ist regelmäßig der Ausdruck dafür, daß die frühere Bewunderung der Eltern nur gegen eine ebenso abhängige Bewunderung der Partei-Autorität eingetauscht wurde, die infantilen Anteile und Unvollkommenheiten der abhängigen Bewunderung aber nicht überwunden wurden. Hier sollte man auch eher von autoritärer Unterord-

152 *Freud*, Die Zerlegung der psychischen Persönlichkeit, Band XV, S. 71.

nung sprechen, zu der das Über-Ich gerade nicht der Funktion des Ich-Ideals bedarf; ein Anspruch des Ichs auf immer weitergehende Vervollkommnung ist diesem Verhalten jedenfalls nicht eigen. Dieser Anspruch wurde in den kollektiven Idealbildungen der Arbeiterbewegung betont: In ihrer *Solidarität*, durch die die autoritäre Abhängigkeit überwunden werden soll; in ihrer *Disziplin*, die dem, als einzelnen, noch schwachen Ich kollektiv auferlegt wird; in ihrem *Bewußtsein des Sieges*, dem kollektiven Ausdruck des Strebens nach Vollkommenheit; in ihrer *Utopie des Kommunismus*, dem konkreten Modell der Vollkommenheit. Es ist klar, daß dieser Anspruch nur unvollkommen erfüllt wurde; anders hätte mit der Liquidierung der Organisationen der Arbeiterbewegung nicht auch das kollektive Ich-Ideal ihrer Angehörigen so vollkommen und vor allen Dingen nicht so rasch ausgelöscht werden können.

Das Ich-Ideal ist gewissermaßen näher am Ich als das Über-Ich. Wo es existiert, zeigt es gleichzeitig, daß das Über-Ich im Idealfall wirklich aus dem Ich *entsteht* und nicht nur diesem aufgesetzt wird — wie es in den gegenwärtigen Über-Ich-Bildungen immer mehr der Fall zu sein scheint. Das Ich-Ideal formuliert dann auch unmittelbar die Funktionen, die das Ich auszuüben hat: Bewußtseinsleistungen, Realitätskontrolle, Triebkontrolle, Triebverteilung etc. Insofern hängt die Qualität des Ich-Ideals, im Gegensatz zur Qualität des Über-Ichs, unmittelbar von der Stärke des Ichs ab.

Erich Fromm stellte in »Autorität und Familie« fest, daß die Ausbildung des Ichs eng an die soziale Position seines Trägers im Herrschaftsprozeß gebunden ist: »Die Klasse, die als leitende den größten Überblick hat, ist während der Blüte ihrer Herrschaft auch die fortgeschrittenste in ihrer Ich-Entwicklung.« Er leitete aber aus dieser richtigen klassentheoretisch bedeutsamen Feststellung eine soziologische Hypothese zur gesellschaftlichen Entwicklung ab, die sich nur in ihrer ersten — negativen — Hälfte bisher bestätigt hat und deren zweite — positive — Hälfte sich heute immer deutlicher als falsch zu erweisen scheint: »Je mehr aber sich die gesellschaftlichen Gegensätze vertiefen, je weniger die herrschende Ordnung ihrer Aufgabe in einem rationellen und fortschrittlichen Sinne gerecht wird, desto weniger führt auch die gesellschaftliche Rolle der Leitenden zur Stärkung ihres Ichs, und desto mehr wird der Prozeß ihres Ich-Wachstums auf andere gesellschaftliche Gruppen übergehen.« Diese andere gesellschaftliche Gruppe ist auch bei Fromm im Jahre 1936 noch das Proletariat, das als Klasse zur Herrschaft kommt und von der voraufgegangenen bürgerlichen Klasse die wertvollsten Teile von deren Ich-Entwicklung übernimmt, wie sie sich in der Kultur der Gesellschaft objektiviert haben und damit gleichzeitig ihre eigene kollektive

Ich-Entwicklung fördert. – Dieses Modell ist eine zu einfache Übertragung des Ablaufs der bürgerlichen Revolution auf die seelischen und sozialpsychologischen Begleitumstände der intendierten sozialistischen Revolution. Ich will die Kritik an diesem Modell der »Weitergabe von gesellschaftlich erworbenen Ich-Qualitäten an die revolutionäre Klasse« als Zusammenfassung der in den vorigen Kapiteln von speziellen Gesichtspunkten her behandelten Tendenzen zur kollektiven Auflösung von Ich-Qualitäten vorwegnehmen. In den gegenwärtigen spätkapitalistischen Gesellschaften bahnen sich Weisen der Stabilisierung der sozio-ökonomischen Herrschaft an, unter denen die Beherrschten und die Herrschenden nur mehr über ein geringes Maß an Ich-Stärke zu verfügen brauchen, ohne daß der Bestand dieses Herrschaftssystems gefährdet wird. Positiv ausgedrückt, die herrschende Klasse büßt zwar einige ihrer traditionellen – vom aufstrebenden Bürgertum ausgebildeten Ich-Fähigkeiten ein, aber gleichzeitig – und zum Teil *deshalb*[153] – ist sie noch stark genug, dafür Sorge zu tragen, daß die im Gesamtprozeß der kapitalistischen Produktion objektivierten Resultate dieser einstmaligen Ich-Leistungen nicht an die beherrschte Klasse übergehen; damit sie ihre Herrschaft sichern kann, ist dies sogar notwendig. Ein ökonomisch und soziologisch äußerst relevantes Produkt dieser Methode der Herrschaftssicherung ist, daß ein wesentlicher Anteil der potentiellen intellektuellen Resourcen, über die die Gesellschaft bereits einmal verfügt hat, unterdrückt, nicht mehr ausgebildet, oder mindestens nicht mehr gesellschaftlich honoriert werden. Zu diesen potentiellen Resourcen gehören insbesondere die kreativen (Ich-)Fähigkeiten. Das bedeutet: Die Entwicklung gesellschaftlich längst möglicher Bedürfnisse und der Weise ihrer Befriedigung wird real unterdrückt. Dieser Preis muß notgedrungen bezahlt werden, weil eine Weiterentwicklung dieser Fähigkeiten, vielleicht bereits der bloße Verzicht auf ihre permanente Verstümmelung, zugleich eine ernsthafte Gefahr für die bestehende Reproduktionsweise des sozio-ökonomischen Systems des Spätkapitalismus bedeuten würde. Claus Offe, der dies Verhältnis soziologisch analysiert hat, spricht deswegen den gegenwärtigen kapitalistischen Sozialsystemen auch die Qualität »Leistungsgesellschaften« ab; dieser Begriff ist gewissermaßen noch viel zu neutral für diese Gesellschaften, in denen die individuelle Ausbildung von Leistungsfähigkeit kollektiv unterdrückt wird[154].

153 Ohne den kollektiven Verlust von Fähigkeiten wie Ehrlichkeit, Humanität, bürgerlicher Toleranz, Empfindsamkeit könnte die herrschende Klasse die kollektive Barbarei und Brutalität, wie sie etwa im Vietnam-Krieg produziert werden, auch gar nicht verkraften.

154 *Claus Offe*, Leistungsprinzip und industrielle Arbeit – über einige Mechanismen der Statuszuteilung in Arbeitsorganisationen der industriellen Leistungsgesellschaft, Promotions-Manuskript, Frankfurt 1968.

In diesen Gesellschaften sind die kulturell geforderten Ich-Leistungen der oberen Mittelschicht im allgemeinen die Norm, an der alle Sozialschichten gemessen werden, ebenso wie deren sexuelles Verhalten zum Maßstab der juristischen Norm im Strafrecht und vor allem im Strafvollzug erhoben wird. Die in sich repressive Normierung von eingeschränkten Ich-Qualitäten kann besonders gut gezeigt werden an der Zugrundelegung eines einheitlichen Intelligenzquotienten (IQ) für die Messung der »Leistungseignung« aller sozialer Schichten; die IQ's werden fast ausschließlich aus der Mittelschichtenanalyse gewonnen. Dabei werden nur die »sozial nützlichen« Leistungen eines Individuums gemessen, besonders die an die mittelständischen Berufe gestellten Forderungen; es ist empirisch nachgewiesen worden, daß die IQ's die »kreativen« Fähigkeiten gewissermaßen ablehnen und nur die »reproduktiven« Fähigkeiten eines Individuums honorieren[155]. Aber wegen dieser für sie doppelt geltenden Einschränkungen können die Angehörigen der Unterschicht den allein honorierten Leistungsnachweis am wenigsten erbringen. Ihre ökonomische Unterdrückung wird also durch soziale Auslesemechanismen verstärkt. Insofern die sozialen und psychischen Leistungsqualitäten der Mittelschicht zur Norm für die gesamte Gesellschaft erhoben werden, hat diese Schicht wirklich teil an der Ausübung sozialer Herrschaft. Von den Unterschichten wird dies auch vage registriert in der resignativen Anerkennung ihrer Unterlegenheit. Zu einem Verhalten, das noch entfernt an die Orientierung an einem Ich-Ideal erinnert, scheint es dabei vornehmlich dort zu kommen, wo die Angehörigen der Unterschicht politisch-oppositionelle Manifestationen von Mittelschichtangehörigen als Äußerungen von Herrensöhnen (Studenten, Intellektuellen, Nichtstuern) interpretieren und abwehren. Den Kern dieser Abwehr bildet aber gerade ein starres Festhalten an alten Mittelklasse-Normen; man wird also eher von einer rigiden Orientierung am Mittelklassen-Über-Ich sprechen müssen, als von einem eigenen kollektiven Ich-Ideal der Unterschicht[156]. Die Ähnlichkeit der dabei angewendeten Abwehrtechniken mit psychotischen (wahnhaft projektiven und regressiven) Abwehrmecha-

155 nachgewiesen bei *Oevermann*, a. a. O., Oevermann berichtet dort u. a. von einer Studie, in der nachgewiesen wird, daß »Kreativität« und der gemessene Intelligenz-Quotient kaum miteinander korrelieren; loc, cit. S. 179.

156 Natürlich gilt diese rigide Orientierung der Unterklasse an den Normen der Mittelklasse nicht in allen spätkapitalistischen Ländern und in keinem von ihnen absolut. Selbst in den USA, wo dieser Prozeß am weitesten fortgeschritten sein dürfte, gibt es Gegenbeispiele, die freilich eher als Reste denn als Ansätze von Klassenbewußtsein zu beurteilen sind. So schreibt *Peter Marris* über soziale Faktoren bei Wohnverhältnissen, Report on Urban Renewal in the United States, in: L. J. Duhl (ed.), The Urban Condition, S. 137, über ein sozial gut integriertes Unterklassen-Wohnviertel, das als »Slum« deklariert und abgerissen wurde: ». . . Wenn das alles wäre, würde die Subkultur so trübselig sein, wie sie vielen konventionellen Beobachtern erscheint – apathisch, richtungslos, konformistisch, intolerant verschreckt. Aber ihre gegenläufige Ethik ist dagegen fähig, diejenigen

nismen bezeichnet den psychologischen Ausdruck der gegenwärtigen Formation falschen Bewußtseins. Denn diese Abwehr schlägt sich politisch auf die falsche Seite, nämlich auf die der auch für die Mittelschichten repressiv normierten Ich-Qualitäten von rigider Leistung, Zwang und Gehorsam. Insofern ist die Mittelschicht genauso beherrschte Klasse wie die Unterschicht, weil auch für sie nur *eingegrenzte* Ich-Qualitäten toleriert, gefördert und prämiert werden.

Dabei ist aber die Unterschicht auch heute noch das größere Opfer. Ihr wird weniger Möglichkeit als den Mittelschichten gelassen, zu einer, wenn schon repressiven, so doch wenigstens individuell sich durchsetzenden Ich-Identität zu gelangen, — auf der ein kollektives Ich-Ideal erst errichtet werden könnte. Dieser Zusammenhang wird besonders deutlich aufgezeigt in einem Aufsatz von Heide Berndt »Zur Soziogenese psychiatrischer Erkrankungen«. In der amerikanischen Unterschicht sind psychotische Zusammenbrüche (besonders schizophrene Erkrankungen) im Durchschnitt häufiger als in allen anderen Sozialschichten. Heide Berndt erörtert von diesem allgemeinen Befund her die in der amerikanischen empirisch-psychiatrischen Literatur implizit gestellte Frage, warum die Rollennormierungen in den Unterschichtfamilien so sehr einem »zwangsneurotischen kollektiven Abwehrmechanismus[157]« gleichen. Sie kommt unter anderem zu dem Schluß, daß die Angehörigen der Unterschicht, im Bestreben, sich sozial und ökonomisch durchzusetzen, die Werte der Mittelschichten übernehmen müssen. Aber das Unterklassen-Normen- und Erziehungssystem, von deren Basis aus die Anpassung vorgenommen werden soll, ist den entsprechenden Systemen der Mittelklasse unterlegen. In der Verfolgung dieses Ziels erfolgen psychotische Zusammenbrüche darum mit größerer Häufigkeit, weil die Mitglieder der Unterschicht für die Normen der Mittelschicht nicht zureichend ausgebildet (sozialisiert) sind und sich darum *zwanghaft* an Normen anpassen müssen, die ihren Lebensverhältnissen nicht entsprechen und ihnen nicht gerecht werden können. »Gerade die psychotischen Abweichungen erscheinen demnach als das individuelle Zerbrechen an Klassenbeschränkungen, deren Überwindung allzusehr auf der individuellen, nicht aber auf der kollektiven Ebene versucht wird[158].«

Wenn man den Ausdruck »Klassenbeschränkungen« in Klassenschranken und den Ausdruck »kollektive Ebene« in Klassen-

Tugenden hochzuhalten, die mit den amerikanischen Normen am schwersten zu vereinbaren sind; sie setzt Treue über Ehrgeiz, Solidarität über Konkurrenz, persönliche Beziehungen über unpersönliche Ziele, Freigebigkeit über Sparsamkeit und den Genuß des Gegenwärtigen über die Sorge um die Zukunft.«

157 *Heide Berndt*, Zur Soziogenese psychiatrischer Erkrankungen, a. a. O., S. 472.

158 *Berndt*, a. a. O., S. 473.

kampf übersetzt und das gesamte Verhältnis — mit allen Einschränkungen — auf die Bundesrepublik oder eine absehbare Tendenz in allen spätkapitalistischen Ländern überträgt, wird deutlich, welch zentralen Sachverhalt der Begriff des *kollektiven Ich-Ideals* anspricht. Man wird nämlich an dieser Stelle einwenden, daß auch die Arbeiterklasse vor dem Faschismus sich stark an der Ideologie des Kleinbürgertums ausrichtete. Das ist richtig. Wilhelm Reich und andere Theoretiker der Arbeiterbewegung haben immer wieder beklagt, daß sich die proletarische Familie genauso wie die kleinbürgerliche als »Ideologiefabrik« eigne. Warum erreichen dann die psychotischen Zusammenbrüche in den Unterschichtfamilien erst in dieser Generation eine so gravierende Häufigkeit? Gegen die zwanghaft normierende Macht des mittelständischen, herrschaftskonformen Ideals hatte die Arbeiterbewegung wenigstens partiell ihr Gegenideal der positiven Bestimmung von proletarischen Werten errichten können. Wenn auch diese Werte in die proletarische Familie nur sehr unzulänglich Eingang fanden, so galt doch für den Betrieb: »alle Räder stehen still, wenn dein starker Arm es will«. Die stabilisierende Wirkung dieses Ideals für die soziale Identität und die psychische Gesundheit der Angehörigen der Unterklasse kann nicht ausdrücklich genug betont werden. Wo dieses Ideal nicht nur als fremdes aufgesetzt war, nicht als autoritäres Über-Ich, sondern im Sinne eines kollektiven Ich-Ideals wirkte, setzte es wirklich mächtige Impulse für den Klassenkampf frei. Organisationen wie die »Rote Hilfe« oder die »Internationale Arbeiterhilfe« konnten die Funktion der Bildung eines kollektiven Ich-Ideals in den letzten Jahren vor dem Faschismus höchstwahrscheinlich besser übernehmen, weil sie den unmittelbaren Bedürfnissen der Massen besser entsprachen als die erstarrten und in ihrer Entfernung von den Massen autoritär wirkenden Partei- und Gewerkschaftsapparate. Bewegungen wie die Sex-Pol sind eigens zu diesem Zweck geschaffen worden. Das kollektive Ich-Ideal setzte wirksame und positiv zu bewertende Abwehrmechanismen in Bewegung, im politischen Kampf und im Kampf gegen kollektiv neurotische Zustände. Allerdings war es nicht stark genug gegen den Faschismus, den man von dieser Seite her gerade als kollektiv neurotischen Zustand beschreiben — wenn auch damit noch nicht begreifen — kann, der sich gegen alle die Rationalität befördernden Abwehrmechanismen durchgesetzt und an ihrer Stelle pathogene Abwehrmechanismen errichtet hat, die ganz im Dienste eines ichfeindlichen kollektiven Über-Ich stehen.

Natürlich war auch die Arbeiterklasse vor dem Faschismus immer so sehr *Unter*klasse, daß sie für ihre eigenen Idealbildungen nicht ohne ein starkes Moment an künstlicher Ich-

Abgrenzung auskommen konnte. Sie war eben nicht nur ökonomisch unterprivilegiert — zusammen mit dem Kleinbürgertum — sondern, stärker als dieses, sozial unterprivilegiert. Ein Angehöriger der Unterschicht war von vornherein als solcher, nämlich als Prolet, zu erkennen. Aus dieser Situation läßt sich auch die starke ideologische Abgrenzung verstehen, die die Arbeiterbewegung gegenüber dem Kleinbürgertum vorgenommen hat. Sie war eine notwendige Bedingung bei der Bildung eines kollektiven Ich-Ideals unter ungünstigen sozialen Voraussetzungen, — so schädlich sie sich auch später ausgewirkt hat.

Diese Voraussetzungen haben sich während des Faschismus und danach so weit verschlechtert, daß man selbst von Ansätzen zur Bildung eines kollektiven Ich-Ideals bei der beherrschten Klasse in der Bundesrepublik nicht sprechen kann. Inwieweit die oppositionellen Intellektuellen mit den Jugendlichen eine quer zu allen gesellschaftlichen Schichtsystemen verlaufende Eigen-Idealbildung und damit eine neue »Gegen-Kultur« schaffen werden, bleibt noch offen. Die Ansätze dafür werden jedenfalls gegenwärtig mit der Auswertung der Protestbewegung geschaffen.

In die psychoanalytische Theorie ist der Begriff der *Abwehr* erst in der jüngsten Zeit aufgenommen worden. Das hängt wesentlich damit zusammen, daß die Rolle des Ichs und seiner vielfältigen Abwehr gegen neurotische und besonders gegen psychotische Erkrankungen erst sehr spät erkannt wurde. Diese Neuerwerbung ist besonders Anna Freud zu verdanken. Sie nimmt dabei einen von Freud nicht näher verfolgten Vorschlag auf:

»Erst eine ergänzende Bemerkung zu ›Hemmung, Symptom und Angst‹ (1926) greift auf den alten Begriff der Abwehr wieder zurück und meint, es bringe sicheren Vorteil, ihn wieder zu gebrauchen, ›wenn man dabei festsetzt, daß er die allgemeine Bezeichnung für alle die Techniken sein soll, deren sich das Ich in seinen eventuell zur Neurose führenden Konflikten bedient, während Verdrängung der Name einer bestimmten solchen Abwehrmethode bleibt, die uns infolge der Richtung unserer Untersuchungen zuerst besser bekannt geworden ist‹. Damit wird die Sonderstellung der Verdrängung ausdrücklich aufgehoben und in der psychoanalytischen Theorie Raum für andere Vorgänge geschaffen, die dieselbe Tendenz, nämlich ›Schutz des Ichs gegen Triebansprüche‹ verfolgen . . . Ohne den Einspruch des Ichs oder der Außenweltsmächte, die sich durch das Ich vertreten lassen, würde jeder Trieb nur ein einziges Schicksal kennenlernen: das der Befriedigung. Zu (den) neun in der Analysenpraxis und -theorie gut bekannten und ausführlich beschriebenen Abwehrmethoden (Verdrängung, Regression, Reaktionsbildung, Isolierung, Ungeschehenmachen, Projektion, Introjektion, Wendung gegen die eigene Person, Verkehrung ins Gegenteil) kommt dann noch eine zehnte, die mehr dem Studium der Normalität als dem der Neurose angehört, nämlich die Sublimierung oder die Verschiebung des Triebziels.

Das Ich hat also nach unserer vorläufigen Kenntnis in seinen Kämpfen mit Triebrepräsentanz und Affekt diese zehn verschiedenen Methoden zu seiner Verfügung. Es ist die Aufgabe der praktischen Analyse, zu verfolgen, wie sich diese Techniken bei den Vorgängen des Ich-Widerstandes und der Symptombildung im Einzelfall bewähren.[159]«

Man könnte ergänzen: Es ist die Aufgabe der soziologischen und politischen Analyse, zu verfolgen, welche Techniken des Ich-Widerstandes gegenwärtig nicht mehr ausgebildet werden, welche abgebaut oder deformiert werden, welche gegenwärtig die größte Rolle spielen und welche Symptombildungen oder Krankheiten dabei kollektiv auftreten.

Das Ich eines Individuums entsteht historisch durch »Es-Abgrenzung«, es wird aus dem Es »ausgesondert«. Seine Entwicklung aus dem Es bestimmt auch eine wesentliche Funktion, die das reife Ich zeitlebens behält. Anna Freud schreibt: »Die Gefahr, die dem Ich droht, ist die der Überschwemmung durch den Trieb; die Angst, von der es beherrscht wird, ist Angst vor der Triebquantität. ... Die Abwehrhaltungen, die sich unter dem Druck der Angst vor der Triebstärke ausbilden, sind dazu bestimmt, diese Scheidung zwischen Ich und Es aufrechtzuerhalten und den Bestand der neu aufgerichteten Ich-Organisation zu sichern.[160]« Ob und wie diese Aufgabe erfüllt wird, läßt sich empirisch am besten nachweisen in den Konflikten mit »Triebüberschwemmung«, den Perversionen und Psychosen. Diese sind zugleich gekennzeichnet von einer Reizüberflutung des Ich. Die von diesen Konflikten beherrschten Individuen verfügen über keine adäquaten Techniken der inneren Triebkontrolle; sie müssen darum »plötzlich« auftretende Kontrollen und Versagungen der Außenwelt oder des nur partiell vorhandenen Über-Ich mit unangemessenen – mit möglicherweise in die Psychose oder Perversion führenden – Abwehrtechniken beantworten, nämlich mit vollständiger Regression und der mit ihr verbundenen Realitätsflucht, oder mit Ich-Spaltung. Sie sind also auf Abwehrmechanismen angewiesen, die man deshalb eigentlich nicht als solche des Ich bezeichnen kann, weil sie das Ich nicht schützen, sondern zerstören oder spalten.

159 *Anna Freud*, Das Ich und die Abwehrmechanismen, München 1964, S. 35 f.
160 *Anna Freud*, a. a. O., S. 129.

Bei einer solchen Betrachtung ist zu beachten, daß die »Triebüberschwemmung« nicht eine konstante, vom Es ausgehende Gefahr ist, der sich der Gesunde nur besser zu erwehren weiß als der Erkrankende. Ein gewichtiger Anteil dessen, was subjektiv als Gefahr erlebt wird, geht aus von den Objektrepräsentanzen, also den Gegebenheiten der sozio-kulturellen Umwelt, bzw. deren verinnerlichten Repräsentanzen im Über-Ich. Die Triebüberschwemmung ist also auch eine Gefahr relativ zum Über-Ich, das diese Tendenz des Es allererst als Gefahr interpretiert, darauf mit Angst antwortet und dann dem Ich die Aufgabe überträgt, gegen diese Angst Abwehrtechniken zu mobilisieren. Daraus ist zu folgern: Die Aufgabe der Triebabwehr wird vom Ich nur teilweise im Interesse des Ich übernommen; der andere, vielleicht sogar größere Teil, wird vom Ich im Interesse des Über-Ich wahrgenommen. Die Bestimmung dieses Verhältnisses bleibt bei Anna Freud völlig offen. Es hat den Anschein, als ob sie, die so sehr zu Recht die Versäumnisse der Anfangszeit der Psychoanalyse kritisiert, daß nämlich nur die Vorgänge im Es und die Reaktionen des Über-Ich darauf in der praktischen Analyse und in der Theorie berücksichtigt wurden, diese Versäumnisse nur zur Hälfte korrigiert hat. Sie weist auf die Leistungen des Ich in der Analyse und im gewöhnlichen Leben hin, aber sie vernachlässigt die Bestimmung des Verhältnisses von Ich und Über-Ich, bzw. Ich-Ideal. Im Fortgang ihrer Untersuchungen setzt sie sogar implizit das — gesunde — Ich mit dem Über-Ich gleich.

Dieser Fehler der mangelnden Abgrenzung von Ich und Über-Ich ist in einer anderen Form bei mehreren — im Gegensatz zu Anna Freud — soziologisch orientierten Analytikern anzutreffen. Fromm argumentiert in etwa so, als sei ein mechanisch-reziprokes Verhältnis zwischen Ich und Über-Ich anzunehmen. Er geht davon aus, daß Über-Ich und Autorität notwendig zusammengehören und daß das Über-Ich ständig von realen und machtvollen Autoritäten neu produziert werden müsse[161]. Daraus folgert er, daß mit zunehmend rationaler Erziehung und wachsender objektiver Befriedigung und Rationalität der Gesellschaft das Über-Ich immer mehr an Bedeutung verlieren würde. Das stimmt nur für die archaischen Formen des Über-Ich, die einer noch primitiven Gefühls- und Denkwelt angehören. Es ist zwar richtig, daß mit wachsender Irrationalität der Gesellschaft auch das Über-Ich und seine Funktionen immer irrationaler und vor allem rigider werden und daß das Ich dabei an Autonomie einbüßt. Aber der umgekehrte Schluß ist in seiner Gesamtheit nicht möglich.

Ähnlich hat auch M. D. Eder das Über-Ich zu stark mit dessen gegenwärtiger Hauptfunktion, der Verinnerlichung von irratio-

161 *Fromm*, a. a. O., S. 86.

naler Autorität und der Mobilisierung von Angst gegen das Es identifiziert. Es verdichte sich der Eindruck, »daß das Individuum nicht in das Kompromiß eines neurotischen Charakters oder neurotischer Symptome gezwungen worden wäre, wenn die Es-Antriebe durch etwas weniger Starres, Anpassungsfähigeres und doch weniger Phantastisches als das Über-Ich hätten kontrolliert werden können[162]«. Gegen dies starre Über-Ich, das sich »durch einen Moralkodex oder durch eine vererbte und von einer fernen Vergangenheit überlieferte Einrichtung« legitimiert, entwirft Eder die Vision einer rationalen Gesellschaft, in der das Über-Ich von dem Ich, das es einstmals aus sich hervorgebracht habe, wieder abgeschafft werde. Man könne von dem »Verschwinden der Kontrolle des Über-Ichs über das Es und von der Übernahme dieser Kontrolle durch das Ich eine hoffnungsvollere Linie des Fortschritts für das Individuum und sogar für die Rasse erwarten[163]«.

Diese Konstruktion ist für jede progressive Gesellschaftstheorie sehr verlockend. Freilich bewahrheitet sie sich heute durch das Gegenteil, nämlich in der Abnahme der autonomen Ich-Funktionen in den gegenwärtigen repressiven Gesellschaften und ihrer Ersetzung durch ein manipulativ steuerbares Über-Ich. Diese Tendenz wird u. a. als »kollektive Ich-Schwäche« benannt, eine Kategorie, die zum Ausdruck bringen soll, daß das Ich seine Selbständigkeit gegenüber dem Über-Ich tendenziell aufgibt und ganz in dessen unkontrollierbar gewordenen Dienst tritt. Dabei muß man sich vor einigen Verwechslungen in acht nehmen, die nicht nur auf terminologischen Unklarheiten beruhen. Weder das Ich noch das Über-Ich als Instanzen dürfen mit den Funktionen identifiziert werden, die die Individuen bei der Realitätskontrolle ausüben. Vom Ich im Zustand der Ich-Schwäche kann man sagen, daß es gewisse *Funktionen* der Realitätskontrolle nur noch rudimentär oder gesteuert wahrnehmen kann und dabei die *Qualität* der Selbständigkeit und der Vermittlung widersprüchlicher oder unkoordinierter Triebwünsche weitgehend eingebüßt hat. Aber es verliert diese Qualitäten nicht vollkommen, sondern bildet statt dessen andere Funktionen aus, etwa solche, die man vom Blickpunkt des gesunden Individuums aus als neurotisch oder psychotisch bezeichnen kann, — unter deren Herrschaft das betreffende Individuum aber durchaus nicht manifest neurotisch oder psychotisch im Sinne gesellschaftskonformer Definitionen von Krankheit zu werden braucht. So würden wir etwa von der Mehrzahl der sogenannten angepaßten und integrierten Individuen in den gegenwärtigen Gesellschaften sagen, daß sie vornehmlich über

162 *M. D. Eder*, Zur Ökonomie und Zukunft des Über-Ichs, in *Internationale Zeitschrift für Psychoanalyse*, 15. Jhg., 1929, S. 192
163 ebenda.

Abwehrtechniken (Ich-Funktionen) verfügen, die Anna Freud zufolge eher beim Studium der Neurose als beim Studium der Normalität anzutreffen sein sollten (Regression, Ungeschehenmachen, Verkehrung ins Gegenteil). Ohne das Vorherrschen dieser Techniken wäre auch die herrschende — »normale« — Weise, auf politische und gesellschaftliche Ereignisse zu reagieren, gar nicht möglich. Das heißt aber nicht, daß das Ich tendenziell aufgelöst wird; es heißt allerdings, daß historisch bereits erarbeitete und individuell weitergegebene Ich-Fähigkeiten, die den Einsatz solcher Techniken überflüssig machen, wieder rückgebildet, verstümmelt werden.

Dieselbe strukturelle Unterscheidung gilt auch für das Über-Ich. Man würde zunächst nach seinen — kulturell oder individuell vorherrschenden — Qualitäten von einem strafwürdigen, autoritären, rigiden, partialisierten und fragmentierten oder von einem veräußerlichten Über-Ich sprechen; nicht aber davon, daß das Über-Ich, wo immer es auftritt, autoritär oder irrational oder rigide ist und diese Qualitäten erst dort verliert, wo es mit dem Ich zusammenfällt. Desgleichen würde man verschiedene Funktionen des Über-Ich unterscheiden; zum Beispiel gesellschaftliche Wertvorstellungen präsent zu halten (Introjektion von Normen, unter Umständen vermittels Introjektion persönlicher Autoritäten); Rückkoppelungsmechanismen gegen Abweichungen von diesen Normen zu errichten (Gewissen); Idealbildungen zu ermöglichen, in deren Dienst das Ich seine Qualitäten und Funktionen stellen kann (Ausbildung eines Ich-Ideals). — Erst auf dieser Basis kann man eine Reihe oder sogar die Mehrzahl der Qualitäten, die das Über-Ich in einer Gesellschaft besitzt und die Funktionen, die es ausübt, kritisch analysieren und zu dem Schluß kommen, daß sie in einer erstrebten rationalen Gesellschaft vernachlässigt oder abgeschafft werden müßten. (Aber selbst und gerade, um andere als die herrschenden gesellschaftlichen Zustände zu *erstreben*, dafür zu kämpfen und eventuell zu sterben, muß eine Funktion des Über-Ich stark ausgebildet sein, nämlich die Vermittlung eines Ich-Ideals!) Die Einschätzung der Qualitäten und Funktionen des Über-Ich wird man danach so vornehmen: 1. Welche Triebregungen des Es unterdrückt werden und mit welchem Resultat für das Individuum; 2. ob und wie das Über-Ich dem Ich gerecht wird, ob es mit ihm kooperiert oder es schwächt und ob es dabei z. B. wünschenswerte Ich-Qualitäten (autonome Realitätskontrolle) autoritär oder manipulativ unterdrückt; 3. zum Einsatz welcher Abwehrsysteme es das Ich zwingt, ob diese nach dem Stand der gesellschaftlichen Entwicklung rational vertretbar sind oder nicht, in welcher Quantität sie eingesetzt werden und mit welchem Resultat für das Ich.

Nach den bisherigen Ausführungen hat es den Anschein, daß ein wahrhaft gesundes und realitätstüchtiges Individuum in bezug auf das Über-Ich hauptsächlich auf dessen idealisierte Anteile angewiesen ist. Das Ich *ist* eine Vermittlungsinstanz, nicht primär eine Entscheidungsinstanz des psychischen Apparates. Die Kooperation zwischen Ich und Ich-Ideal sähe in einem gesellschaftlichen und individuell zu antizipierenden Idealzustand so aus: Das Ich-Ideal, selbst aus dem primären Narzißmus entstanden und diesem verantwortlich, sagt *was* getan werden soll; das Ich entscheidet *wie* es getan wird und verantwortet die dabei angewandten Techniken vor dem Ich-Ideal *und* vor dem Es. Soviel wäre an der konkret-utopischen Konstruktion des Ich, das das Über-Ich zurückerobert hat, aufrechtzuerhalten.
Diese Form der Kooperation von Ich und Über-Ich ist auch die generelle Voraussetzung für alle Formen von Sublimierung. Das heißt nicht, daß bei der Verdrängung, als dem Gegenbegriff zur Sublimierung, keine Zusammenarbeit von Ich und Über-Ich erfolgt; aber sie steht unter einem anderen Vorzeichen. Die Verdrängung wird vom Ich im Dienste des Über-Ich vorgenommen, das diesem im Zweifelsfall keine Rechenschaft über seine Forderungen schuldig ist. Es reicht aber nicht aus, den Vorgang der Sublimierung nur in einer Verschiebung des Triebziels zu sehen; darin unterscheidet sie sich noch nicht unbedingt von der Verdrängung. Die Betonung bei der Sublimierung liegt darauf: Triebverschiebung *wohin* und mit welchem Resultat für das Individuum. Dabei wird man in bezug auf die Verdrängung sagen, der Trieb wird ins Es *abgeschoben*, mit dem Resultat, daß er sich ein neues Betätigungsfeld suchen muß, das für gewöhnlich vom Ich nicht mehr kontrolliert wird und unter Umständen schädlicher für es ist als der ursprüngliche Trieb es war. Bei der Sublimierung dagegen erfolgt die endgültige Umwandlung des Triebziels *und* des Triebes. Dabei steht die Umwandlung des letzteren sogar im Vordergrund; kann doch das ursprüngliche Triebobjekt beibehalten werden. Der Trieb tritt dabei in den Dienst der Außenwelt (sozial nützliche Tätigkeit) oder des Ich (Narzißmus). Die Unterscheidung »welches Resultat« gibt gleichzeitig Auskunft darüber, was die Triebverschiebung für den psychischen Haushalt des Individuums erbringt. Man wird zum Beispiel Individuen begegnen, die ihre ganze Kraft in den Dienst der »Gemeinschaft« stellen, also scheinbar eine Sublimierung des Triebes zu sozialen Tätigkeiten vorgenommen haben; und doch wird man bei ihnen feststellen, daß die sexuellen und aggressiven Triebanteile nicht sublimiert, sondern nur verdrängt sind; mit dem Resultat, daß die betreffenden Individuen unter ihrem »Altruismus« oder »Idealismus« leiden, die dann in Wirklichkeit nur die neuro-

tische Ausflucht verdrängter, aggressiver und anal-sadistischer Triebanteile sind.

Nach diesen Erläuterungen zur Sublimierung erscheint es als sehr ungenügend, den »neun« von Anna Freud zusammengefaßten Abwehrmethoden, die hauptsächlich der Neurose und Psychose zu Gebote stehen und vom gesunden Individuum nur in angemessen geringer Dosis angewendet werden dürfen, die »Sublimierung oder Verschiebung des Triebziels« als einzige Abwehrmethode gegenüberzustellen, die dem gesunden Individuum gegen Realangst und Triebangst zur Verfügung steht. Die Gesundheit und Realitätstüchtigkeit eines Individuums steigt ja nicht proportional seiner Fähigkeit zur Triebsublimierung, sondern proportional seiner Fähigkeit, den Ansprüchen des Es und der Außenwelt gerecht zu werden. Wenn wir das Schema von Anna Freud aufrechterhalten wollen, dann muß der Begriff der Sublimierung so weit gefaßt werden, daß in ihm alles enthalten ist, was zur Realitätskontrolle, zur Triebkontrolle und zur Über-Ich-Kontrolle gehört. Denn in bezug auf die Gefahr der »Triebüberschwemmung«, der das Individuum ausgesetzt ist, würden wir ja sagen, daß sie nicht *nur* eine Funktion mangelnder Ich-Kontrollen (Fähigkeit zur Sublimierung beim gesunden, Angewiesensein auf Verdrängung etc. beim pathogenen Individuum), sondern auch eine Funktion des Grades an Triebfreiheit ist, über den eine Gesellschaft verfügt und des Ausmaßes an individuellen Gestaltungen dieser Triebfreiheit und der Abweichungen von ihr, die diese Gesellschaft bei ihren Mitgliedern tolerieren kann. Bei einem so weiten Begriff von Sublimierung wird deren spezifisch technische Bedeutung innerhalb der ich-gerechten Abwehrmechanismen verwischt. Man sollte ihn dennoch einen Augenblick lang beibehalten, damit die ganze Tragweite dessen klar wird, was *repressive* oder *kontrollierte Entsublimierung* für das Individuum bedeutet.

Das *erwachsene* Individuum im Sinne der Psychoanalyse, das zur Realitätskontrolle und Realitätsveränderung fähig ist, entscheidet auf der Basis dieser Ich-Fähigkeiten nicht nur, wie es sich der Außenwelt (Institutionen und Normen der Gesellschaft) gegenüber verhält, sondern auch, wie es sich seinen sexuellen und aggressiven Triebwünschen gegenüber verhält. Zur Entscheidung der Zulässigkeit oder Unzulässigkeit der letzteren bedarf es genauso der Interpretationen des Über-Ich (oder Ich-Ideal) wie zur Entscheidung in bezug auf das Außenweltverhalten. Die Fähigkeit dazu erwirbt es sich zusammen mit der Ich-Entwicklung. Darum wird auch davon gesprochen, daß man »im erwachsenen Alter nicht mehr sublimieren könne«. Diese Ausdrucksweise ist insofern unpräzise, als zwar in der Kindheit, zusammen mit der Ich/Über-Ich-Entwicklung auch die Entscheidung darüber gefällt wird, ob das Individuum später über die Fähigkeit zur und die Techniken der Triebsublimierung verfügen wird; aber diese Techniken sind nicht gleichzusetzen mit der Charakterstruktur, die über diese Techniken verfügt und die im erwachsenen Alter relativ fest geworden ist. Auch darf man die Entwicklung der Fähigkeit zur Sublimation — im Sinne aller rationalen und ich-erweiternden Formen der Realitäts- und Triebkontrolle — nicht den anderen Abwehrtechniken des Ich *alternativ* gegenüberstellen. Das Individuum, das im späteren Leben fähig ist, sexuelle und aggressive Triebwünsche ohne Schaden für die eigene Person teilweise »sozial« nutzbar zu machen, hat diese Fähigkeit in der Kindheit nicht unter Ausschluß, sondern aufbauend auf den anderen Abwehrtechniken erlernt. »Irgendwann« muß es so schwach gewesen sein, daß es auf die Techniken der Verdrängung, des Ungeschehenmachens, der Verkehrung ins Gegenteil etc. nicht verzichten konnte, um sich überhaupt vor Triebüberschwemmung zu retten und die gefahrvolle und versagende Umwelt ertragen und verstehen zu können. Auch im späteren Leben muß es ständig auf diese Techniken zurückgreifen; jedenfalls unter den Bedingungen der Herrschaft ich- und es-feindlicher Außenweltmächte. Entscheidend ist nur, daß während der Zeit der Ich-Entwicklung nicht eine oder mehrere der infantilen Abwehrtechniken die Herrschaft über das Kind gewinnen und das spätere Individuum hindern, andere Techniken der Realitäts- und Triebkontrolle zu erlernen. Wo aber diese alten Abwehrtechniken die Oberhand gewinnen, wird man, je nach der spezifischen Weise, in der sie ihre Herrschaft errichten, von neurotischer oder psychotischer Trieb- und Realitätsverarbeitung sprechen müssen, im Extremfall von Neurose und Psychose.

Repressive und kontrollierte Entsublimierung bezeichnet einen gesellschaftlichen Zustand, wo das kulturell bereits erreichte Sublimationsniveau herabgesetzt, die Sublimierung der Individuen kollektiv aufgelöst und die Sublimierungsfähigkeit individuell nur noch rudimentär ausgebildet wird. Diese Entsublimierung bezieht sich nicht allein darauf, daß sexuelle und aggressive Triebanteile, die vormals einer »sozialen« Umwandlung unterzogen wurden, wieder »freigesetzt« werden, sexualisiert oder einer manifest aggressiven Abfuhr zugeführt werden dürfen. Sie besteht in erster Linie im Abbau der Ich-Leistungen, von denen aus das Individuum überhaupt erst über seinen Triebapparat verfügen könnte, von denen aus es entscheiden könnte, welche Triebanteile es verdrängen muß, welche es umwandeln kann oder welche es offen zulassen will. Die Entscheidungen darüber werden an dieselben Instanzen abgegeben, die auch die kontrollierte Entsublimierung vornehmen und nunmehr anordnen, wie sich die Person von Augenblick zu Augenblick zu verhalten hat, wann und wie sie offen sexuell reagiert, wann und wie sie aggressive Strebungen abwehrt oder zuläßt. Der Jugendliche und später Erwachsene lernt nicht mehr, zwischen ich-zerstörerischen und ich-fördernden, nicht einmal mehr, zwischen sexuellen und aggressiven Strebungen des Es zu unterscheiden. Demzufolge kann er auch keine Entscheidung mehr darüber fällen, welchen Triebanteilen er nachgeben soll, welche Manifestationen er zulassen soll. Diese Entscheidungen werden ihm von Steuerungsmechanismen abgenommen, die außerhalb seiner selbst liegen. Diese Umwandlung der Person ist in erster Linie ein Umwandlungsprozeß der Abwehrmechanismen, die dem Ich zu Gebote stehen; sie sind alle durch eine Regression auf infantile Weisen des Agierens und Reagierens gekennzeichnet. Das Ich büßt seine klassische Vermittlungsfunktion (zwischen Es, Über-Ich und Außenwelt) weitgehend ein und wird rückgebildet zu einer Transformationsinstanz von Außenwelt- und departementalisierten Über-Ich-Einflüssen. Mit dem kollektiven Abbau der Ich-Funktion findet also eine Monopolisierung von Herrschaftsinstanzen statt; in psychologischen Kategorien: von Ich und Über-Ich, in politischen Kategorien: von Individuum und den Institutionen der Sozial- und Herrschaftstechnik. Insofern beschreibt die repressive Entsublimierung wie die Sublimierung eine Form der *sozialen* Triebnutzung; die repressive Entsublimierung ist die herrschende Form der Sozialisation, die herrschende Form der sozialen Triebnutzung.

In diesem Zusammenhang erhält der Begriff der Abwehr eine neue Bedeutung; die Abwehrtechniken des Ich haben nicht mehr nur eine konservative oder systemstabilisierende Funktion, sondern müssen eine revolutionäre Aufgabe übernehmen. Abgewehrt werden müssen jetzt nicht mehr nur die anti-sozialen und ich-auflösenden Strebungen des Es, — das war die Aufgabe der traditionellen »zehn« Abwehrmechanismen. Abgewehrt werden müssen zusätzlich die repressiven Entsublimierungstendenzen, die von dem kollektiven und veräußerlichten Über-Ich ausgehen (z. B. Sexualisierung durch scheingenitale Normen) und mit den infantilen Einheiten der Partialtriebe eine unheilige Allianz eingehen. Die Situation, die sich mindestens teilweise anbahnt, ist sowohl für die Psychoanalyse in Praxis und Theorie wie für den politischen Kampf ziemlich neuartig. Das veräußerlichte und fragmentierte Über-Ich verbindet sich mit den infantilen Einheiten des Es zu einer Front gegen das Ich — zu einer Front, der das Ich um so eher erliegen wird, als die relative Übermacht der unintegrierten Es-Triebe nur die eine Seite des Verhältnisses ist, deren andere eben die Unintegriertheit des Ichs selbst darstellt.

7. Gegenwärtige Probleme der Abwehr

Es ist ein schwieriges politisches und psychologisches Unternehmen, den »klassischen« Abwehrmechanismen, die das Ich gegen Trieb- und Realangst ausbildet und den moralischen und politischen Normen, die diese Abwehrmechanismen rechtfertigen, einen Katalog von neuen Abwehrmechanismen zur Seite und teilweise entgegenzustellen. Wahrscheinlich ist dieses Verfahren auch nicht sehr fruchtbar für die Lösung der in Frage stehenden Probleme der Abwehr repressiver Entsublimierung. Deshalb sollen hier nur einige konkrete politische und psychologische Abwehrmodelle besprochen werden, an deren Scheitern oder Erfolg für die individuelle Dimension der Ich-Integration und für die politische Dimension der weiteren Demokratisierung der Gesellschaft die Schwierigkeiten dargestellt werden sollen, die sich für alle diejenigen ergeben, die die gesellschaftliche Tendenz der kontrollierten Entsublimierung erkennen oder doch ahnen und dagegen kämpfen.

Repressive Entsublimierung im Gewande totaler Sexualfreiheit

Die modernste Variante der bürgerlichen Sexualreform kommt aus Schweden, einem Land, in dem die sexuellen Tabus und Repressionen auf der normativ-juristischen Ebene am weitesten abgebaut sind, in dem die individuelle Sexualaufklärung am weitesten auch eine Sache der gesamten Gesellschaft ist, in dem die bürgerlichen Freiheiten des Individuums und der Schutz von politischen, rassischen und sexuellen Minderheiten traditionell am weitgehendsten gewahrt sind, — aus einem Land bezeichnenderweise, in dem sich der Kapitalismus am einheitlichsten als sozialer Wohlfahrtsstaat durchgesetzt hat und erhält. »Die sexuellen Minderheiten« von Lars Ullerstam[164] repräsentieren am deutlichsten die sich selbst als radikal-progressiv verstehende Tendenz in den kapitalistischen Ländern, unterschiedslos alle menschlichen und menschlich-tierischen sexuellen Manifestationen zuzulassen, als gleich zu betrachten und zu propagieren, bis auf diejenigen Akte, die auf physisch praktizierte Tier- und Menschenquälerei hinauslaufen. Die Reformvorschläge von Ullerstam sollen hier gleichzeitig stellvertretend für ähnliche,

164 *Lars Ullerstam*, Die sexuellen Minderheiten, Hamburg 1965.

wenn auch weniger »kompromißlose«, »vorurteilsfreie« und »progressive« Theorien und Reformen diskutiert werden.
Ullerstam kommt zunächst zu dem empirisch und theoretisch begründeten Schluß, daß kein sexuelles Verhalten juristisch geahndet werden sollte, außer wenn es als »Notzucht« oder »Unzucht mit Abhängigen« und — teilweise — »Unzucht mit Minderjährigen« vorkommt. Soweit ist diesen sexuellen Reformvorschlägen zuzustimmen[165]. Das ist aber nicht der Kern von Ullerstams Buch. Er schlägt vielmehr vor, daß unterschiedslos alle manifest perversen oder von neurotischen, infantilen und regressiven Zwängen besessenen Individuen sich durch ein pluralistisch geregeltes System von Befriedigungsmöglichkeiten ihrer »abartigen« Triebe entäußern und so maximal glücklich werden sollen. Nach ihm ist *jede* Unterscheidung von »normal« und »abartig« oder »krank« im Bereich der Sexualität nur eine Sache der Definition, die heute durch Staat, Kirche und Moral vorgeschrieben sei. Wenn diese Definitionszwänge abgeschafft würden, würde sich ein Optimum an individuellem Glück quasi von selbst herstellen:
»Einige Masturbanten haben sich darauf spezialisiert, in schöngeistigen Werken ›häßliche Worte‹ aufzustöbern ... Ich kann nur sagen, daß sie eine legitime Methode nutzen, um sich sexuellen Genuß zu verschaffen. Ein Verfasser sollte dankbar sein, daß er einigen Mitmenschen diese Freude bereiten kann ...
Urophile (»Pißhomos«) halten sich in Bedürfnisanstalten auf, und ihr größter Wunsch ist es, jemanden zu finden, der so gut ist, in ihre Hüte oder Taschen zu urinieren ... Seine Kleidung mit Urin besudeln zu lassen, ist gewiß kein achtenswertes Bedürfnis, aber es ist abscheulich, wie Leute damit angeben, diese Individuen schlecht behandelt zu haben. Wenn man dem demütigen Begehren dieser Leute nicht nachgeben will, so sollte man ihnen wenigstens etwas Höflichkeit erweisen ...
Für den Unverheirateten würde das Bordell einen großen Zeitgewinn bedeuten, jedenfalls bei Fällen intensiveren Geschlechtstriebes, und er hätte mehr Zeit für seine Ausbildung. Sexuell erschöpfte Ehefrauen könnten Linderung erhalten, indem sie ihre Männer in diese Freudenhäuser schickten, und sie brauchten keine Angst vor Komplikationen zu haben. Erotisch erregte Parties und Tanzveranstaltungen sind eine in unserem Staat gepflegte Umgangsform; nach derlei Vorspielen wäre ein Bordellbesuch eine natürliche hygienische Maßnahme. Die Teilnehmer würden dann der Gefahr entgehen, daß die Parties durch

165 Die soziologischen und politischen Begründungen dafür sind so weit geliefert worden, daß sie hier nicht noch einmal nachgetragen werden müßten. Sie sind am besten zusammengefaßt in dem Sammelband: Sexualität und Verbrechen, von Fritz Bauer u. a. (Hrsg.), Frankfurt 1963.

das verzweifelte Suchen nach einem Sexualpartner gestört würden ...
Verbessern Sie den pornografischen Dienst der Gesellschaft! Die Voyeurs sollen nicht länger stundenlang mit Traurigkeiten, wie dem »Schweigen« und ähnlichen Filmen, geplagt werden, nur um die Andeutung einer Koitusszene zu Gesicht zu bekommen ... Die Filme sollten Onanie, heterosexuelle Geschlechtsakte, lesbische Akte, Sodomie, kollektive Sexualität und ähnliches zeigen, damit verschiedenen Geschmacksrichtungen Rechnung getragen wird. Es wäre gut, es in einigen der Lokale so einzurichten, daß im Saal masturbiert werden könnte.[166]«
Dieses Modell der pluralistischen Befriedigung ist ein Modell der ökonomischen Effizienz durch sexuelle Scheinbefriedigung. Gesellschaftliche Konfliktregulierung und sexuelle Manipulation gehen dabei Hand in Hand. Die Reizwörter für die technisch-ökonomische Effizienz sind »keine Komplikationen«, »hygienische Maßnahmen«, »mehr Zeit für die Ausbildung«, »keine Störung«. Daß die angebotene Befriedigung nur eine *Institutionalisierung* der sexuellen Scheinbefriedigung bedeutet, kann gerade an dem »radikalen« letzten Beispiel klargemacht werden. Die voyeuristische Perversion ist gerade dadurch gekennzeichnet, daß sie auf die permanente Sexualspannung nicht verzichten kann. Es ist erstens anzunehmen, daß ein nicht unbedeutender Anteil von Perversen Sexualobjekte wie »Das Schweigen« eindeutig pornografischen Filmen vorziehen würde. Für den Rest würde nur ihr krankhaftes Verhalten reguliert und der Ausdruck des subjektiven Elends, der sie eventuell zu einer Krankheitseinsicht und einer Heilung bringen könnte, verbaut. Dasselbe gilt für die an infantile und regressive Zwänge gebundenen Formen der Masturbation. Ullerstam spricht sich nirgends auch nur andeutungsweise dafür aus, daß die gesellschaftlichen Einrichtungen so zu ändern seien, daß die Mehrzahl der Neurosen und Perversionen ihre gesellschaftliche Existenzgrundlage verlieren können und nur noch als individuelle Randphänomene auftauchen, die dann individuell zu heilen wären, oder, wenn sie nicht geheilt werden können, mit einem Maximum von Toleranz — und von Befriedigungschancen — behandelt werden sollen. Das wäre ein sexualrevolutionärer Standpunkt, wenn auch immer noch ein abstrakter. Er spricht sich noch nicht einmal dafür aus, daß diejenigen Perversionen, die ihren Trägern nur ungeheures Leid und Versagungen bringen, ärztlich behandelt werden sollen. Vielmehr sollen die Gesellschaft und ihre Perversen bleiben wie sie sind, bis auf die Änderung, daß die Gesellschaft auch auf dem Gebiet der Sexualität nach dem Wohlfahrtsprinzip Institutionen zur Pflege der Perversionen einrichtet.

166 *Ullerstam*, a. a. O., S. 82, 84, 147, 145

Dabei kann man in den einzelnen Vorschlägen von Ullerstam immer noch die — verstümmelten — Reste des großen bürgerlich-revolutionären Programms erkennen: größtmögliches Glück für die größtmögliche Menge. Diese Reste schaffen dann im einzelnen die bis zur Verwechslung gehende Ähnlichkeit seiner Vorschläge mit denen der Linken, besonders der antiautoritären Bewegungen der Jugendlichen und Intellektuellen auf diesem Gebiet. Gerade darum wird es zu einer Frage des Überlebens, jede einzelne sexual-emanzipatorische Forderung in den Zusammenhang der politischen und individuellen Emanzipationsbestrebungen zu stellen. Als isolierte Forderungen geraten die sexual-emanzipatorischen Programme mit Notwendigkeit heute oder morgen in den Sog der verwalteten Befriedigungsangebote und werden repressiv umfunktioniert. Die Frage, *wann* dies eintritt, richtet sich nur nach dem Grad der Resistenz der vorkapitalistischen und noch offen sexualfeindlichen Mächte gegen die neuen Mächte der repressiven Entsublimierung. Das kann an zwei Beispielen belegt werden:

1. In den USA ist das Programm von Ullerstam partiell bereits in Einzelheiten verwirklicht. Im Kapitel über die angepaßte Promiskuität wurde das Beispiel von der Versandfirma zitiert, die die Lederartikel für die »Liebhaber der häuslichen Züchtigung« verwaltet. Sie ist nur ein Vorläufer der Verwaltung von einzelnen Perversions-»Sparten«. In den großen Städten der USA gibt es bereits Läden, die die einzelnen Perversionen arbeitsteilig versorgen. Besonders häufig ist die Branchenbezeichnung »Sex and Leather«. Hier werden nicht nur alle Lederartikel für die betreffende Perversion verkauft, die aus kulturimmanenten Gründen gerade sehr hoch im Kurs steht. Die Besucher dieser Läden dürfen, wenn sie für einen bestimmten Preis pornografische und andere Literatur bzw. entsprechende Gegenstände gekauft haben, eine der Höhe dieses Preises entsprechende Zeiteinheit lang spezielle pornografische Filme im Hinterraum des Ladens anschauen, werden aber, wenn diese Zeit um ist, unbarmherzig wieder in den Laden zurückgeschoben.

2. Einige Schülergruppen des AUSS haben die Aufstellung von Anti-Baby-Pillen-Automaten in den Schulen gefordert. Diese Forderung verstand sich gleichzeitig als sozial-emanzipatorische. Dies Moment kann man ihr nicht absprechen; es läßt sich aber genauso leicht in sein Gegenteil, in repressive Anpassung, verkehren. In den USA etwa sind die oralen Antikonzeptiva in den Drugstores erhältlich; für die BRD ist dies vermutlich nur noch eine Zeitfrage. Das ist aber nur die eine, eher taktische Seite, die besagt, daß politisch progressive Kampagnen in den USA oder in Schweden nicht mehr mit solchen Forderungen wie denen der Sexualaufklärung an den Schulen geführt

werden können. Das andere, entscheidende Moment ist, daß durch solche Forderungen diejenigen schlichtweg zur Befolgung genitaler Normen aufgerufen werden, die zu einem genitalen Verhalten seelisch noch gar nicht fähig sind und es erst mühselig in Anstrengungen der Verliebtheit, der Solidarität und der Treue lernen müßten. Wenn einmal die »Pille« offen auf der Schulbank liegt, haben es die Jungen leichter, die Mädchen davon zu überzeugen, daß ihre Angst vor dem Koitus »Quatsch« ist, im Zweifelsfall, wenn sie junge AUSS-Mitglieder sind, wissen sie sogar zu sagen, daß das Mädchen repressiv sei, wenn es nicht mit ihnen schlafen will.
Die Gefahren der repressiven Entsublimierung, die proportional mit der Ausweitung gesellschaftlich statthafter Befriedigungen zunehmen, können nicht mit einem politischen Programm der Askese gebannt werden. Ein solches Programm wäre immer reaktionär. Es kommt in jedem einzelnen Moment darauf an, zwischen »gesellschaftlich statthaft« und »wünschenswert für das Individuum« zu unterscheiden und so den Charakter der Befriedigung zu bestimmen. Die Positionen, von denen aus dies allein mit Erfolg versucht werden kann, sind die der Sublimierung in Anlehnung an ein flexibles Ich-Ideal. So ist auch der Satz von Marcuse zu verstehen: »Im Gegensatz zu den Vergnügungen der angepaßten Entsublimierung bewahrt die Sublimierung das Bewußtsein der Versagungen, die die repressive Gesellschaft dem Individuum auferlegt, und hält damit an dem Bedürfnis nach Befreiung fest.[167]«

Intellektualisierung, Apathie und Radikalisierung in der Pubertät

Anna Freud hebt hervor, daß die Jugendlichen den physiologisch bedingten Libidoschub in der Pubertät vor allem durch zwei Mechanismen — »Askese« und »Intellektualisierung« — abwehren und schließlich verarbeiten, die in der Latenzzeit und im Erwachsenenalter darum nicht so deutlich sichtbar sind, weil diese Perioden durch ein normalerweise ruhiges Triebleben und durch »verhältnismäßige Ich-Stärke« gekennzeichnet seien[168]. Beide Mechanismen haben etwas Zwanghaftes an sich, das besonders darin zum Ausdruck kommt, daß die Über-Ich-Forderungen, die hinter diesen Mechanismen stehen, aufgesetzt (abstrakt) sind, mit einem totalitären Anspruch auftreten und sehr plötzlich und ohne tiefgreifende Charakteränderungen für den Jugendlichen wieder verschwinden können. Die Intellektualisierung in der »klassischen« Pubertät ist also

167 *H. Marcuse*, Der eindimensionale Mensch, a. a. O., S. 95.
168 *Anna Freud*, a. a. O., S. 118 f.

keine »Intellektualität im gewöhnlichen Sinne«. Sie ist vielmehr eine direkte, zur Askese hinzutretende Form des Ich-Schutzes gegen Triebüberschwemmung. Das Handeln des Jugendlichen wird davon kaum betroffen; »es geht unter anderen Dingen vor sich und braucht von den Ergebnissen des Denkens, Grübelns oder der Diskussion kaum beeinflußt zu werden[169]«. Diese Form der Intellektualisierung hat aber für gewöhnlich einen bedeutsamen Nebeneffekt für die nachpubertäre Realitätsbewältigung des Jugendlichen: »Wenn Erhöhung der Triebbesetzung jedesmal automatisch auch das Bemühen steigert, die Triebvorgänge intellektuell zu verarbeiten, dann sehen wir, daß Triebgefahr den Menschen gescheit macht: in triebruhigen, also ungefährlichen Perioden kann das Individuum es sich eher erlauben, dumm zu sein[170].« Eine Korrelation von Abstinenz und der Zunahme intellektueller Leistungen ist empirisch zwar gewiß nicht festzustellen; Freud selbst weist diesen vielfach behaupteten Zusammenhang auch strikt ab[171].

Es spricht aber einiges dafür, daß in der jüngsten Zeit der umgekehrte Zusammenhang hergestellt wird. Durch die spezifisch repressive Weise, in der gegenwärtig die klassischen Abstinenzforderungen gelockert werden, wird kollektive Dummheit erzeugt. Die gesellschaftliche Tendenz zur repressiven Entsublimierung hat für die Pubertätszeit ihren vornehmlichen Ausdruck nämlich darin, daß die Jugendlichen mit permanenten, wenn auch fragmentierten Sexualisierungs- und Befriedigungsangeboten von der Außenwelt überschwemmt werden. Auf der Ebene des Bewußtseins muß dabei zwangsläufig die Triebangst (vor der Überschwemmung des Ich durch das Es) abnehmen, gegen die die »klassischen« Pubertierenden die spezifischen Abwehrmechanismen der Pubertät aufbauten. So wäre auch der Satz von Marcuse zu verstehen: »Im seelischen Apparat scheint die Spannung zwischen dem Ersehnten und dem Erlaubten beträchtlich herabgesetzt, und das Realitätsprinzip scheint keine durchgreifende und schmerzhafte Umgestaltung der Triebbedürfnisse zu erfordern. Das Individuum muß sich einer Welt anpassen, die die Verleugnung seiner innersten Bedürfnisse nicht zu verlangen scheint — eine Welt, die nicht wesentlich feindlich ist.[172]«

Diese theoretische Prognose wird von einer neuen repräsentativen Jugenduntersuchung für die Bundesrepublik im Detail

169 a. a. O., S. 125.
170 a. a. O., S. 127.
171 *Freud*, Drei Abhandlungen . . ., S. 133: Im allgemeinen habe ich nicht den Eindruck gewonnen, daß die sexuelle Abstinenz energische, selbständige Männer der Tat oder originelle Denker, kühne Befreier und Reformer heranbilden helfe, weit häufiger brave Schwächlinge, welche später in die große Masse eintauchen, die den von starken Individuen gegebenen Impulsen widerstrebend zu folgen pflegt.
172 *H. Marcuse*, Der eindimensionale Mensch, a. a. O., S. 93.

bestätigt[173]. Danach scheinen die klassischen Pubertätskonflikte sich mindestens nicht mehr offen oder dem Bewußtsein zugänglich abzuspielen. 87 % der befragten Zehn- bis Neunzehnjährigen »finden es zu Hause sehr gemütlich«. An erster Stelle der »Leitbilder« — von Ich-Ideal-Bildungen kann man nicht mehr sprechen — stehen gepflegtes Aussehen, schicke und moderne Kleidung, höfliches Benehmen. Die Zehn- bis Vierzehnjährigen können spontan Namen von Haut- und Handcremes nennen, kleine Jungen sogar mehrere Lippenstiftmarken. Selbst die Versuche, die Jugendlichen zu positiven Staatsbürgern im Sinne des Systems zu erziehen sind gescheitert; je älter die männlichen Jugendlichen werden, je weniger positiv ist beispielsweise ihre Einstellung zur Bundeswehr. Für sie sind sämtliche »Ideale«, auch die institutionell gepflegten, mit zu großem Risiko verbunden; nur die Anpassung an die unmittelbare Umgebung ist sicher und gewinnbringend. Dafür funktionieren sie als Konsumenten um so besser, wie schon das Lippenstift-Ergebnis zeigt. Ab der frühesten Jugend haben sie ein Käufer-Bewußtsein; ihre soziale Identität scheinen sie hauptsächlich über dies Bewußtsein zu beziehen. Darauf bauen auch *Bravo* und andere Zeitschriften auf, in deren Auftrag diese Studie hergestellt wurde. *Bravo* hat in der *FAZ* im Dezember 1967 fast täglich Inserenten mit dem Slogan geworben: »Produkte altern mit den Menschen, die sie kaufen. Produkte werden jünger durch junge Käufer! Sprechen Sie sie heute an — damit Sie auch morgen mit ihnen rechnen können![174]«
Von diesen Effekten werden die »Intellektualisierungs«-Versuche gerade derjenigen Jugendlichen nachhaltig in Mitleidenschaft gezogen, die sich dem »glücklichen Bewußtsein« der angepaßten Erwachsenen *und* Jugendlichen zu entziehen versuchen. Ihre Versuche stoßen sofort auf ein so totales Unverständnis bei den »Glücklichen«, daß sie sich intellektuell nur schwer entfalten können und in eine Frontstellung gegen diese getrieben werden, welche durch die Aggressionsneigungen, die die Angepaßten gegen die »Unglücklichen« richten dürfen, sich noch verschärft. Diesen Zusammenhang zeigen die spontanen jugendlichen Massenaktionen, vornehmlich von Schülern und Lehrlingen, die im Februar 1968 auf den eher zufälligen Auslöser der großen Protestaktionen in Bremen gegen die Erhöhung der Straßenbahntarife zwangsläufig in vielen Städten der BRD gefolgt sind. Ein interessanter Faktor dieser Massenaktionen ist, daß sie gerade in Städten erfolgt sind, in denen es keine starke linke Studentenbewegung gab, die eine politische Atmosphäre geschaffen oder zu diesen Aktionen aufgerufen hätte, nämlich in Bremen, Kiel, Bochum, Hannover.

173 Von Marplan, Frankfurt 1967, im Auftrag von McCann hergestellt. Siehe die Berichte in der *FAZ* und *FR* vom 2. 12. 1967. 174 *FAZ* vom 21. 12. 1967.

Anna Freud hatte über die Intellektualisierung in der — klassischen — Pubertät geurteilt, »daß diese Verstandesleistungen . . . zwar blendend und auffällig, aber weitgehend unfruchtbar sind[175]«. Dies Moment der Unfruchtbarkeit scheint in allen gegenwärtigen »Intellektualisierungs«-Bewegungen der Jugendlichen gegen die Tendenzen der repressiven Entsublimierung fast bewußt enthalten zu sein; es ist aber jetzt nicht mehr, wie in der klassischen Pubertät, ein Strukturmoment des Abwehrmechanismus gegen Triebüberschwemmung, sondern eine notwendige Bedingung des unglücklichen Bewußtseins, das gegen die Watte der »Glücklichen« und gegen die Schlagstöcke und Wasserwerfer ihrer Repräsentanten kämpfen muß. Damit diese Radikalisierung zu einem festen Bestandteil der seelischen und politischen Abwehr repressiver Entsublimierung werden kann, muß aber während der Ich-Bildung, die jetzt in der Pubertät nur noch gegen die reale Opposition der Gesellschaft erfolgen kann, ein Faktor hinzutreten, der die Radikalisierung der gegenwärtigen jugendlichen Minoritäten von der Apathie der gegenwärtigen jugendlichen Majoritäten und von der Intellektualisierung der klassischen Jugendlichen strukturell unterscheidet. Die Jugendlichen müssen lernen, daß ihre radikalen Aktionen mit ihnen selbst etwas zu tun haben; mindestens emotional müssen sie spüren, daß diese Aktionen etwas mit ihrer Ich-Schwäche, mit ihrer gesellschaftlichen Unterlegenheit und mit ihren Versuchen zu tun haben, daß sie ein Ich auszubilden haben, das widerstandsfähig ist gegen repressive Entsublimierung und opportunistische Integration. Dafür ist es durchaus nicht ausreichend, daß ihnen die »Gegenabwehr« gegen ihre Versuche der Abwehr repressiver Entsublimierung mit Schlagstöcken und Wasserwerfern demonstriert wird. Auch wenn die Protestaktionen der Jugendlichen in immer mehr Städten plötzlich »da« sind und immer mehr Jugendliche sich an ihnen vorübergehend beteiligen, sollte man sich keiner Täuschung darüber hingeben, daß diese Aktionen nicht nur machtlos in dem Sinne sind, daß sie gegen einen übermächtigen politischen Gegner ausgetragen werden; sie sind auch insofern machtlos, als sie zunächst von einer Position innerer — seelischer — Ohnmacht aus angestrengt werden. Diese innere Ohnmacht muß früher oder später zur Resignation führen, wenn sie nur auf der politischen Ebene, in einer Eskalation von Protestaktionen, »ausagiert« wird; die hohe personelle Fluktuation und die Unbeständigkeit der jugendlichen Protestbewegungen sind das Indiz dafür. Sie ist aber auch ein konstitutives Moment der Unerbittlichkeit der politischen Kämpfe, ein Moment, das sie vor jedem integrativen Opportunismus schützt. Damit die innere Ohnmacht als bewußt gewordene

175 *Anna Freud*, a. a. O., S. 128.

zur Basis für den langandauernden Kampf wird — nicht nur der jeweils gerade pubertierenden Minoritäten, sondern auch derer, die die Zwänge der endlosen Pubertät überwinden wollen, — muß diese Ohnmacht von einem Ich-Ideal abgestützt werden, das die Ohnmacht bewußt hält als Macht der Ohnmächtigen. Politisch wird dies gegenwärtig vor allem durch Identifizierungen mit dem Befreiungskampf der Länder der Dritten Welt versucht. Die Identifizierung ist zwar die Voraussetzung, sie ist aber noch keine ausreichende Basis für eine Ich-Ideal-Bildung. Die Identifizierung mit dem Vietcong, mit Che Guevara und mit Mao ist bei den meisten Studenten und Jugendlichen nur »aufgesetzt« — ähnlich wie der Mechanismus der Intellektualisierung in der »klassischen« Pubertät. Ihre Helden haben nicht wirklich die Funktion von Ich-Idealen, wenn sie auch gottlob erst recht keine rigide Über-Ich-Funktion haben. Sie leben nicht wirklich nach ihren revolutionären Vorbildern; sie lassen sich oft nur Bärte wachsen, ziehen blaue Kittel an, schreiben »Venceremos« unter ihre Briefe und Manifeste. Es ist nun wirklich nicht zu fordern, daß die Identifizierungen auf dieser Ebene komplettiert werden, daß sie etwa sofort Maschinengewehre zur Bekämpfung des »Imperialismus an der Heimatfront« in die Hand nehmen. Das wird zwar eines Tages notwendig werden; aber die Orientierung an einem Ich-Ideal, das das eigene Ich stärkt, ist etwas prinzipiell anderes. Am Beispiel der Vorbilder des Befreiungskampfes in den unterdrückten Ländern der Dritten Welt: In den imperialistischen Metropolen so listig und schweigsam sein wie der Vietcong in Vietnam, so tapfer sein wie Che in Bolivien, so weise sein wie Mao, und an diesen Leistungen seine eigenen Ich-Qualitäten zu messen und auszubilden. Das ist bis heute selten der Fall.

Dennoch gibt es keine politische Alternative zu der Weise, wie sich die jugendlichen und intellektuellen Sozialschichten radikalisieren. Ihre spezifische Form der Radikalisierung ist an die herrschende Form der Repression in diesen Ländern gebunden. Im Bereich der politischen Anstrengungen ist sie die einzige Chance, kollektive Apathie, Anpassung und Entsublimierung abzuwehren. Mit derselben Notwendigkeit werden ja auch die von den bestehenden Institutionen angebotenen Möglichkeiten zur Bildung eines herrschaftskonformen Ich-Ideals von den *angepaßten* Jugendlichen abgelehnt. Alle Versuche, sie im Sinne des bestehenden Systems zu »demokratischen Staatsbürgern« zu machen, scheitern ja gerade an der mächtigeren Tendenz der repressiven Entsublimierung. Die negative Einstellung zur Bundeswehr wurde oben erwähnt. Das »soziale Freiwilligenjahr«, das die Bundesregierung seit elf Jahren propagiert und das seiner Intention nach die Funktion einer Ich-Ideal-Bildung haben soll, ist kläglich gescheitert; bisher haben sich dazu nicht mehr als tausend Jugendliche pro Jahr aus der gesamten Bundesrepublik gemeldet. Ein prototypisch genannter Jugendlicher, der auf einer Werbeveranstaltung der Dachverbände für das »Freiwilligenjahr« berichtete und der in einer Anstalt für Geisteskranke sein Jahr gedient hatte, hob hervor, gewissermaßen als Beleg für stattgehabte Ich-Ideal-Bildung, daß einem, der sich gut führe, nach einiger Zeit sogar der Schlüssel zum Medikamentenschrank ausgehändigt werde[176]. Man sollte sich aber wiederum keiner Täuschung darüber hingeben, daß ein wirksames kollektives Über-Ich bei den angepaßten Jugendlichen wirklich besteht, nur weil die alten Über-Ich-Fabrikate einige ihrer traditionellen Funktionen eingebüßt haben.

Die Lösungen, die von der traditionellen Linken den radikalisierten Jugendlichen angeboten werden, sind bisher ähnlich ohnmächtig, wie das »Freiwilligenjahr« in bezug auf die angepaßten jugendlichen Majoritäten. Das »Sozialistische Zentrum« beispielsweise, das es besser machen will als der SDS auf der einen, als SPD, DFU und KPD auf der anderen Seite, ruft die oppositionelle Jugend auf, doch nicht bloß scheinradikale Aktionen zu machen, die von — an sich progressiven — Teilen der Bevölkerung nicht verstanden und diese in die Arme der Reaktion treiben würden[177]. Seine Theoretiker verkennen — neben anderen politischen Blindheiten, die sie sich zuschulden kommen lassen — daß man Jugendliche, die die Bravheit, inhumane Apathie und kanalisierte Aggression der erwachsenen und jugendlichen Mehrheiten in der Gesellschaft gerade erkennen, darunter leiden und sie abwehren wollen, nicht selbst zu einem Verhalten aufrufen oder disziplinieren kann, das diese Jungen selbst primär als »brav«, in konkreten Fällen sogar als korrupt und opportunistisch interpretieren müssen. Die radikalen und teilweise kollektiv aggressiven und regressiven Aktionen der oppositionellen Jugend- und Studentenbewegung sind ein problematisches, vielleicht sogar ein ambivalentes Mittel innerhalb des großen politischen Programms der Abwehr repressiver Entsublimierung. Psychologisch sind diese Aktionen beschreibbar als Abwehrtechniken gegen ich-feindliche Außenmächte, — Techniken, die selbst von der Ich-Schwäche gekennzeichnet sind, die sie kollektiv bekämpfen wollen. Sie kennzeichnen aber gegenwärtig die einzige Möglichkeit, zu einer individuellen und kollektiven politischen Identität zu

176 siehe *FAZ* vom 5. 2. 1968.
177 Dieser Vorwurf wurde besonders auf der Gründungskonferenz der »Sozialistischen Opposition« am 3. 2. 1968 in Offenbach erhoben. Es handelt sich dabei um eine linkssozialistische Sammlungsbewegung, an der sich auch die sog. traditionalistischen Teile des SDS beteiligen. An offen ausgesprochenen Ressentiments gegen »die Studenten« übertraf diese Konferenz selbst durchschnittliche Gewerkschaftsversammlungen.

gelangen. Darum sind sie als politisches Mittel unverzichtbar; ohne sie würde die gesamte politische außerparlamentarische Bewegung in kürzester Zeit zusammenbrechen.

Die Kommune I

Die Kommune I, die sich Ende 1966 in Westberlin gebildet hat und deren Mitglieder im Mai 1967 aus dem SDS ausgeschlossen wurden, ist ihrem Selbstverständnis nach die in den gegenwärtigen spätkapitalistischen Gesellschaften adäquate politisch-organisatorische Einheit zur Führung des Klassenkampfes. Historisch beruft sie sich auf die Jugend-Kommunen, die in Sowjetrußland gleich nach der Revolution entstanden sind; sie will aber deren strukturelle Schwächen überwinden, die hauptsächlich Wilhelm Reich kritisiert hat[178] und die vor allem in der rigiden Arbeitsmoral und der repressiven Sexualmoral bestanden, die die Kommunen nicht zu überwinden vermochten. Aktuell historisch ging sie aus den Gruppen um die »Subversive Aktion« und die »Unverbindlichen Richtlinien« hervor, die sich 1962/63 in Münschen, Stuttgart und Berlin gebildet hatten. Diese Gruppen versuchten, was nicht sonderlich neu ist, die Widersprüche von Organisation und politischer Praxis zu lösen. Das theoretische Resultat war zunächst die »Kohorte«. Diese ist ihrer Konzeption nach eine Aktionseinheit zur Abwehr repressiver Entsublimierung – wenn auch dieser Begriff zu der Zeit von Marcuse (an dem sich diese Gruppen vornehmlich orientiert) noch nicht entfaltet war, und zwar zur Abwehr *auf einen Schlag:*

»Um die Entwicklung des Ganzen um jeden Preis voranzutreiben, schafft die Kohorte allen Möglichkeiten des Menschlichen *hic et nunc* Raum. In dieser Absicht und in der Einsicht, daß die Wissenschaften das Leben in seinen Grundzügen und Zielen ganz außerordentlich formen, entwirft die Kohorte zunächst eine neue *Wissenschaftslehre* und konzipiert eine neue Rangliste der Wissenschaften ...

Die *Subversive Aktion,* bestehend aus Rädelsführern des organisierten Ungehorsams, als erster Schritt zur Verwirklichung der emanzipierten Gesellschaft der Kohorte, definiert sich als eine direkt auf Aktion ausgerichtete Pariaelite. Kriterium selbst infinitesimaler Aktion ist das Maß an Entblößung gesellschaftlicher Repression. Zur subversiven Linken darf sich nur zählen, wer an einer neuen Tradition der Revolte aktiv sich beteiligt ...

Da wir als geläufig voraussetzen, daß es nicht genügt, Buchstabenwissen eklektisch zu konsumieren, fordern wir zugleich

178 vgl. *Wilhelm Reich,* Die sexuelle Revolution, a. a. O., S. 261–289.

die subversive Psyche, die das subversive Sein darstellt. Sie entsteht aus dem Wissen um die absolute Gültigkeit der Prinzipien der Dialektik und aus der Einsicht in das biophysische Gesetz der Ambivalenz ...
Um die Entwicklung des Ganzen voranzutreiben, muß es Aufgabe einer Elite sein, allen Möglichkeiten des Menschlichen Raum zu schaffen ...
Im Glauben an die Möglichkeiten des Menschlichen lebt der *homo subversivus* aus dem Vertrauen auf eine bessere Welt; der unverblendete Mensch, der zugleich die irrlichternden Faszinationsmechanismen dieser repressiven Welt durchschaut hat, und dem es nicht genügt, innerhalb der Kohorte den Möglichkeiten des Menschlichen hic et nunc im lebendigen Vollzug experimentell zu realisieren — ist der *homo subversivus* ...
Wir werden also als Verführer an die Rampe treten; wir versprechen das Blaue vom Himmel herunter, und — wir werden es halten![179]«

Mit dem Einhalten der Versprechen war es in der späteren Kommune I nicht so weit her. Aber das zu kritisieren, kann nicht der Sinn dieser Darstellung sein; unzählige politische Programme und kommunistische Manifeste teilen dieses Schicksal vorerst mit der Kommune. In der Enttäuschung über deren Scheitern hat ja die Kommune allererst ihren Ursprung. Auch daß sie ihre Lehrer von Marx über Freud bis Adorno nicht immer richtig verstanden haben, sollte man den Urhebern der »Unverbindlichen Richtlinien« nicht vorwerfen. Dieser Vorwurf wäre zunächst philologisch, nicht politisch. Immerhin haben genügend Theoretiker Marx und Freud richtig verstanden und doch auf die Fragen, die in diesem Buch auf der Ebene der »Abwehr repressiver Entsublimierung« gestellt werden, so sehr eine Antwort zu geben sich geweigert, daß die »Subversiven« in ihrer konkret begründeten Verzweiflung die Frage stellen mußten: »... ob die Frankfurter Schule durch die ständige Proklamierung der Ausweglosigkeit der bestehenden Situation die Dialektik dieser Einsicht durchschaut hat und ob sie sich nicht durch die Manie der perfekten Analyse, durch die selbst die bedeutendsten Leute von der Gesellschaft auf Eis gelegt werden, von der Importanz einer Aktion freispricht.[180]« Auch der Vorwurf, daß die so total daherprotzenden »Subversiven« in der späteren Kommune I von ihrem Prinzip des Widerstands gegen die Gesellschaft schleunigst überall dort Abstand genommen haben, wo sie ein Treppengeschichtchen »aus dem Leben der Kommune« an die Illustrierten und Fernsehgesellschaften verkaufen konnten und also von denen leb-

179 *Unverbindliche Richtlinien*, hrsg. von Ch. Baldeney, R. Gasché und D. Kunzelmann, Nr. 1, 1962 und Nr. 2, 1963.
180 *Unverbindliche Richtlinien*, Nr. 2, S. 22.

ten, die sie total zu bekämpfen vorgeben, trifft die Kommune im Prinzip nicht[181]. Er trifft nur die einzelnen schwächlichen Kommune-Mitglieder, die zu analysieren oder zu verdammen kein besonders ehrenwertes politisches Ziel ist.

Die politischen und persönlichen Taten und Untaten der Kommune I sind bekannt. Ich habe nicht die Absicht, der bürgerlichen *und* der traditionalistisch-sozialistischen Kritik an ihr meine Kritik der seelischen und sexuellen Konfliktlösungen ihrer Mitglieder hinzuzufügen. Es besteht die Gefahr, daß ihre in der Tat mißratenen Konfliktlösungen den Vertretern der beiden erstgenannten Kritiken dazu dienen, ihre eigenen unbewußten Aggressionen und Versagungen, ihre eigenen seelischen und sexuellen Konflikte auf die Kommune I zu projizieren und so billig abzuführen. Aber dieser Gefahr werde auch ich nicht ganz entgehen können. Die Kommune I hat einerseits zu viele politische und seelische Untaten begangen, als daß man in ihren Resultaten noch ihre revolutionäre Intention erkennen und »retten« könnte; andererseits hat sie über längere Zeit hin den jungen Linken den Himmel in einem so schillernden und greifbaren Blau zu versprechen vermocht und dann deren Hoffnungen so fürchterlich enttäuscht und verraten, daß sie — um Wiederholungen dieser Enttäuschungen vorzubeugen — eben dort auch persönlich kritisiert werden muß, wo sie selbst Personen *persönlich* zu Agenten der Befreiung macht.

Die Kommune I hat versprochen, die allgemeinste Schwäche der Linken mit einem radikal neuen und einzigartigen Organisationsmodell zu lösen. Sie hat so getan, als sei die unerträgliche Spannung, unter der alle »Unglücklichen« in der Tat mehr oder weniger bewußt leiden, mit einem individuell vollzogenen Stopp des »Zwangs zur Dauer-Reflexion« und ihrer Ersetzung durch die individuell primär befriedigende Aktion zu überwinden. Die Reizwörter für das Bekämpfte sind »marxistische Fremdtheorie« etc.; für das Gegenprinzip: »Spaß machen« und ähnliche. Beide greifen strukturelle Schwächen im Zentrum der sozialistischen und der gesamten anti-autoritären und antikapitalistischen Bewegung wirklich an. Die Kommune I unterscheidet sich auch darin nicht von ihren vielen anarchistischen und putschistischen Vorläufern, die zu Recht unter der bürokratischen Erstarrung und den diplomatischen und opportunistischen Selbstkastrierungen der politischen Organisationen litten, von denen sie sich abspalteten, denen sie aber zu Unrecht das Prinzip entgegensetzten, die politischen Probleme werden sich dann »schlagartig« lösen, wenn die Revolutionäre die Revolution nur individuell-existenziell radikal genug vorwegnähmen. Das Scheitern fast aller putschistischen und anarchistischen

181 Der Vorwurf, daß sich die Kommune I auf solche Weise mit den bestehenden Mächten arrangiere, ist zentral unter anderen bei *Brückner*, a. a. O., S. 116.

Gruppen — wo sie nicht durch die staatlichen Zwangsgewalten oder durch die Partei selbst, von der sie sich abgespalten hatten, liquidiert wurden — ist beschreibbar als Scheitern an den inneren Widerständen, die der putschistische und anarchistische Rebell den Forderungen entgegenbringt, die er sich selbst auferlegt hat. Das tragischste und zugleich vorbildlichste Beispiel dafür ist das Ende von Boris Sawinkow, dem letzten Führer der Kampforganisation der Sozialrevolutionären Partei Rußlands[182].

Im Einzelfall haben sich die politisch-persönlichen Aktionen der Kommune I für die gesamte oppositionelle Bewegung genauso oft als nützlich und weitertreibend wie als schädlich erwiesen. Es wäre völlig unangemessen, ihr einzelne taktische Fehler vorzuhalten oder das Bild, das sie der »Öffentlichkeit« von den oppositionellen Studenten vermittelt hat, daß sie alle bärtig, Nichtstuer und schmutzig seien. Dieses Bild wäre auch ohne die Kommune entstanden, sie war nur ein besonders sinnfälliger Focus der Vorurteilsbildung. Die Kommune I brauchte auch den Vorwurf nicht zu akzeptieren, daß sie durch einzelne Aktionen immer wieder die linke Bewegung in den Phasen der aktuellen Auseinandersetzung diskreditiert, diskriminiert und um viele Schritte zurückgeworfen hat. Mit Recht fragt sie, ob denn die »ernsthaften, traurigen und ohnmächtigen Schilderwälder (auf den traditionellen Demonstrationen) politisch wären und nicht eigentlich der sogenannten guten Sache hinderlich werden[183]«. Zwar weist sie zu Unrecht sämtliche Widersprüche ihrer eigenen Politik mit dem Hinweis auf das Versagen der von ihr als traditionalistisch begriffenen Politik der gesamten außerparlamentarischen Opposition (einschließlich der AStA's und des SDS) ab. Das Urteil, daß sie subjektiv revolutionäre, objektiv aber konterrevolutionäre Politik betreibe, trifft sie erst dort wirklich, wo sie den Anspruch nicht erfüllt, der sie von der übrigen Bewegung unterscheidet, daß sie das Problem der revolutionären Existenz begreift und bei ihren Mitgliedern heute löst.

In den »Unverbindlichen Richtlinien« hatte es richtig, wenn auch unerträglich verkürzt, geheißen: »Der gemeinsame Nenner, der das Streben nach Selbstverwirklichung boykottiert, ist die Negation der Sexualität.« Sie hatten darauf die *falsche* Antwort gegeben: »Die subliminalen Übergriffe der Manager in die Sexualsphäre können nur durch eine schlagkräftige sexuelle Aktion eingedämmt werden. Die Aufgabe der Kohorten wird es sein, diese Aktion auf alle Lebensbereiche auszudehnen.« Die Antwort ist darum falsch, weil die repressive Entsublimie-

182 siehe den biografischen Roman: Boris Sawinkow – Roman eines Terroristen von *Roman Gul*, Berlin 1930.

183 *Rainer Langhans*, Selbstdarstellung der Kommune, *FU-Spiegel*, Berlin, Nr. 57/Mai 1967, S. 6.

rung (»subliminalen Übergriffe«) auf sexuellen Versagungen des Individuums und auf den sexuellen Komponenten seines »fertigen« Charakters aufbaut; diese Übergriffe können nicht durch Aktionen allein und schon gar nicht *schlagartig* überwunden werden. Die Kommune I hat diesem Sachverhalt in bestimmter — aber spezifisch falscher — Weise Rechnung getragen. Sie (und besonders die nach ihr entstandene sogenannte Kommune II in Westberlin) hat den Aktionen doch wieder die Reflexion zur Seite stellen müssen. Dies geschah vornehmlich in Form von Gruppensitzungen nach dem Modell der psychoanalytischen Gruppentherapie. Dabei trat den Berichten der von der Kommune I und II abgespaltenen Mitglieder zufolge eine Tendenz besonders scharf hervor, die sich auch in der psychoanalytischen Gruppentherapie selten vermeiden läßt. Die psychisch stabilere (gesündere) Hälfte der Gruppe saniert sich auf Kosten der psychisch labileren, indem sie auf diese ihre eigenen Verdrängungen und Reaktionsbildungen überträgt. In einer Gruppe junger Intellektueller muß sich diese Tendenz deshalb um so schärfer einstellen und um so grausamere Folgen haben, als sich ihre Mitglieder in der Theorie der Psychoanalyse mehr oder weniger gut auskennen, ihre Kategorien verwenden und also »Analytiker spielen« können — und in Wirklichkeit doch kein Analytiker da ist, der die Verdrängungen und Reaktionsbildungen der stärkeren Hälfte aufdecken und abbauen könnte.

Die Kritik an der Kommune I ist, so paradox das klingt, eine Kritik an ihrem Proudhonismus *und* an ihrem Stalinismus. Der Proudhonismus hat behauptet, daß kommunistische Inseln im kapitalistischen Staat errichtet werden, kommunistisch existieren und die Revolution bei sich selbst vorwegnehmen könnten. Im Stalinismus wird behauptet, daß der »Sozialismus in einem Land« — der Sowjetunion — eine so leuchtende und beispielgebende Kraft ausstrahle, daß die Werktätigen in den kapitalistischen Ländern ihn »nachahmen« wollten; die gesamte sowjetische Revolutionstheorie lebt bis heute von diesem Glauben. In der Theorie ist die Kommune I noch naiver als der Proudhonismus, in der Praxis — relativ zu ihren beschränkten Mitteln — so terroristisch gegen ihre eigenen Mitglieder wie der Stalinismus. In der Kommune I ist dessen Revolutionsmodell herabgesunken zum »Sozialismus in einem Haus«. Auf unsere psychologische Ebene übertragen heißt diese Kritik: Die Kommune I stellt »kommunistische« Normen für ihre Mitglieder auf und schafft den »Kapitalismus« hier und heute bei sich selbst ab. Dieses Programm schlägt fehl. Objektiv konterrevolutionär wird diese subjektiv revolutionäre Haltung dort, wo sie bei den jungen »unglücklichen« Linken die Hoffnung freisetzt, alle ihre Hoffnungen ließen sich *heute* erfüllen, alle ihre Leiden *heute* abschaffen. Die Täuschung dieser Hoffnung hat bei vielen Kommune-Nachbildungen in der BRD zu chaotischen persönlichen Zusammenbrüchen oder, wo diese vermieden wurden, zu tief resignativen Haltungen geführt. Dieser Prozeß kann am Beispiel der »repressiven Zweierbeziehungen« diskutiert werden. Die Kommune I, und sie ist darin nicht originell, behauptet, *alle* sexuellen Zweierbeziehungen seien in sich repressiv, eben weil sie abgeschlossen, begrenzt seien, sich gegen die Herstellung größerer kooperativer Einheiten wehrten. Diese Behauptung soll in dem folgenden Abschnitt über Treue und Ehe näher diskutiert werden. Hier ist soviel zu sagen: Einerseits kann das Lösungsangebot der Kommune I, die repressiven Zweierbeziehungen in lockere promiskuöse Einheiten aufzulösen, nicht schon durch den — zutreffenden und hinlänglich oft geführten Nachweis als erledigt gelten, daß es ihr nur gelungen ist, sexuelle Beziehungen herzustellen, die durch noch größere Repression als durchschnittliche Zweierbeziehungen gekennzeichnet sind und daß diese zudem von dem regelmäßigen Schicksal ereilt wurden, daß sich immer wieder zwei Kommunarden fanden und liebten und aus der Kommune I auszogen. Andererseits ist es falsch, die Behauptung der generellen Repressivität von Zweierbeziehungen (auch von lebenslänglichen Zweierbeziehungen) aus der aktuellen und historisch begründeten Repression abzuleiten, die in den meisten sexuellen Beziehungen herrscht.

Die Kommune I wollte die repressive Sexualmoral zerschlagen; sie setzte dagegen die abstrakte Moral einer Befreiung, die aber den Individuen, die ja nicht nur unter der alten Moral leiden, sondern auch von ihr durch und durch geprägt sind, »hic et nunc« nur aufgezwungen werden kann. Die Kommunarden sagten: Wir wollen uns nicht länger der repressiven Einehe und ihren zugelassenen Vorläufern und studentischen Surrogaten beugen — und mußten sich statt dessen promiskuösen Forderungen beugen, für die sie psychisch nicht ausgebildet waren und unter denen sie darum ganz sicher leiden mußten. In gewisser Weise verhalten sie sich wie die Pubertäts-Asketen; sie beugen sich einem abstrakten Zwang, aber sie halten ihn nicht durch, weil er ihrer Es-Ich-Struktur nicht entspricht, sondern nur aufgesetzt ist. Entsprechend terroristisch — terroristisch nach innen — sind die Resultate ihrer Lebensweise. Wenn auch nur ein Zehntel von dem stimmt, was sie in Interviews veröffentlichen, so würde das bedeuten, daß sie die gesellschaftsüblichen Repressionen bei sich selbst noch nicht einmal zu dem unmittelbar noch notwendigen Existenzniveau an repressiven Zwängen und Verdrängungen abgebaut haben, sondern durch viel grausamere Zwangssysteme ersetzt haben:

»Es ist wie bei der Pferdedressur. Erst muß einer das Tier einreiten, dann steht es allen zur Verfügung. Erst ist es Liebe oder so etwas ähnliches, nachher nur noch Lust. Der Trick ist schrecklich einfach: Man macht ein Mädchen verliebt, schläft mit ihr und markiert nach einer Weile den Enttäuschten oder Desinteressierten. Dann überläßt man sie der Aufmerksamkeit der anderen und das Ding ist gelaufen. So ist sie vollwertiges Mitglied.[184]«

Die Verlautbarung von Langhans: »Die sexuellen Probleme sind im Kommune-Leben entkrampft«, wäre dann zu übersetzen: Wir haben es in unseren Zweier-Verhältnissen nicht erreicht, unsere Sexualität zu entkrampfen, darum haben wir es mit Kommune probiert. Die scheinbar kompromißlosen und sexualrevolutionären Äußerungen der Kommunarden rücken in die Nähe des scheingenitalen Protzens — ähnlich dem exhibitionistischen Verhalten der zwangs-promiskuösen amerikanischen Ehepaare[185]. Dies Protzen ist aber hier fast nur erklärlich als ein Überspielen homosexueller Wünsche — die (allem Vernehmen nach) bei der Kommune I bezeichnenderweise tabuiert blieben.

Die Kommune I wollte noch mehr, sie wollte die *ganze* bürgerliche Kultur *zerschlagen* und damit »hic et nunc« bei sich selbst anfangen. Sie teilt diese Idee mit der überwiegenden Mehrheit der radikalisierten jugendlichen Randgruppen. In diesen Gruppen wird diese Idee zur materiellen Gewalt zunächst nur im Protest gegen und in der Lockerung von »bürgerlichen« Eigenschaften und Charakterzügen wie Treue, Disziplin, rationaler Autorität, ja selbst Aufrichtigkeit. Daß sie so sehr im individuellen, anti-patriarchalischen Protest gegen die eigene Familie und deren Normen steckenbleiben, sollte nicht den Blick für die Gefahr trüben, die in diesen Protesten und Lockerungen eingeschlossen ist, daß die Jungen dadurch immer weniger widerstandsfähig werden gegen repressive Entsublimierung. Immerhin sind die Ausbildung von Sublimierung und Ich-Stärke an diese bürgerlichen Eigenschaften zunächst gebunden; ihre Auflösung, gerade wenn sie auf der Linken stattfindet, darf nicht mit ihrer Aufhebung verwechselt werden. Diese gehört zum Programm des Sozialismus; jene ist Bestandteil der repressiven Entsublimierung.

Die anti-bürgerliche und anti-institutionelle Haltung der jugendlichen Protestgruppen ist ein konstitutives Moment ihrer Politik, ohne das sie sofort aufgesogen oder zusammenfallen würden. Aber in den meisten individuellen Fällen ist diese Haltung noch stark an die patriarchalische Familienstruktur fixiert, in

184 *Pardon* Nr. 8, 1967, S. 22.

185 Kunzelmann in *Pardon*, a. a. O., S. 17 und 21: »Ich habe Orgasmusschwierigkeiten und ich will, daß dies der Öffentlichkeit vermittelt werde . . . Falsch ist das bürgerliche und illusionäre Eingehen eines Zweier-Verhältnisses, das eben als Unerträgliches nur zwei Leichen produziert.«

deren Bekämpfung sie entstanden ist. Dadurch erhält Kampf etwas Zwanghaftes, Scheinhaftes, erhält den inneren Widerspruch, sich selbst immer wieder zu blockieren. So ist es zum Beispiel notwendig, alle bürokratischen Erstarrungen und institutionellen Integrationsmechanismen des Herrschaftssystems und der eigenen politischen Organisation zu bekämpfen. Aber zur gleichen Zeit ist es in hohem Maß schädlich, individuell und kollektiv, alle Disziplin bei sich selbst oder bei anderen als »anale Mechanismen« als »bürokratischen Charakter« etc. zu bekämpfen und an ihre Stelle ein nur individuell wirksames anti-anales Protest-Prinzip zu setzen. Dessen Folgen sind in der gesamten anti-institutionellen Protestbewegung verheerend. Neurotische Arbeitshemmungen werden rationalisiert als Protest gegen fremdbestimmten Lernzwang; schlecht vorbereitete Veranstaltungen, schlecht geklebte Plakate (die jeder abreißen kann), zu spät und unvorbereitet einberufene Versammlungen gehören zum Alltag der anti-autoritären Gruppen.
Die bürgerliche Kultur ist nicht nur der herrschende Ausdruck von Repression und Manipulation. Sie ist auch die Summe und der Ausdruck aller gesellschaftlich erworbenen und erzwungenen Fähigkeiten der Naturbeherrschung, des Denkens, der Herrschaft über Sprache, Reflexion und Körper. Alle Anteile dieser Kultur, die über die bestehenden gesellschaftlichen Fesseln, in die sie gebaut ist, auch nur insofern hinausweisen, als sie diese Fesseln erkennen, werden gegenwärtig von den Repräsentanten dieser Kultur systematisch zerschlagen. Repressive Entsublimierung heißt für ein materialistisches Verständnis nichts anderes, als daß ein historisch bereits erreichtes Niveau der Kultur (und also der Sublimierung) wieder abgebaut wird. Die Kommune repräsentiert hier nur am deutlichsten eine Tendenz, die unausgesprochen in der gesamten anti-institutionellen und anti-autoritären Protestbewegung der gegenwärtigen spätkapitalistischen Länder enthalten ist: Der manipulativ gesteuerten Zerschlagung der Kultur von oben einen Typus der maschinenstürmerischen Zerschlagung dieser Kultur von unten entgegenzusetzen. Deren Resultate müßte man sich im schlimmsten Fall so vorstellen: Zur einen Hälfte bleiben die repressiv gesteuerten Manifestationen dieser Kultur erhalten, zur anderen wird gerade das an den Leistungen dieser Kultur zerschlagen, was unbedingt erhalten bleiben muß, um eine Kultur aufzubauen, die die bürgerliche wirklich überwinden kann.

Aus den bisherigen Erfahrungen und Ansätzen von vornehmlich studentischen Kommunen kann man einige Resultate zusammenfassen:
1. Es ist für viele Studenten, junge Berufstätige und Schüler

politisch sinnvoller und persönlich befriedigender und befreiender, sich zu Wohngemeinschaften zusammenzuschließen, statt der neurotisierenden Atmosphäre von Studentenhäusern, Ledigenheimen, möblierten Zimmern oder der gedrückten Umgebung des Elternhauses ausgeliefert zu bleiben. Unter Umständen können sie in selbstorganisierten Wohngemeinschaften den sozialen und psychischen Druck, dem sie als Isolierte verschärft ausgesetzt sind, besser ertragen *und* bekämpfen.

2. Jeder auch nur entfernt kommuneartige Zusammenschluß sollte davon ausgehen, daß es nicht die aktuelle Aufgabe der »Kommune« sein kann, sämtliche persönlichen und seelischen Probleme ihrer Mitglieder zu lösen und die politischen Schwächen, unter denen die oppositionelle Bewegung leidet, zu überwinden. Jede Kommune ist aber formal zu bestimmen als funktionale Einheit, die sowohl die politische Effizienz der in ihr Zusammengeschlossenen erhöht als auch die psychische Existenz ihrer Mitglieder erleichtern hilft.

3. Programme wie die Aufhebung von sexuellen Zweier-Verbindungen, Einführung von lockeren promiskuösen Verbindungen, Stabilisierung von relativ festen sexuellen Gruppenbeziehungen auf Zeit, Integration von Ehen oder Familien in einen größeren Kommune-Zusammenhang – alle solche Programme können heute weder systematisch diskutiert, noch erst recht in ein allgemeines Kommune-Projekt aufgenommen werden. Wo solche Verhältnisse entstehen sollten, dürfen sie nur spontan, aus dem Zusammenhang der Kommune, entstehen, niemals als Programm, von dem man solange immer annehmen muß, daß es aufgesetzt (repressiv) ist, und die Bedürfnisse der Individuen nicht befriedigt, als es ihrer psychischen Struktur nicht entsprechen kann. Es ist mindestens weniger repressiv und vor allen Dingen weniger neurotisierend für eine Person, eine durchschnittlich glückliche Zweier-Beziehung auf Zeit oder Lebenszeit einzugehen, als sich promiskuösen Zwängen zu beugen, auch wenn diese im Gewande der Befreiung und der sexuellen Revolution auftreten.

4. Die Kommunen, an die heute überhaupt nur zu denken ist, stellen keine Form der Aufhebung der Familie dar. Zunächst sind sie bereits erfolgreich zu nennen, wenn sie »nur« das leisten, was eigentlich zu den positiven Funktionen der bürgerlichen Familie gehört, aber von den meisten gegenwärtigen Familien nicht mehr wahrgenommen werden kann: Schutz zu bieten gegen die feindliche Umwelt. Es ist sinnlos und falsch, der Zerstörung der Familie von oben ihre Zerstörung von unten entgegensetzen zu wollen. In der Praxis erreicht man dabei nur – was genügend Jugend-Kommunen in der BRD bewiesen haben –, daß man die negativsten Funktionen der gegenwärtigen Familie verschärft (Terror nach innen) und ihre klassische

positive Funktion nicht erfüllen kann (Schutz gegen die Außenwelt).

5. So wie die Kommune hier funktional bestimmt wurde, ist sie zeitlich begrenzt auf den Übergang von der Jugend zum Erwachsenenleben. Sie kann einige der in dieser Zeit besonders wichtigen Aufgaben zur Abwehr von Neurotisierung und repressiver Entsublimierung übernehmen. Diese zeitliche Begrenzung mag befremdend repressiv klingen, in bestimmter Weise auch repressiv sein – gemessen an der Idee eines selbsttätigen Verbandes freier Menschen. Allein, die hier gegebenen Vorschläge bewegen sich ganz auf der pragmatischen Ebene der Abwehr repressiver Entsublimierung und Neurotisierung. Dabei ist zunächst zu berücksichtigen, daß ein bestimmtes Verhältnis von individuell-psychologischer Entwicklung und äußeren, gesellschaftlichen Zwängen auch für diejenigen Personen gilt, die sich aktiv am Klassenkampf beteiligen wollen. Dies Verhältnis muß unter anderem auch mit Rücksicht auf die dem jeweiligen Alter entsprechenden Primärbedürfnisse eines Individuums gestaltet werden.

6. Eine klassische Familienfunktion kann der hier skizzierte Kommune-Typ nur schwer oder gar nicht übernehmen: die Kinderaufzucht. »Man kann am Sozialisationsprozeß nicht herumdilettieren.« Dieser Satz von Brückner[186] muß sehr ernst genommen werden. Es gibt in den gesamten hochentwickelten Industrieländern nicht ein Beispiel eines praktizierten Modells frühkindlicher Sozialisation außerhalb der Familie, das signifikant befriedigendere Resultate erbracht hätte als die durchschnittlich glücklicheren Fälle (oder Zufälle) von Familiensozialisation bei normalen oder liebesfähigen Eltern mit durchschnittlich günstigen familiären Randbedingungen (gesicherte ökonomische Existenz; Wohnverhältnisse; Rollenverteilung der Eltern; Zeit, die die Mutter dem Kind zur Verfügung stellen kann). – Gerade das Schulbeispiel, das die progressive Linke *für* repressionsfreie Gemeinschaftserziehung zu zitieren pflegt: »Erziehung in Summerhill[187]«, krankt an folgenden Stellen:

Die Kinder kommen gewöhnlich nicht vor dem sechsten Lebensjahr in das Heim; sie stammen in der überwiegenden Mehrheit aus Familien der Mittelschicht mit überdurchschnittlich rationalen und repressionsfreien Familienbeziehungen und Erziehungstechniken.

Die Kinder befinden sich nicht in einer Erwachsenen-Kommune sondern in einem Kinderheim mit erwachsenem Pflege- und Betreuungspersonal.

Die Rate der psychose-ähnlichen Zusammenbrüche ist bei

186 *Brückner*, a. a. O., S. 185.

187 *Alexander S. Neill*, Erziehung in Summerhill, München 1965; neu unter dem Titel: Theorie und Praxis der antiautoritären Erziehung. Das Beispiel Summerhill. rororo 6707/6708. Reinbek 1969.

Kindern, die aus Summerhill ausscheiden, anscheinend signifikant höher als bei allen übrigen jugendlichen Vergleichsgruppen. Das muß daran liegen, daß die Jugendlichen in Summerhill nicht gelernt haben, sich mit den repressiven gesellschaftlichen Institutionen auseinanderzusetzen und darum nur eine extrem niedrige – für die gegenwärtige Gesellschaft zu niedrige – Frustrationstoleranz besitzen. Diese Jugendlichen hatten in Summerhill einige elementare Fähigkeiten nicht erlernt, deren sie bedürften, um sich mit der Umwelt, die gerade von ihnen als besonders bedrohlich, feindlich und repressiv erlebt wird, auseinanderzusetzen, beziehungsweise sich an sie anzupassen.

Diese Kritik wird in einer Studie von Rita Offe ausführlich entwickelt[188].

Mit diesem Katalog von Voraussetzungen und Einschränkungen für den aktuellen Aufbau von Kommunen wird nicht die antizipatorische, utopische Funktion verschüttet, die den Kommunen wesentlich eigen ist. Damit sie diese Funktion wirklich wahrnehmen können, bedarf es heute gerade einiger angemessener Umsetzungen, bei deren Fehlen jeder utopische Gehalt zu einem idealistischen Rest verkommen würde oder in Resignation oder Zynismus umschlagen müßte. Die Kommune I hatte zu ihrem obersten Prinzip erklärt: Die politische Praxis jedes einzelnen Mitglieds muß mit der unmittelbaren Befriedigung seiner eigenen Bedürfnisse permanent vermittelt sein. Kunzelmann sagte: »Was geht mich der Vietnamkrieg an, solange ich Orgasmus-Schwierigkeiten habe.« Wir sagen dagegen: Der Aufbau einer starken Vietnam-Opposition in den spätkapitalistischen Metropolen und der Abbau der Orgasmusschwierigkeiten bei den Oppositionellen in den Metropolen hat eine gemeinsame Voraussetzung, und zwar die Abwehr von Neurotisierung und repressiver Entsublimierung. Orgasmusschwierigkeiten lassen sich so wenig dadurch beseitigen, daß man immer und immer wieder versucht einen Orgasmus zu bekommen, wie sich eine Vietnam-Opposition dadurch aufbauen läßt, daß man immer und immer wieder Lenin und Lukács zitiert. Eine auch individuell befriedigende Praxis bei der Herstellung von beiden kann nur aufbauen auf einem hohen Maß an disziplinierter Arbeit *und* flexibler Spontaneität, an Triebsublimierung *und* Triebfreiheit, an utopischem Bewußtsein *und* harter Realitätstüchtigkeit.

188 *Rita Offe,* Der Beitrag der Triebtheorie Wilhelm Reichs zu einem Modell repressionsfreier Erziehung, Frankfurt 1966 (ungedruckt).

Liebe und Treue

Liebe und Treue sind typische bürgerliche Charakterfähigkeiten. Die für ihre Ausbildung vorausgesetzte Charakterstruktur wurde in den vorigen Kapiteln vornehmlich als differenzierte Ich-Struktur beschrieben. Diese »kulturelle« Ich-Struktur wiederum konnte nur aufgebaut werden auf einem hoch differenzierten gesellschaftlichen Produktionssystem, zu dessen Beherrschung sie andererseits notwendig ist. In psychologischen Kategorien kann man sagen, daß Liebe und Treue phylogenetisch erst sehr spät in einen Zusammenhang mit der Sexualität gebracht wurden. Von dem Liebesleben der großen Bevölkerungsmassen vor dem Ausgang des 19. Jahrhunderts haben wir nur bruchstückhafte Kenntnis; es dürfte, aus sozioökonomischen Gründen noch weniger »menschlich« gewesen sein, als das der jeweils herrschenden Oberschichten. Was aber von den Oberschichten früher gesellschaftlicher Epochen überliefert ist, vermittelt das Bild, als hätten sich ihre erwachsenen Repräsentanten in der Realität verhalten, wie es gegenwärtig nur Kinder und diese nur in ihren vorödipalen und ödipalen Phantasievorstellungen tun — unliebsame Ehefrauen und Mätressen ausstoßen, Nebenbuhler köpfen lassen, die Ehemänner der Geliebten auf einsame Inseln verbannen, die begehrten Sexualobjekte von der Straße weg ins Schlafzimmer bringen lassen etc. Die Forderungen der römisch-rechtlichen Einehe ohne Scheidungsmöglichkeit wurden erst in einem Prozeß, der über tausend Jahre dauerte, so weit verinnerlicht, daß sie ein fester Bestandteil der kulturellen Sexualmoral wurden. Dafür waren seit dem frühen Mittelalter immer wieder Schübe der Moral, der Keuschheit und weitestgehender sexueller Unterdrückung notwendig; diese Schübe erfaßten aber entweder nur bestimmte Gruppen der herrschenden Klasse (höherer Klerus und Adel) oder nur die beherrschten Massen. Sie wurden für gewöhnlich mit einer terroristischen Grausamkeit ohnegleichen durchgesetzt. Wie wenig tiefgreifend sie dennoch waren, kann man an der kurzen Dauer dieser Schübe ablesen; sie fanden ihr regelmäßiges Ende entweder nach einer Generation oder nach dem Ableben des jeweiligen Herrschers, der diese Schübe inszeniert hatte. Erst das sich durchsetzende Sozialsystem des Kapitalismus hat auch auf diesem Gebiet grundlegende Änderungen erbracht.

Im vorrevolutionären Frankreich, unter der Herrschaft Ludwigs XIV. und XV., hat das Bürgertum seine eigene, feste aber zugleich rigide Ehe- und Sexualmoral *gegen* die herrschende Klasse ausgebildet. Sie wurde später zu einem wichtigen sozialpsychologischen und politischen Faktor ihres Sieges über das Feudalprinzip. Die Bürger waren *moralischer* und das hieß zunächst gesünder, disziplinierter, stärker und ehrlicher als das alte Regime. Liebe, Ehe und Sexualität sind vom Bürgertum zu dem eisernen, quasi-natürlichen Dreieck zusammengeschlossen worden, innerhalb dessen dann die Familie wirklich zu der »Keimzelle des Staates« für die früh- und hochkapitalistische Epoche wurde. Der spezifische Zwang, unter dem dabei die Liebe, die Ehe und die Sexualität von allem Anfang standen und verstümmelt wurden, ist im zweiten Kapitel angedeutet worden Er war aber notwendig, um das neue Sozialsystem durchzusetzen. Mit derselben Notwendigkeit hat sich darum auch das Bürgertum in der Lebensführung und in der Rechtsprechung von allen utopischen, revolutionären und sozial-reformerischen Bewegungen, die mit der Französischen Revolution und danach entstanden und die die Eheinstitution und die herrschenden Weisen des Liebeslebens einer grundsätzlichen Kritik unterzogen, alsbald distanziert.

Das repressive Dreieck von Liebe, Sexualität und Ehe, das vom Bürgertum ausgebildet wurde, ist in der marxistisch orientierten psychoanalytischen Diskussion vor dem Faschismus einer theoretisch grundlegenden, aber praktisch ohnmächtigen Kritik unterzogen worden. Wilhelm Reich bestimmte die gesellschaftliche Funktion der Ehe auf dreifache Art: wirtschaftlich, politisch und sozial:

Wirtschaftlich: So wie die Ehe in der Geschichte der Menschheit sich mit dem Eigentum an den Produktionsmitteln zu entwickeln beginnt, so bezieht sie aus dieser ihrer materiellen Basis fortlaufend ihre materielle Existenz. Das heißt, solange es Privateigentum an Produktionsmitteln geben wird, solange ist die Ehe *gesellschaftlich* notwendig, solange ist sie mit gesellschaftlichem Sinn erfüllt. Daß auch Klassen, die kein solches Interesse haben, in der gleichen Sexualform leben, ist ein unberechtigter Einwand, denn die jeweils herrschenden Ideologien sind die Ideologien der herrschenden Klasse; die Eheform ergibt sich nicht nur unmittelbar aus ihrer materiellen Basis, sondern sie wird auch gehalten durch die moralischen Anschauungen der ideologischen Atmosphäre und die lebensängstliche menschliche Struktur ...

Politisch: Da die monogame Ehe der Kern der Zwangsfamilie ist, diese aber ... die Präparationsstätte für jedes Mitglied der autoritär gelenkten Gesellschaft in der Kindheit wird, hat sie auch eine politische Daseinsberechtigung.

Sozial: Für die patriarchalische Gesellschaft ist die materielle Abhängigkeit der Frau und der Kinder kennzeichnend. Sekundär wird so die Ehe zu einem materiellen und moralischen (moralisch im Sinne der patriarchalischen Interessen) Schutz der Frau und der Kinder. Daher müssen alle Phasen der patriarchalischen Gesellschaft an der Zwangsehe festhalten[189].

189 *Reich*, Die sexuelle Revolution, a. a. O., S. 161 f.

Wilhelm Reich hat darum auch festgestellt, daß allen Ehereform-Vorschlägen auf dem Boden des Kapitalismus ein widersprüchliches Moment eignet, mögen sie noch so progressiv gemeint sein. Diese Widersprüchlichkeit eignet aber in besonderer Weise seinem eigenen Modell zur Aufhebung der Ehe, der »sexuellen Dauerbeziehung auf Zeit«. Eine solche Beziehung soll nach Reich geeignet sein, die psychologisch, sexuell und politisch schädigenden Faktoren der Zwangsehe bereits im Kapitalismus zu überwinden. Gleichzeitig ist sie ein Modell zur Regelung sexueller, emotionaler und ökonomischer Beziehungen in einer freien Gesellschaft Das Einzigartige und zugleich problematischste an diesem Modell ist, daß es sich nicht in reformerischen oder revolutionären Ratschlägen erschöpft, sondern auf der, von Reich so benannten *sexualökonomischen Selbststeuerung* aufbaut. Darunter versteht Reich eine Art kybernetisches System der Problembewältigung der gesamten sozialen Realität. Das »steuernde« Moment dieses Systems ist der zur vollen Genitalität befreite »Libidokreislauf«. Die sich frei entfaltende genitale Sexualität streift selbsttätig die Fesseln der prägenitalen Partialtriebe ab; dabei verlieren die Destruktionstriebe automatisch die Möglichkeit, sich aggressiv oder sexualfeindlich zu engagieren, sie lassen sich zwanglos für sozial nützliche Tätigkeiten absorbieren. Dabei bildet der »potente, liebesfähige, sexualbejahende[190]« Charakter ebenso zwanglos die Fähigkeit zur monogamen Bindung auf Zeit aus, weil sowohl der Zwang zur neurotischen Polygamie (Don-Juanismus) als auch der Zwang zur ebenso neurotisch bestimmten Monogamie (Besitzeifersucht, vorödipale Fixierungen etc.) ihre Basis verlieren. Die »sexuelle Dauerbeziehung« unterliegt nur mehr der natürlichen »Abstumpfung«[191] und wird dann mit einem Minimum an Zwang, Versagungen und Ängsten gelöst. Der Triebdualismus von Sexual- und Destruktionstrieb, der Freud bis an sein Lebensende und später Herbert Marcuse so sehr beschäftigte, ist für Reich ein idealistisches Scheinproblem. Die sich frei entfaltende Libido enthält ja in sich den Mechanismus der Stabilisierung der Person zur Realitätstüchtigkeit; der Destruktionstrieb kann sich nur entfalten gegen einen geängstigten und geschwächten Sexualtrieb. Eine der Sexualität gegenübertretende – kapitalistische oder sozialistische – Sexualmoral wird damit überflüssig: »Dem Prinzip der moralischen Regelung des seelischen Haushalts steht also die *sexualökonomische Selbststeuerung* gegenüber.[192]«
Daß die Befreiung der *genitalen* Sexualität nicht an sich als das entscheidende sozial- und sexualrevolutionäre Moment

190 a. a. O., S. 45.
191 a. a. O., S. 160.
192 a. a. O., S. 37.

angesehen werden kann, das Reich in dieser Befreiung erblickte, habe ich von den verschiedensten Seiten her nachzuweisen versucht. Wilhelm Reich hat sich freilich mit größerem historischen Recht von der Befreiung der genitalen Sexualität eine übergreifende soziale Befreiung versprechen können, als das gegenwärtig noch in progressiven Kreisen geschieht. Zu seiner Zeit war die genitale Sexualität unmittelbar unterdrückt. Dennoch gehen in seine utopische Konstruktion der »sexuellen Dauerbeziehung« resignative und sogar reaktionäre Züge ein. Diese Konstruktion geht zunächst davon aus, daß Mann und Frau ökonomisch unabhängig sind, daß ihrer möglichen Trennung also keine *ökonomischen* Gründe entgegenstehen. Diese Forderung ist natürlich eine notwendige Voraussetzung für jede frei gestaltete menschliche Beziehung. Reich geht aber weiter davon aus, daß die sexuelle Anziehungskraft und der Lustgewinn einer sexuellen Beziehung mit deren Dauer zunächst steigen, dann aber wieder fallen. Diese Kurve der sexuellen Anziehungskraft hält Reich anscheinend für ein Naturgesetz. So kann er etwa schreiben: »Keinem Menschen wird es einfallen, einem anderen einen Vorwurf daraus zu machen, daß er nicht jahrelang gern das gleiche Kleid trägt, oder daß man überdrüssig wird, immer die gleiche Speise zu genießen. Nur im Sexuellen ist die Ausschließlichkeit des Besitzes zu einem starken Gefühlswert geworden.[193]« Gegen diese »Abstumpfung des sinnlichen Verlangens« empfiehlt Reich zwei Verhaltensweisen: Endgültige Trennung der Partner oder die vorübergehende Untreue zur Anhebung der sexuellen Spannung. Reich befindet sich hier in guter Gesellschaft mit den fortschrittlichen Eheberatern vor Freud und den quasi-fortschrittlichen und zynischen Eheberatern nach Kinsey. Der Satz »Die Heilung der unglücklichen Ehe ist in vielen Fällen — dem Ehebandsverteidiger und dem bürgerlichen Gesetz zum Trotz — die eheliche Untreue[194]« könnte auch in einem Handbuch von A. Ellis stehen. Freud ist hier, gerade in seiner strengen bürgerlichen Fixierung, ernsthafter und gewissenhafter als Reich. Für ihn ist die eheliche Untreue nur ein »Heilmittel gegen die aus der Ehe entspringende Nervosität[195]«; die Nervosität selbst ist der neurotische Ausdruck des durch die hohe Kulturanforderung sexuell geschwächten Ichs. Diese Schwächung ist ein Kulturgesetz, kein Naturgesetz. Freud hütet sich sehr vor allen Aussagen, die auf die Behauptung eines quasi-natürlichen sexuellen Spannungsabfalls hinauslaufen. Reich vergißt an dieser Stelle, daß die durch die Untreue sich einstellende Eifersucht beim anderen Partner bestenfalls den vorherigen Zustand wieder her-

193 a. a. O., S. 162.
194 a. a. O., S. 182.
195 *Freud*, Drei Abhandlungen . . ., a. a. O., S. 132.

stellt, der in sich selbst die Mechanismen des Spannungsabfalls enthält. Zwar schreibt Reich, daß eine freie sexuelle Dauerbeziehung sich jenseits von bürgerlicher Treue und Untreue bewege, eben weil sie den nur moralisch begründeten Treuezusammenhang sexualökonomisch überwunden habe. Dagegen ist zu sagen, daß eine sexuelle Beziehung, egal welcher Art, erst dann frei zu nennen ist, wenn sie von allen heute bekannten und regelmäßig sich einstellenden Abstumpfungserscheinungen überhaupt nicht mehr angegriffen wird.

Abstumpfung ist in gewissem Sinn immer das Gegenstück zu neurotischer Eifersucht. Aber anders als die Abstumpfung hat die Eifersucht auch in jeder rational angelegten Erziehung eine individual-historisch legitime Basis. Eifersucht ist, wie die Angst aus der sie entsteht, eine Reaktion auf drohenden oder wirklichen Liebesverlust. Unter der produktiven Ausnutzung dieser Angstspannung wird das Kind erst fähig zu höherwertigen, bewußten und kontrollierten Liebesbeziehungen; insofern ist dieser Mechanismus der infantilen Eifersucht eine Voraussetzung zur Ich-Bildung; die infantilen Momente der Eifersucht werden aber vom erstarkten Ich gleichzeitig überwunden. Nur die neurotische oder psychotische Person erhält sich oder regrediert auf eine infantile Struktur des eifersüchtigen Liebesverlangens. Darum unterscheidet die Psychoanalyse auch zwischen konkurrierender oder normaler Eifersucht einerseits und projizierter und wahnhafter Eifersucht andererseits. Die erstere ist eine adäquate Antwort des Gesunden auf drohenden oder wirklichen Liebesverlust, die anderen beiden Ausdrucksformen der Eifersucht stellen neurotische oder psychoseähnliche Reaktionsbildungen dar.[196] Reich betont den gesellschaftlichen Aspekt dieser Reaktionsbildungen und unterscheidet dementsprechend zwischen normaler und Besitzeifersucht.

Reich unterscheidet nun analog zwischen natürlicher und neurotisch bedingter Abstumpfung (Don-Juanismus). Diese Unterscheidung ist problematisch. Auch wo eine Liebesbeziehung erst nach langen Jahren im Wortsinne sexuell unerträglich wird, wo also der eine Partner auf den anderen mit nachlassender Potenz oder mit völliger Impotenz reagiert, wird man in der individuellen Analyse mit Sicherheit feststellen können, daß die Liebesbeziehung ursprünglich von einer Position aus eingegangen wurde, die mindestens Elemente neurotischer Verliebtheit (oder Eifersucht) enthielt und mindestens von Anteilen infantiler Eifersucht gefärbt war. Nur in den *gegenwärtigen* Gesellschaften hat darum die Abstumpfung eine ebenso große Berechtigung wie die Eifersucht. Die Kinder müssen in der Erziehung an die gesellschaftlichen Konkurrenz-Normen angepaßt werden. Wenn sie sich im späteren Leben gegenüber die-

196 siehe *Freud*, Über einige neurotische Mechanismen . . ., a. a. O., S. 196.

sen Normen konform verhalten sollen, dann müssen sie um so mehr auf einem Ich-Niveau infantiler Eifersuchtspositionen gehalten werden, je weniger die gesellschaftlichen Konkurrenz-Normen real begründbar sind. Darum müssen sie sich auch an jedem Sexualobjekt, das sie »haben«, stellvertretend für die Eltern rächen.

In der Tauschgesellschaft ist es mit der Treue wirklich wie mit dem »neuen Kleid«. Der Tauschwert des Kleides fällt mit seinem Alter, egal ob es getragen wurde oder nicht. Wo die Menschen sich gegen diesen Zwang wehren und ein Kleidungsstück tragen, obwohl es aus der Mode gekommen ist, tun sie es, weil sie es durch das lange Tragen liebgewonnen haben, weil es ein Stück von ihnen selbst geworden ist. Diese Liebe ist dann nicht der geläuterten Liebe der Ehegatten vergleichbar, die nur noch aus gemeinsamer Erinnerung sexuell miteinander verkehren; sie hat aber auch nichts von der fetischistischen Geilheit des neuen Kleides an sich, das man im Schaufenster oder auf der Straße herumspazieren sieht. Die dauernde Liebe ist gleichermaßen dagegen gefeit, daß das ältere abstumpft und das Neue geil ist. Sie hält fest an der individuellen »minimalen Differenz« und wehrt sich gegen die unterschiedslose manipulative Differenzierung, die der Tauschwert durch die Mode diktiert. In einer freien Gesellschaft wäre auch ein Sexualobjekt kein Objekt wie ein Kleid, das man entweder aus Zweckmäßigkeitsgründen (Arbeitskleidung/Ehefrau) oder aus fetischistischen Gründen (Modekleidung/wechselnde Sexualpartner) erwirbt und verbraucht[197].

Dieselbe Kritik trifft auch die andere von Reichs Empfehlungen gegen die »Abstumpfung«, die der endgültigen Trennung der Beziehung. Sicher wäre es bei vielen der existierenden Ehen und Liebesbeziehungen für beide Partner das beste, sie würden sich trennen. Aber Reich kann gerade bei seinem Modell der freien sexuellen Dauerbeziehung nur ausweichende und beschönigende Antworten auf die Frage geben: »Was geschieht mit dem Partner, dessen Liebesbeziehung noch nicht zersetzt war?[198]« In den Antworten auf diese Frage verstrickt er sich im Gestrüpp »realistischer« Abwägungen des kleineren Übels. Gerade am Modell der »sexuellen Dauerbeziehung« wird deutlich, wie zwanghaft und letztendlich reaktionär alle Utopien werden, wenn sie konkretistisch positiviert werden; um den befreiten Zustand zu beschreiben, stehen ihnen nur Kategorien der Verdinglichung und der Unterdrückung bereit und darum müssen auch in die Freiheitskonstruktion Elemente der Unterdrückung

197 Bezeichnenderweise werden von den oppositionellen Jugendlichen auch solche Kleidungsstücke am stärksten sexuell besetzt und geliebt, die die Trennung von Arbeits- und Modekleidung aufheben und gleichzeitig diese Aufhebung als Protest symbolisieren: Blue Jeans, Lederjacken, Armeemäntel etc.

198 *Reich*, a. a. O., S. 163.

einfließen[199]. Wohl betont Wilhelm Reich, daß gegen die Abstumpfung »kein Vorsatz, keine Liebestechnik«[200] helfen. Das ist richtig. Aber einmal in der Konstruktion seines Modells gefangen, muß Reich doch selbst die »Untreue« als *Technik* zur Stabilisierung einer sexuellen Dauerbeziehung einsetzen. Es gäbe viele Beispiele, schreibt er, »aus denen klar hervorgeht, daß eine gelegentliche Beziehung zu einem anderen Partner dem Sexualverhältnis, das gerade im Begriff war, sich wie ein eheliches zu gestalten, nur nützte[201]«. In der Tat, diese Beispiele gibt es zur Genüge. Aber was für Verhältnisse sind das, die durch »eine gelegentliche Beziehung« einen Nutzenzuwachs erhalten? Inzwischen haben sich die neueren Handbücher der Ehestabilisierung der Intentionen der sexualökonomischen Selbststeuerung bemächtigt und sie in ein Prinzip der totalen sexuellen Fremdsteuerung verkehrt[202].

Theodor W. Adorno benennt in dem Aphorismus »Constanze[203]« den Treuebefehl der bürgerlichen Gesellschaft als eines von deren Zwangsmitteln, die Treue selbst als ein unverzichtbares Moment des Widerstandes gegen diese Gesellschaft:

»Soll Liebe in der Gesellschaft eine bessere vorstellen, so vermag sie es nicht als friedliche Enklave, sondern nur im bewußten Widerstand. Der jedoch fordert eben jenes Moment von Willkür, das die Bürger, denen Liebe nie natürlich genug sein kann, ihr verbieten. Lieben heißt fähig sein, die Unmittelbarkeit sich nicht verkümmern zu lassen vom allgegenwärtigen Druck der Vermittlung, von der Ökonomie, und in solcher Treue wird sie vermittelt in sich selber, hartnäckiger Gegendruck. Nur der liebt, wer die Kraft hat, an der Liebe festzuhalten. Wenn der gesellschaftliche Vorteil, sublimiert, noch die sexuelle Triebregung vorformt, durch tausend Schattierungen des von der Ordnung Bestätigten bald diesen bald jenen spontan als attraktiv erscheinen läßt, dann widersetzt dem sich die einmal gefaßte Neigung, indem sie ausharrt, wo die Schwerkraft der Gesellschaft, vor aller Intrige, die dann regelmäßig von jener in Dienst genommen wird, es nicht will. Es ist die Probe aufs Gefühl, ob es übers Gefühl hinausgeht durch Dauer, wäre es auch selbst als Obsession. Jene aber, die, unterm Schein der unreflektierten Spontaneität und stolz auf die vorgebliche Aufrichtigkeit, sich ganz und gar dem überläßt, was

199 Dabei ist Reich dieser Gefahr noch am ehesten entgangen. Andere sozialistische Erziehungs- und Sexual-Utopien, z. B. die des Adler-Schülers *Otto Rühle* (»Neues Kinderland«, Basel 1920) lesen sich heute wie Anweisungen zur Erziehung im Arbeitshaus.
200 *Reich*, a. a. O., S. 161.
201 *Reich*, a. a. O., S. 162.
202 siehe besonders *A. Ellis*, Handbuch der intelligenten Frau, Flensburg 1967.
203 *Th. W. Adorno*, Minima Moralia – Reflexionen aus dem beschädigten Leben, Frankfurt 1962, S. 226 f.

sie für die Stimme des Herzens hält, und wegläuft, sobald sie jene Stimme nicht mehr zu vernehmen meint, ist in solcher souveränen Unabhängigkeit gerade das Werkzeug der Gesellschaft. Passiv, ohne es zu wissen, registriert sie die Zahlen, die in der Roulette der Interessen je herauskommen. Indem sie den Geliebten verrät, verrät sie sich selber. Der Befehl zur Treue, den die Gesellschaft erteilt, ist Mittel zur Unfreiheit, aber nur durch Treue vollbringt Freiheit Insubordination gegen den Befehl der Gesellschaft.«

Als praktisches und jeweils individuelles Programm eines Menschen, der bei sich die kollektive Tendenz zur repressiven Entsublimierung abzuwehren versucht, kann diese Treue, wenn sie als Treueforderung erhoben wird, mit enormem Zwang verbunden sein. Dabei wird es im einzelnen Fall darauf ankommen, ob dieser Zwang als gewalttätiger, repressiver dem Individuum gegenübertritt — und ob dann der Preis für die psychische Regression, der man so entgeht, nicht zu hoch ist und selbstzerstörerisch wirkt — oder ob er dem Menschen gegenübertritt mit vertretbaren Forderungen der Disziplin. Man wird den regressiven Zwängen der von Adorno als scheinhaft analysierten »Spontaneität« (Untreue, Partnerwechsel etc.) nicht dadurch entgehen können, daß man sich Anstrengungen unterzieht, die dann mit dem Wort »festhalten« nur verdeckt und mit den Worten »Obsession« und »Insubordination« nur verklärt werden. Mit Willensanstrengung und mit subjektiver Einsicht in die Zusammenhänge der repressiven Entsublimierung allein wird ein Individuum deren Zwängen nicht entgehen können, wo es von ihnen bereits angegriffen ist, mit Hilfe psychoanalytischer Techniken oder in einer psychoanalytischen Kur bestenfalls in glücklichen Einzelfällen.

Es kann also nicht das Ziel dieser Schrift sein, zu einer neuen Sexualmoral der Linken praktisch aufzurufen oder auch nur die Bestimmungen einer solchen Moral theoretisch aufzuzeigen. Es ist nicht nur müßig; man würde auch notwendig zu falschen Ergebnissen und Forderungen gelangen, würde man sich heute darüber Gedanken machen, ob in einer freien Gesellschaft die Menschen in Zweier-Verbindungen oder in Kommunen, auf Zeit oder auf Lebenszeit miteinander verbunden sein *sollen*. Nicht müßig, sondern heute erforderlich ist es statt dessen, den Zwang an allen diesen Verbindungen so weit wie möglich abzubauen. Nicht die Ehe gilt es abzuschaffen, sondern die Ehe*institution*; nicht die Liebe und Eifersucht gilt es abzuschaffen, sondern die Bedingungen des psychischen und physischen Mordes aus Eifersucht und des psychischen und physischen Selbstmordes aus mangelnder oder gekränkter Liebe. Das gleiche gilt in bezug auf die Rechtsnormen. Es kommt nicht darauf an, das Scheidungsrecht zu erweitern oder das Familienrecht zu

humanisieren, sondern darauf, Eherecht und Elternrecht abzuschaffen. An Stelle dieser Rechtsverhältnisse dürfte und müßte einzig das *Kinderrecht* treten. In einer freien Gesellschaft wären nicht die Ehen schutzwürdig und es brauchten keine formalen Regeln zu gelten, wer mit wem und zu wievielt ab wann und wie lange zusammenleben darf. Die Selbsttätigkeit in der Organisierung der Privatsphäre fände ihre Grenze zunächst gerade dort, wo in der bürgerlichen Gesellschaft die private Willkür beginnt: in der Erziehung der Kinder. Gleichgültig, ob diese in Kommunen oder in traditionellen Familien aufwachsen werden, beginnt mit der frühkindlichen Sozialisation ein Prozeß von so zentraler Wichtigkeit für die Gesellschaft, daß er nicht unbeschränkt der Liebe, den Neigungen und den Schwächen der erwachsenen Einzelmitglieder oder Gruppen der Gesellschaft überlassen bleiben kann.
Die uns heute allein zur Verfügung stehenden und verständlichen Begriffe und Unterscheidungen — wie z. B. die Unterscheidung zwischen Erwachsenen und Heranwachsenden — mögen in einer freien Gesellschaft tendenziell oder wirklich hinfällig werden. Wenn wir ein Bewußtsein dieser Umwälzungen ausbilden wollen — zum Beispiel einer nicht-repressiven Erziehung mit dem Resultat ich-starker und glücksfähiger Menschen — so stehen uns dafür heute doch nur Begriffe und Denkweisen zur Verfügung, die sich auf Prozesse in den *bestehenden* Gesellschaften beziehen. Das macht es so ungemein schwierig, mögliche freie, nicht-repressive und befriedigende Modelle der menschlichen Kommunikation, der Erziehung, der Auseinandersetzung mit der Natur etc. zu skizzieren, die weder unerträglich vage und abstrakt sind noch sich in der Negation bestehender gesellschaftlicher Abläufe und Mechanismen erschöpfen (anti-autoritär, nicht-repressiv, nicht-entfremdete Arbeit etc.). Herbert Marcuse hat anläßlich der Interpretation der jüngsten Studentenrevolten in der Bundesrepublik und Westberlin vom »Ende der Utopie« gesprochen und damit gemeint, »daß die neuen Möglichkeiten einer menschlichen Gesellschaft und ihrer Umwelt, daß diese neuen Möglichkeiten nicht mehr als Fortsetzung der alten, nicht mehr im selben historischen Kontinuum vorgestellt werden können, daß die neuen Möglichkeiten einen Bruch mit dem geschichtlichen Kontinuum voraussetzen[204]«. Marcuse hat in diesem Zusammenhang weiter umrissen, daß »alle materiellen und intellektuellen Kräfte, die für die Realisierung einer freien Gesellschaft eingesetzt werden können, da sind[205]«. In bezug auf die neue revolutionäre Anthropologie, die zu entwickeln unsere Aufgabe ist, heißt dies, daß die gegenwärtigen hochindustriellen

204 *H. Marcuse,* Das Ende der Utopie, Berlin 1967, S. 11.
205 *Marcuse,* a. a. O., S. 14.

Länder reif genug sind für eine Revolution, die sich nicht mehr auf die Umgestaltung in der Organisation der Produktivkräfte *beschränkt*. Dem erreichten Niveau der Naturbeherrschung entsprechen vielmehr Weiterentwicklungen und Differenzierungen in der psychischen Struktur, von der aus diese Naturbeherrschung garantiert sein soll, und auch Entwicklungen im biologischen Niveau, für welche diese Herrschaft eingesetzt werden soll. Diese Entwicklungen erfordern Änderungen in der Organisationsform und inhaltliche Änderungen der gesamten menschlichen Existenz, die sich von den gegenwärtigen Organisationsformen und menschlichen Existenzweisen — in den gegenwärtigen hochindustrialisierten, kapitalistischen *und* sozialistischen, Ländern — qualitativ unterscheiden.
Wenn es bei den Fragen der revolutionären Organisation der menschlichen Existenz um *praktische* Probleme geht, z. B. der Kindererziehung, der Triebsublimierung und Triebkanalisierung der Heranwachsenden, der Formen und Inhalte des Zusammenlebens, der Sexualität etc. — und worum sollte es sonst gehen? — gilt es permanent eine Spannung auszuhalten, die den notwendigen »Bruch« sehr schwer macht. Wir besitzen die materiellen und intellektuellen Mittel zur Konstruktion einer freien Gesellschaft, aber unsere gesamte intellektuelle Kapazität — gerade wo sie kritisch verwendet wird, — bezieht sich auf die bestehenden Gesellschaften. Wenn es also richtig ist, daß die qualitative Differenz zwischen den bestehenden und einer freien Gesellschaft nur durch einen Bruch mit dem geschichtlichen Kontinuum herzustellen ist, so ist doch gleichfalls richtig, daß 1. dieser Bruch theoretisch vorweggenommen werden kann nur in Kategorien, Denkweisen und Träumen, die von der bestehenden Gesellschaft und der in ihr praktizierten Unterdrückung, Unfreiheit und Ausbeutung geprägt sind; daß dieser Bruch 2. praktisch nur vollzogen werden kann von Menschen, die unter dieser Unterdrückung, Unfreiheit und Ausbeutung nicht nur leiden, sie erkennen und sie abschaffen wollen, sondern von ihnen auch bis in ihre feinsten Regungen und Verhaltensweisen geprägt und verstümmelt sind und daß 3. die freie Gesellschaft nur auf den — gefesselten und verstümmelten — Kapazitäten der unfreien Gesellschaften aufbauen kann. Anders wäre es sinnlos, davon zu sprechen, daß wir die intellektuellen Kräfte bereits besitzen, die für die Realisierung einer freien Gesellschaft notwendig sind.

Conditio humana

Sigmund Freud
Studienausgabe in zehn Bänden

Herausgegeben von Alexander Mitscherlich,
Angela Richards und James Strachey †
Die erste kommentierte deutsche Edition

Band I	*Vorlesungen zur Einführung in die Psychoanalyse; Neue Folge der Vorlesungen zur Einführung in die Psychoanalyse*
Band II	*Die Traumdeutung*
Band III	*Psychologie des Unbewußten*
Band IV	*Psychologische Schriften*
Band V	*Sexualleben*
Band VI	*Hysterie und Angst*
Band VII	*Zwang, Paranoia und Perversion*
Band VIII	*Zwei Kinderneurosen*
Band IX	*Fragen der Gesellschaft / Ursprünge der Religion*
Band X	*Bildende Kunst und Literatur*
Publikationsfolge	Wegen der umfangreichen editorischen Vorarbeiten können die zehn Bände nicht auf einmal erscheinen. Die vorgesehene Publikationsfolge: Bd. VIII, Bd. X, Bd. I, Bd. IV, Bd. VI, Bd. II, Bd. V, Bd. VII, Bd. IX, Bd. III. Die Ausgabe soll 1972 abgeschlossen vorliegen.

Bereits erschienene Bände:

Bd. I. Vorlesungen zur Einführung in die Psychoanalyse.
Bd. IV. Psychologische Schriften.
Bd. VI. Hysterie und Angst.
Bd. VIII. Zwei Kinderneurosen.
Bd. X. Bildende Kunst und Literatur.

Die Freud-Studienausgabe erscheint im Rahmen der neuen wissenschaftlichen Reihe ›Conditio humana‹.

S. Fischer